한국인,
일어서는 한국인

작은 실천이 위대한 건설이다

철학박사 **지 교 헌**

한국인,
일어서는 한국인
작은 실천이 위대한 건설이다

철학박사 **지 교 헌**

한누리미디어

　도무지 잠을 이루지 못하여 한밤중에 일어나 붓을 들게 되었습니다. 나는 본디 문필가가 아니고 평생을 교육과 학문 연구에 바친 사람이고 이제 정년으로 퇴직한 지 두 달이 되어갑니다. 그런데 내가 퇴임하기 바로 며칠 전에 이웃집에 사는 한재선 선생이 차나 한 잔 함께 나누자고 나를 불러 놓고 이 이야기 저 이야기를 나누다가, 독일의 피히테가 강연한 내용을 모은 《독일 국민에게 고함》이라는 책을 내어 놓으면서 나에게도 그와 같은 책을 한 권 쓸 수 없느냐고 제의하는 것이었습니다.

　그는 내가 쓴 학술논문은 전혀 읽을 기회가 없었지만 나의 수필집은 읽은 일이 있기 때문에 나의 직업과 전공과 글솜씨를 참작하여 그런 생각을 하게 된 것 같습니다.

　《독일 국민에게 고함》이라는 책은 너무나 유명한 것이어서 나도 일찍이 훑어 본 일이 있지만 내가 그런 수준의 책을 쓸 수 있다고는 생각지 못하였습니다. 그러나 한선생은 나의 능력을 과대평가하여 능히 그런 수준의 책을 쓸 수 있다고 믿고 간곡히 권하는 눈치였습니다.

　나는 그의 제의를 수락하기가 어려웠습니다. 그는 나의 글쓰는 일을 직접적으로 돕지는 못하더라도 무슨 방법으로라도 도우려는 의지를 보여 주며 자신의 제의가 결코 무리하지 않다는 태도였습니다. 그러나 과거에 출판한 나의 저서가 거의 모두 자비출판이었고 현재도 출판할 원고를 완전히 정리해 놓은 채 그대로 처박아 둔 형편인 데다가 앞으로도 나의 글을 선뜻 출판해 주겠다고 나설 만한 출판사가 없을 것만 같았습니다. 그런데 출판이 어려운 까닭은 무엇이겠습니까? 그것은 무엇보나도 글이 훌륭하시도 못하고 상업성도 없는 까닭입니다.

나는 그의 제의를 거의 뿌리치다시피 하고 나서 내가 만나는 몇몇 교수들에게 한선생의 제의를 설명하고 한 번 함께 집필해 볼 의사가 없는지 의논하였습니다. 그러나 그들은 모두 나에게 단독으로 집필하기를 권할 뿐, 공동집필은 사양하는 것이었습니다. 그들은 현직에서 강의와 학위논문지도와 의무과제로 써야 하는 학술연구논문과 각종 학술활동에 매우 바쁘기 때문에 나의 제의가 사실상 받아들여지기 어려운 형편이었습니다.

그러나 나는 곧 정년으로 퇴직하게 되므로 시간의 여유가 있고, 또 학술연구 서적과 수필집도 몇 권씩이나 내어 놓은 전력이 있으니 단독집필도 능히 해낼 수 있다는 것이었습니다. 단독으로 집필한다는 것은 결코 쉬운 일이 아니라고 생각하였고 지금 붓을 드는 이 순간에도 그러한 생각은 마찬가지입니다.

《독일 국민에게 고함》과 같이 '한국 국민에게 고하는 글'을 쓸 만한 자신이 없기 때문입니다. 그러나 한선생의 제의는 끊임없이 나의 뇌리에서 맴돌고 있었습니다. 그의 제의는 너무나 당연한 것이라고 믿어졌습니다. 도대체 '국민윤리'를 연구하였다는 교수가 퇴임한 후에 할 수 있는 값진 일이 무엇이겠습니까? 날마다 잡다한 가사(家事)나 교우(交友)나 건강 따위에 얽매여 취생몽사하는 것은 얼마나 싱거운 일입니까? 나는 무엇으로든지 보람있고 값진 일을 하고 싶어졌습니다.

틈틈이 책을 읽어 교양을 넓히고 인격을 수련하며 여러 가지 잡문(雜文)도 쓸 수 있지만 하나의 집필목표를 설정하여, 사회적으로나 국가적으로나 가장 절실한 문제들을 거리낌없이 글로 써서 국민 모두와 함께 논의하고 싶어졌습니다. 다시 말하면 서너 달 전에 한

선생이 제의한 것을 받아들이고 싶어졌습니다. 이것이 내가 지금 잠자리를 박차고 일어나 붓을 들게 된 연유입니다.

내가 지금부터 쓰는 글은 국민 모두가 평소에 듣고 이야기하고 생각하고 경험하는 내용을 소재로 하는 것입니다. 따라서 너무나 평범한 내용에 지나지 않습니다. 그러나 그 지극히 평범한 문제들이 가정과 사회와 국가에 너무나 커다란 영향을 끼치고 있다는 사실을 지적하고 함께 논의하자는 것입니다. 그리고 이러한 문제는 매우 광범위하고 다양하고 복잡하기 때문에 결코 간단히 논의하기도 어렵고 확고한 결론을 이끌어 내기도 어렵습니다. 그러나 그렇다고 하여 논의하기를 포기할 수도 없는 일이므로 감히 붓을 들지 않을 수가 없게 되었습니다.

이러한 나의 생각은 결코 나 한 사람의 생각만이 아니라고 믿으며 많은 사람이 일찍부터 생각하고 또한 일찍부터 그것을 글로 써서 여러 가지 형식으로 국민들에게 공개하였다고 생각합니다. 그러므로 내가 쓰는 글이 결코 독창적인 것도 아니고 또한 처음으로 시도되는 것도 아닌 것은 다시 말할 나위가 없습니다. 그럼에도 불구하고 나는 붓을 들고 싶었습니다. 들지 않고는 견디기 어려운 고뇌가 있었습니다. 이것이 내가 그 동안 살아오면서 가정과 사회와 국가로부터 헤아릴 수 없이 받아오기만 한 커다란 은혜의 만분의 일이라도 갚아 보려는 우직한 생각입니다.

나의 부족한 식견과 판단력으로 보아 잘못된 논의도 있을 것이니 국민 여러분의 아낌없는 지도와 비판을 바랍니다.

모든 어려운 여건에도 불구하고 이 책을 출판해 주신 한누리미디어 김재엽 사장님과 원고를 정리해 준 박광수양에게 감사의 뜻을 드립니다.

1999년 1월 27일

대용서재에서 필자

목 차

Ⅳ. 우리의 나아갈 길

I. 국가 발전과 우리의 자세

1. 우리의 현실

사람은 언제나 현실을 떠나 생존할 수 없기 때문에 현실에 대하여 관심을 기울이지 않을 수 없고 현실에 대한 성찰과 비판이 따르게 됩니다.

현실을 바라보는 시각(視角)은 그 시간과 공간에 따라 다를 수 있고 바라보는 사람의 가치관에 따라 다를 수도 있습니다. 그러나 전적으로 예외적인 경우가 아니라면 건전한 평균인들의 건전한 상식이 현실을 바라보는 표준이 됩니다.

이제 우리는 우리의 현실에 대하여 지금 이 자리에서 어떻게 바라보고 있으며 우리의 눈에 비추어지는 우리의 현실은 어떠한 것인지 잠시나마 살펴보기로 하겠습니다.

우선 정치면에서는 민주주의를 표방하고 특히 의회민주주의를 통하여 국가의 모든 권력을 행사하고 지배하고 있습니다. 그러나 우리는 우리의 정치인들이 어떠한 자질을 갖추고 어떻게 국가발전에 기여하고 있는지 시시각각으로 바라보면서 개탄과 절망을 억제하지 못할 경우가 너무나 많습니다.

많은 국민들은 도대체 한국의 정치인들은 무엇을 하는 사람들인지 알 수 없다고 합니다. 어느 여론조사의 결과에 따르면 모든 직업인들 가운데서 국가발전에 대한 기여도가 가장 낮은 사람들이 곧 정치인들이라고 하며, 자기의 자식이나 동기간이 잘못하여 정치인이 될까 걱정하는 사람들이 많다고 합니다.

이러한 결과는 무엇을 의미하는 것입니까. 정치라는 것은 본디 국리민복(國利民福)을 증진하는 일에 심혈을 기울이며, 국민을 지도하고 국가와 국민을 위하여 철저히 봉사하고 희생하는 일이라고 할 수 있는데 오늘날의 정치인들은 도무지 그러하지 못하고 당리당략이나 사리사욕에 사로잡혀 국가나 국민은 거의 생각하지 않는다는 것을 의미합니다.

우리 나라의 정치인을 포함하는 공직자의 청렴도는 아시아 12개국 가운데서 11등에 지나지 않는다는 국제 여론도 들려 오고 있는 형편입니다. 국민의 신뢰를 가장 많이 받아야 할 정치인이 가장 신뢰할 수 없는 사람이라는 극한상황에서 국민들은 방황하고 있는 셈입니다. 국민들은 실망과 좌절을 느끼고 배신감으로 말미암아 증오에 불타는 것이 우리의 현실입니다.

지금도 한국의 정치인들은 진정으로 국가적 위기를 두려워하지 않고 힘겨루기에 여념이 없고 죄없는 일반서민(국민)들의 고통을 강요하고 있음이 숨길 수 없는 우리의 현실입니다.

우리의 경제적 현실은 어떠합니까. 우선 외채의 규모는 계산방법에 따라 다르다고는 하지만 최소한도로 확인된 보도에 따르더라도 1천 5백억 달러 이상이나 되며 외환보유고는 바닥이 드러나 국제금융기금(IMF)의 긴급구제금융체제 밑에서 겨우 모라토리엄선고를 모면한 위기에서 전전긍긍하고 있습니다.

1. 우리의 현실

13

우리의 경제적 위기는 어디로부터 왔습니까. 우선 과중한 외채와 부실금융과 부실기업과 무역적자 등을 주요한 원인이라고 지적하는 것이 일반적인 판단입니다. 그러나 그러한 요인들을 발생하게 한 숨겨진 요인이 무엇인지를 다시 생각하지 않으면 안 됩니다. 다시 말하면 경제 외적인 요인에 눈을 돌려야 합니다. 그 요인은 바로 정치윤리와 기업윤리의 타락입니다. 정경유착이 그 대표적인 사례에 속합니다. 정치와 언론의 유착과, 정치와 학문의 유착도 심각하게 지적되고 있습니다. 그 많은 언론계에서는 어찌하여 국가적 위기를 미리 보도하지 않고 방관만 일삼았단 말입니까. 경제관료들에 못지 않게 우수한 언론인들은 정부의 정책만 홍보하고 한국경제의 위기에 대하여는 고의로 외면하였다는 지탄을 받기에 이르렀으니 말입니다.

그리고 한국의 경제학자들은 도대체 무엇을 하였단 말입니까. 경제위기를 몰고 온 결정적인 책임을 질 수밖에 없는 관료들이 입버릇처럼 말한 한국경제의 '튼튼한 펀다멘탈(Fundamental)'이 일부 경제학자들의 주장과 완전히 일치하는 것은 결코 우연한 일이 아니라고 보입니다.

벌써 실업자가 200만명에 육박한다고 하지만 학자들은 도무지 위기를 느끼지 않는 것으로 보입니다. 실업률로 본다면 우리의 선진국들도 매우 높다는 생각입니다. 그러나 선진국들은 실업수당을 비롯한 많은 사회복지가 실현되고 정치가 안정되고 사회질서가 확립되고 건전한 가치관이 정립되어 있어서 혼란이 일어나기 어렵지만 우리의 경우는 전혀 그러하지 않다는 데 문제가 있습니다.

우리의 사회적 현실은 어떻습니까? 우선 우리의 사치와 낭비는 세계적으로 유례를 찾기 어렵습니다. 수백만원이나 하는 외제 모피를 너도나도 다투어 사들이는가 하면 수천만원이나 되는 보석을 사들이는 사람도 있고 40만원에 가까운 머리핀을 예사로이 사들인다고 하지 않습니까. 남녀의 혼례식 비용은 일본의 3배요 미국의 5배라고 하며 세계에서 음식물을 가장 많이 내버리고 자원의 재활용도도 가장 낮은 수준입니다.

영국의 대부호가 아직도 흑백 TV를 시청하고 증조모가 어렸을때 가지고 놀던 인형을 증손녀가 가지고 놀며 7대에 걸쳐 전하는 웨딩드레스를 58명의 딸들이 대대로 내려가며 입는다는 영국인들의 실화는 우리 나라에서 상상조차 할 수 없는 일입니다. 사치와 낭비와 유전무죄현상이 휩쓰는 현실을 부인하기 어렵습니다. 유흥비를 마련하기 위한 젊은이들의 범죄보다는 굶주리는 아이들을 위한 가장(家長)의 범죄가 우리를 놀라게 하고 파괴와 방화와 자살로 이어지기 쉽다는 IMF 스트레스가 우리를 우울하게 하는 것이 우리의 현실입니다.

우리의 교육과 문화의 현실은 어떠합니까. 학교에서는 콩나물교실에서 경쟁교육에 치중하여 인성(人性)교육은 매우 취약하다는 지적이 많습니다. 특히 선진국의 교육에 비하여 창의력을 기르는 교육이 적고 협동심을 기르는 교육이 너무나 취약하다고 지적되고 있습니다.

창의력이나 협동심이 길러지지 않는 교육의 결과는 비록 정당하지 못한 수단을 써서라도 남과의 경쟁에서 이기기만 하면 그만이고 경쟁에서 이기기 어려우면 비행(非行)과 패륜을 일삼는 수도 흔히 볼 수 있는 일입니다. 미국의 대학에서 근무하는 한국인 교수의 말에 따르면 석사과정과 박사과정의 학생을 선발하는 기준으로 학생의 협동심이 매우 중요한 요건이라고 합니다.

인문과학이나 사회과학도 마찬가지이지만 자연과학에서는 거의 모두가 협동연구로 추진되기 때문에 협동심이 부족한 사람은 적합하지 않다는 것입니다. 우리 나라에서 개인적인 능력이 얼마나 훌륭한지를 시험하고 평가하여 학생을 선발하는 것과는 차이가 있습

1. 우리의 현실
•
15

니다. 인류문화가 발달하고 학문의 세계가 넓어질수록 많은 사람의 협동연구가 요구되며 사회생활에 있어서도 협동하지 않고는 안 되는 일이 너무나 많다는 사실에 주목해야 합니다.

　우리는 문화적인 측면에서도 무분별한 외래문화가 수용되어 퇴폐적이고 외설적이고 충동적인 경향이 있는 반사회적이고 반도덕적인 문화를 조성하는 사례가 많습니다. 선진국의 문화라면 모두 거부하지 않고 무분별하게 받아들여 많은 부작용을 수반하게 합니다. 향락과 소비를 조장하는 문화도 그러하거니와 가족제도에 관련되는 문화도 그러합니다. 가족제도에서는 이른 바 핵가족화를 들 수 있는데 서구문화의 핵가족제도는 자녀들의 자립(自立)이 그 핵심을 이루지만 우리 나라의 핵가족제도는 경로효친(敬老孝親)의 타파로 나타나는 경향이 있습니다.

　서구에서는 성인(成人)이 된 자녀가 유소년(幼少年)시절에 부모에게 끼쳤던 정신적 물질적 부담을 단절하고 독립된 인격체로서 경제적으로 자립하는 것이지만 우리 나라에서는 부모와의 별거만이 강조되고 경제적인 자립은 도외시되어 부모의 재산은 영원히 자녀들의 몫으로 겨냥됩니다. 대학을 마치고도 부모의 재산으로 먹고 살고 사업을 벌이는 행태가 그것을 입증합니다. 부모가 재산이 있으면 있는 대로 모두 자녀에게 빼앗기고 없으면 없는 대로 자식의 멸시와 따돌림을 받는 것이 한국의 핵가족 문화입니다.

　국제사회에서 우리 나라의 국가신인도는 말이 아니라고 합니다. 이자도 갚기 어려우리 만큼 외채를 짊어지고 있으니 신용거래도 할 수 없고 투자도 할 수 없고, 기왕에 투자한 자본도 회수하기 어려우니 믿을 수 없는 나라라는 것입니다. 외채 뿐만 아니라 금융사고와 산업재해와 교통사고와 관료의 부패가 세계적으로 첫째나 둘째로 손꼽히고 정치적 안정이 기대되기 어렵고 설상가상으로 북한과의 평화 유지가 불투명하니 어떻게 국가의 신인도가 확보된단 말입니까.

한국의 사과는 세계에서 가장 맛이 좋은 것이 사실이지만 사과상자를 열고 보면 속에는 샘플과는 다른 불량품이 반드시 섞여 있어서 도저히 믿을 수 없는 것이 '코리안애플박스'라고 소문이 나고 그것이 속임수를 가리키는 말로 국제시장에서 쓰인다고 하니 참으로 기가 막히는 일입니다.

어떤 유태인은 세탁소를 경영하면서 세탁이 잘 된 정도에 따라 3등급으로 분류하고 1등급은 세탁료 전액을 받지만 2등급은 50%만 받고 3등급은 아주 받지 않거나 다시 세탁한다고 합니다. 어떤 손님이 세탁물을 가지고 가면 혹시 다른 집으로 갈 것을 잘못하여 자기에게로 온 것이 아닌지를 확인하고 받으며, 또한 손님이 세탁물을 찾으러 가서 세탁료를 지불하려고 하여도 일단 자기가 분류한 등급에 맞지 않으면 요금을 고사한다고 합니다. 도대체 어디가 잘못 되었느냐고 물으면 주머니 속까지 뒤집어 보이며 잉크가 충분히 지워지지 않았다고 주장하고, 손님이 주머니 속의 잉크는 무방하다고 아무리 주장해도 막무가내라는 것입니다. 상식을 초월할 정도로 지독하게 성실한 그 유태인을 그 누가 믿지 않을 수 있겠습니까. 그들은 개인적으로 철저하게 신용을 확보할 뿐만 아니라 국가적으로도 신용을 쌓아서 기적의 나라를 건설하고 있는 것입니다.

국제사회에서 우리 나라를 가리켜 아시아의 '네 마리의 용'이니 '네 마리의 범'이니 하여 칭송하였고 우리 나라의 경제를 '기적의 경제'라고 예찬하였지만 용은 미꾸라지가 되고 범은 고양이가 되었으며 기적은 허물어지고 있습니다. OECD(경제협력개발기구)는 빛 좋은 개살구요 가입할 자격도 없이 물불을 가리지 않고 가입한 호구(虎口)나 다름이 없습니다. 국제기구라는 것은 회원국의 의무를 전제로 하며 어떠한 특권도 인정되지 않는 공명정대한 원칙에 따라 운영되는 것인데 경제적으로나 문화적으로나 사회적으로나 아직 국

1. 우리의 현실

제사회에서 보호를 받지 않으면 아니되는 형편에 있으면서 그것을 잘 분별하지 못하고 다만 선진국의 모임이니 가입하고 볼 일이라고 생각하고, 그 때문에 금리가 싸다고 하니 돈이나 빌리고 보자는 어리석은 짓을 저지른 것이 우리 나라의 경제위기가 조성된 시발점이라고 합니다.

지금 심각한 난관에 부딪히고 있는 경부고속전철건설사업도 치밀한 계획과 재원의 확보책이 불충분하였거나 고의로 예산을 축소하여 일단 일이나 벌여놓고 마치 위대한 치적이라고 쌓는 것처럼 허세를 부리고 국민을 기만한 결과가 되고 말았습니다. 이제 와서 건설사업을 중단하자니 너무나 재정적인 손실이 크고 실업자도 양산될 형편이니 진퇴양난의 수렁에 빠져 있습니다.

훌륭한 정치는 한탕주의(?)를 경계해야 합니다. 한탕주의는 일을 저지르기 쉽고 일을 저지르면 회복할 수 없는 비참한 결과를 빚습니다. 예로부터 진정으로 훌륭한 통치자는 혁혁한 공로를 드러내지 않으며(善治者無赫赫之功), 천하의 폐단은 밑으로부터 일어나는 것이 아니고 위로부터 일어난다고 하였습니다(天下之弊自上啓之).

2. 국가 발전과 우리의 이상

하나의 국가가 유지되고 발전하기 위하여는 영토와 국민과 통치권이 확보되어야 하고 정치적 기능과 경제적 기능과 문화적 기능과 윤리적 기능이 조화를 이루고 원활해야 합니다. 영토는 국민이 거주하는 물리적 공간이며, 국민은 국가를 구성하는 구성원이며, 통치권은 대외적으로는 독립하고 대내적으로는 치안을 유지하고 문화를 조성하고 국민생활을 보장하는 권력입니다.

따라서 국가의 기능은 매우 다양하고 역동적으로 행사되어야 하기 때문에 한 마디로 간단하게 말하기 어려우며 국가의 목적도 또한 같습니다. 최근에 흔히 강조되는 국가의 목적은 가치의 분배나 복지사회의 건설이라고 합니다.

국가의 정치적 기능은 국가의 목적을 달성하는 기능이고 경제적 기능은 목적달성을 위하여 필요한 적응적 수단으로 물질적인 생산과 분배를 담당합니다. 문화적 기능은 국민생활의 정신적이고 예술적인 생활양식을 조성하며 윤리적 기능은 정치 경제 문화의 당위성과 국민의 일관된 연대의식을 유지하는 기능입니다.

정치적, 경제적, 문화적, 윤리적 기능은 국가의 모든 기능을 집약하여 표현한 것이며 이러한 기능은 서로 밀접한 연관을 이룹니다. 따라서 하나의 기능은 나머지의 기능에 커다란 영향을 미치게 되므로 네 가지의 기능 가운데서 어느 하나라도 중요하지 않은 것이 없습니다. 이를테면 정치적 기능은 경제와 문화와 윤리에 크게 영향을 미칩니다. 경제나 문화나 윤리나 모두가 정치적 결단에 따른 법률이나 행정적인 지원이 없이는 이루어지지 않으며 문화나 윤리도 마찬가지입니다. 경제적 기능이 원활하면 정치나 문화의 기능이 원활하게 되고 문화적 기능이 원활하면 정치나 경제나 윤리에 좋은 영향을 미치게 됩니다.

여기서 특별히 주목을 끄는 것은 정치적 기능입니다. 정치적 기능은 다른 기능과는 달리 거대한 관료체제를 이용하여 강력한 권력을 행사한다는 점에서 그 위력을 과시합니다. 따라서 정치적 기능은 다른 어떤 기능보다도 중요한 영향을 미치기 쉽습니다.

근대국가가 공통적으로 발휘하는 정치적 기능은 입법·사법·행정으로 나타나고 있으며 입법기관(국회)에서 제정한 법률은 행정기관(정부)에서 공평하고 합리적으로 시행해야 하며 사법기관(법원)에서는 모든 정부기관을 포함하는 국민의 법률행위가 합법이냐 불법 또는 위법이냐를 법의 근본정신과 입법취지에 따라 공명정대하게 심판하여야 합니다. 이러한 정치적 기능은 국가의 존립을 크게 좌우하리 만큼 강력하고 광범위하기 때문에 그 중요성은 다른 어떤 분야의 기능보다도 크다고 아니 할 수 없습니다. 오늘날 우리가 IMF의 구제금융체제에 놓이게 된 것도 국가의 정치적 기능이 파행적으로 작용한 까닭입니다.

이어서 또 한가지 지적할 것은 윤리적 기능입니다. 다른 국가적 기능도 그러한 경우가 많지만 윤리적 기능은 모든 기능의 가장 근본적인 위치에서 기능합니다. 다시 말하면 윤리라고 따로 분리된 것이 아니고 다른 모든 기능의 기초를 이루는 것이기 때문에 정치윤리와 경제윤리와 문화윤리라는 형식으로 존재합니다. 정치가 윤리를 벗어나면 국가와 국민에게 위기를 조성하게 되고 경제가 윤리를 벗어나면 국가와 사회와 가정을 파산으로 몰고 가며 문화가 윤리를 벗어나면 가치관의 혼란과 퇴폐와 패륜을 조성합니다.

오늘날 우리가 당면한 위기는 경제적 위기라는 특징으로 나타나고 있으나 실제로는 정치적 위기와 문화적 위기가 앞서 나타난 것이며 정치적 위기와 문화적 위기에 앞서 윤리적 위기가 조성되었던 것입니다.

정치는 정치다워야 하고 경제는 경제다워야 하고 문화는 문화다워야 합니다. '다워야 한다'는 명제는 당위의 명제요 목적과 이상을 전제로 하며 고차원의 규범적 명제입니다. 정치가 정치답지 못하다는 것은 정치의 목적과 이상과 규범을 벗어난 것을 말하는 것이며, 국민의 갈등과 대립과 분열을 통합하고 일체화하는 것이 아니라 그것을 오히려 조장하는 것을 말합니다.

이를테면 당리당략이나 학연이나 지역적 갈등에 휘말려 정치의 본질을 상실하는 것입니다. 경제가 경제답지 못하면 부실기업이 양산되고 금융부정과 불공정거래와 지하경제가 횡행하게 되고, 문화가 문화답지 못하면 가치관의 혼란이 초래됩니다.

윤리적 기능은 목적과 이상을 전제로 하며 목적과 이상은 정신적 산물입니다. 정신적 산물은 인격에 지배되며 인격은 모든 국가의 기능을 지배하는 주체입니다. 따라서 사람이라는 주체가 윤리를 지배하고 문화를 지배하고 경제를 지배하고 정치를 지배하는 것입니다. 그러므로 그 사람에 그 정치요, 그 사람에 그 경제요, 그 사람에 그 문화입니다.

우리 나라는 1948년에 제헌국회에서 세계 어느 나라의 헌법에도

2. 국가 발전과 우리의 이상

뒤지지 않는 훌륭한 헌법을 제정하여 새 나라를 건설하고 자유민주주의를 표방하여 왔지만 50년이라는 세월이 흐른 오늘날까지도 진정한 자유민주주의에는 미치지 못하고 있으며, 1960년대에 들어서면서부터는 외국으로부터 부족한 자본과 자원과 기술을 도입하여 경제발전의 요건을 갖추었지만 정상적인 경제발전은 순조롭게 추진되지 못하였습니다.

그 원인은 무엇입니까. 진정한 정치인이 드물고 진정한 경제인이 드물었기 때문이며, 정신자세가 취약하였기 때문입니다. 이리하여 일어난 것이 제2경제운동이요, 새마을 운동이요, 새마음운동입니다. 사이비정치인과 사이비경제인으로는 진정한 정치나 진정한 경제가 창출되지 않는 법입니다. 군자가 있으면 군자의 정치가 행해지고 군자가 없으면 군자의 정치가 사라지고 맙니다(其人存則其政擧 其人亡則其政息).

국가부도라는 엄청난 위기를 맞게 될런지도 모르는 두려운 순간에도 당리당략에 혈안이 되어 힘겨루기를 일삼는 정치인들의 작태를 보면 우리의 정치가 얼마나 유치하고 졸렬하며 진정한 정치인(其人)이 얼마나 적은지를 실감하게 합니다. 진정한 정치제도도 중요하지만 진정한 정치인이 없는 진정한 정치제도는 '개대가리에 옥관자'라는 속담의 교훈과 다름이 없습니다.

윤리의 기능은 정치·경제·문화의 당위성을 요구할 뿐만 아니라 국민의 일관된 연대의식을 요구합니다. 연대의식은 너와 나의 이해(利害)관계가 따로 있지 않고 하나라는 가치관과 철학에서 창출됩니다. 여기에 동질성이 창조되고 애정이 솟아나며 가족애와 동포애와 국가애가 끓어 오릅니다. 동포의 고통이 나의 고통이요 동포의 즐거움이 나의 즐거움입니다. 그런 까닭에 남이 훌륭한 일을 성취하면 나도 기쁜 것이요, 남이 잘못된 일을 저지르면 나도 부끄럽고 괴로운 것입니다.

IMF 구제금융과 외환위기를 극복하기 위하여 국민들은 '금모으기운동'에 나섰고 많은 사람이 참여하여 칭송을 들었습니다. 한국 사람들은 국가가 어려울 때마다 모두 일어나 슬기롭게 위기를 극복하는 것입니다. 그러나 약 4,000톤으로 추산되는 순금 가운데서 1,000톤은 산업용으로 쓰인다고 하더라도 3,000톤이 시중에서 유통되거나 가정에 보관되었다고 본다면 '금모으기운동'에서 수집된 200톤의 순금은 아직 많다고 볼 수가 없고 가진 사람들의 금괴가 너무나 적게 나왔다는 이야기가 됩니다. 한 편에서는 끼니를 걱정할 만큼 빈곤하여도 다른 한 편에서는 금괴와 외화를 장롱에 감추고 얼마든지 호화롭게 지내는 현상은 국민으로서의 연대의식이 높은 수준에 있다고 평가되기 어렵습니다.

《예기》예운편에는 공자가 말한 대동사회(大同社會)에 관한 내용이 있고 중국의 손문(孫文)은 대동사회의 건설을 정치의 이상으로 삼고 혁명운동을 전개하였으며 우리 나라의 이이(李珥)도 대동사상을 중시하였습니다. 대동사회란 대도(大道)가 행해지는 사회이고, 봉건귀족사회가 아닌 모든 사람이 평등한 시민사회입니다.

어질고 유능한 인재가 나라의 공직을 맡으며 내 부모나 남의 부모나, 내 자녀나 남의 자녀나 차별이 없고 노인은 편안히 여생을 마치고 어린이는 충분히 양육을 받으며, 홀아비나 과부나 부모없는 아이나 자녀없는 노인이나 병자나 불구자나 모두 부양을 받으며, 남자는 직분이 있고 여자는 혼처가 있으며, 물질은 모든 사람을 위하여 쓰여지고 능력은 모든 사람을 위하여 발휘됩니다. 권모술수는 일어나지 않고 강도나 절도나 역적이 일어나지 않고 사람들은 대문을 잠그지 않고 마음 놓고 사는 사회입니다.

대동사회와 우리의 현실을 견주어 보면 많은 거리가 있음을 부인하기 어렵습니다. 인재의 양성과 등용에도 차별이 있고, 늙은이와 어린이와 폐질자가 버려지고, 일자리를 얻지 못하는 사람과 혼인하지 못하는 사람이 많으며, 정당하지 못한 축재와 이기적인 폭력과 파렴치한 범죄행위와 속임수가 난무하니 말입니다. 지금 우리는 무엇으로 세계무대에 얼굴을 들고 나설 수 있을지 매우 불안한 형편입니다. 나라의 체면도 말이 아니고 국민의 체면도 말이 아닙니다.

3. 창조적 가치관과 우리의 자세

앞에서도 살펴 본 바와 같이 우리의 정치·경제·사회·교육·문화적 현실은 결코 낙관할 수 없는 상황이고 자칫하면 기나긴 극한 상황이 지속되거나 국가파산의 위기에 놓여 있습니다. 하나의 국가가 존립하고 발전하기 위하여는 정치·경제·사회·교육·문화·윤리의 기능이 조화롭고 원활하게 발휘되어야 함에도 불구하고 그러하지 못한 것이 우리의 현실입니다. 세계의 모든 근대국가가 지향하는 바와 같이 우리 나라도 국민 한 사람 한 사람이 자기실현을 성취하며 국민생활이 보장되는 복지사회의 건설을 꿈꾸어 왔습니다. 그러나 여러 가지 저해요인으로 말미암아 수많은 갈등을 빚기도 하고 발전의 지체(遲滯)를 경험하게 되었습니다.

이제 우리는 21세기라는 앞날을 내다보며 어떠한 정신자세를 갖추어야 할 것인지 깊이 고민하고 새로운 방향을 모색하지 않으면 아니 됩니다.

우리는 우선 창조적 가치관을 정립해야 하겠습니다. 가치관이라는 것은 무엇을 값지게 생각하며 무엇을 우선(優先)으로 생각해야 할 것인가 하는 인식입니다.

우리는 흔히 가치관의 혼돈이라는 말을 하는데 그것은 값진 것을 값지게 여길 줄 모르고 값지지 않은 것을 값지게 여기는 것을 말하며 가치의 기준이 혼란한 것을 말합니다. 어떤 사람들은 우리의 전통적 가치관은 붕괴되고 새로운 가치관은 정립되지 않아 가치관의 부재를 초래하였다고도 말합니다. 전통사회의 삼강오륜이니 효제충신(孝悌忠信)이니 예의염치(禮義廉恥)와 같은 가치관은 붕괴되고 금전만능이나 권력지상(權力至上)이나 이기(利己)와 향락의 가치관이 팽배하였으나 이러한 가치관은 국가와 사회를 위하여 바람직하지 못한 것이므로 진정한 가치관이라고도 할 수 없는 까닭에 가치관의 부재라는 말이 타당합니다.

전통적 가치관은 여러 가지 개념적 차이와 내용적 특성이 있기 때문에 간단히 설명될 수 없는 것이지만 여기서는 효제충신에 한정하여 간단히 언급하기로 합니다. '효'(孝)라는 것은 자녀가 부모를 계승하고 받드는 것이며, 육체적으로만 계승하는 것이 아니라 정신적으로나 윤리적으로도 계승하는 것입니다. 그리고 자기의 처지에 따라서 부모를 계승하는 것이기 때문에 그 방법적 원리는 사람마다 다를 수밖에 없습니다.

정치인은 정치인답고 경제인은 경제인답고 공무원은 공무원답고 농공상인은 농공상인답게 부모를 받드는 것이 효의 기본적인 원리입니다. 따라서 만일 정치인이 효를 실천하기 위하여는 진정한 정치인의 사명을 수행해야 하는 것이고 만일 정치인의 사명을 망각한다면 그것은 효에 대한 배반인 것입니다. 정치인이라는 자녀를 둔 부모는 진정한 정치인으로서의 자녀가 되기를 바라며 부모를 빙자한 타락한 정치인이 되기를 바라지 않기 때문입니다. 따라서 효의 본질과 정신을 명확히 파악하고 실천하는 것은 가정윤리와 사회윤리와 국가윤리를 실천하는 중요한 요체(要諦)입니다. '제'(悌)라는 것은 연장자에 대한 공손이요 공손은 존중입니다. 사람의 인품이나 지혜는 일정한 성장과정을 거쳐야 형성되고 체득된다는 상식적인 원리를 전제로 합니다.

'충'(忠)은 진심(盡心)이요, 정성이요, 사사로움이 없는 것입니다. 충은 상대방의 지위나 신분이나 처지에 따라 차별없이 적용되는 윤리입니다. 봉건군주정치에서 사군이충(事君以忠)이라는 말이 유행한 나머지 충이라는 덕목을 봉건윤리의 소산이라고만 비판하는 것은 충의 본질을 망각하거나 외면하는 소위에 지나지 않습니다.

'신'(信)은 믿음(不疑)이요, 참됨(眞)입니다. 믿음과 참됨에는 거짓이 없는 것이요, 거짓이 없는 까닭에 사사로운 이익에 사로잡혀 배신하는 일이 없게 되므로 바람직한 인간관계의 바탕이 됩니다. 요컨대 효제충신과 같은 전통적 윤리를 핵심으로 하는 가치관은 시대가 변천하고 사회가 변화한 오늘날에도 마땅히 추구해야 할 가치관입니다.

우리가 흔히 말하는 '온고이지신'(溫故而知新)은 옛 일을 잘 분석하고 성찰하고 심역(尋繹)하여 새로운 의미와 원리와 가치를 찾아내는 것입니다. 다시 말하면 지난 일을 바탕으로 새로운 지혜와 가치관을 창출하는 것이고 이러한 가치관이 다름 아닌 창조적 가치관입니다. 과거는 현재를 규정하고 현재는 다시 미래를 규정한다는 말은 과거와 현재와 미래가 하나의 연속선을 이루는 것을 말하는 것이며 새로운 것이 결코 옛 것과 무관하지 않다는 것을 말합니다. 그러나 똑 같은 과거를 바탕으로 현재를 창출한다고 하더라도 사람의 통찰력이나 민족의 응집력과 정신에 따라 다르게 나타날 수 밖에 없습니다. 따라서 모든 가치관은 개인적 특성과 민족적 특성을 나타내게 됩니다.

이제 한 가지 덧붙이고 싶은 것은 공직자를 포함하는 지도층의 자세에 관한 것입니다. 한 사람 한 사람의 국민은 교양과 지식과 식견과 직업과 직위에 따라 국가발전에 기여하는 분야가 다르고 수준도 다릅니다. 그리고 지도층의 역할은 다른 많은 국민들의 역할에 견주어 더욱 중요한 비중을 차지합니다. 공자가 '풀 위에 바람이 불면 풀은 반드시 엎어진다'(草上之風 必偃)고 한 것은 군자의 언행이나 인격이 반드시 소인에게 영향을 미치게 된다는 사실을 비유하여 말한 것인데 오늘날 우리는 군자와 소인을 구분할 필요는 없다고 하더라도 누가 더 중요한 영향을 미치는 위치에 있는 사람인지는 분별할 필요가 있습니다.

앞에서 말한 바와 같이 우리는 지금 1950년의 한국전쟁(6·25사변) 이후로 최대의 국난을 맞이하여 기업의 도산과 금융의 대란과 외환의 위기와 실업자의 홍수와 국민의 정신적 절망을 체험하게 되었고, 도대체 이러한 비극의 근본적인 원인은 어디에 있으며 그러한 원인의 제공자는 누구이며 책임을 져야 할 사람은 누구인가에 대하여 관심이 기울어지고 있습니다. 넓게 보면 정치인과 기업인과 국민이 모두 원인의 제공자요, 책임을 져야 하겠지만 굳이 경중(輕重)과 본말(本末)을 따지지 않을 수 없는 것이 국민의 감정이요, 이성이요, 공통된 인식입니다.

오늘날 우리의 위기에 대한 책임은 공직자를 포함하는 지도층에 있습니다. 공직자는 무엇을 하는 사람입니까. 국가와 사회를 위하여 봉사하는 사람입니다. 그들에게는 일반국민들과는 달리 특수한 의무가 부과되어 있습니다. 그들에게는 성실의 의무, 복종의 의무, 친절과 공정의 의무, 청렴의 의무가 있습니다(국가공무원법 제7장 제55, 56, 58, 61조).

성실의 의무는 공무를 집행하는 데 최선을 다하는 것이며 친절과 공정은 국민에게 교만하지 않고 공평무사하게 대하는 것이며, 청렴은 어떠한 형식이나 명목으로도 뇌물을 받지 않는 것입니다. 그럼에도 불구하고 우리의 공직자들은 이와 같은 의무를 헌 신짝처럼 팽개치고 공직자부패의 세계적인 모범국가를 만들고 있다는 어이없는 사실이 드러나고 말았습니다. 어떤 신임 공무원은 동료와 상사들의 부패를 보고 도저히 참을 수 없어서 이른 바 '양심선언'으로 대응하기도 하고 말없이 사직원을 던지고 떠나기도 하며, 사업을 위하여 관청을 드나드는 사람들은 '공무원 때문에' 나라는 망한다고 아우성입니다.

공직자(공무원)는 국가권력에 의하여 임용된 사람들이며 사사로운 일꾼이 아니라 국가의 일꾼입니다. 국가의 모든 권력은 국민으로부터 나오는 것이며 공직자는 국민의 주권을 떠나 존재할 수 없고 국민을 위하여 공직자의 의무를 성실히 이행하여야 합니다.

국가의 공직자는 거대한 관료체제를 이루어 막강한 권력을 행사하기 때문에 한 사람 한 사람의 국민은 상대적으로 미약할 경우가 많습니다. 따라서 공직자는 국민을 위하여 봉사하되 마치 어버이가 갓난 아이를 돌보듯(如保赤子) 해야 하며, 한편으로는 공복(公僕, public servant)이라는 말과 같이 노복(奴僕)이 주인에게 봉사하듯 진심갈력해야 합니다. 공직자는 진정한 공복의식과 소명의식과 봉사정신과 충성심과 신념과 긍지를 가지고 공직에 나서야 합니다. 이러한 공직자의 정신자세는 진정으로 국가와 국민을 위하여 헌신하는 방법적 원리를 스스로 창출하게 됩니다.

나라의 흥망성쇠가 실로 공직자에게 달려 있고, 지금 우리가 당면하고 있는 국가적 위기의 극복도 공직자에게 달려 있다는 것을 확신하고 분발하기를 바라 마지 않습니다.

4. 정치가의 역할

　나는 중·고등학교 시절에 정치가가 되는 것이 꿈이었습니다. 그리고 정치에 관하여 관심을 기울이게 되고 대중 앞에서 강연하는 능력을 기르기 위하여 웅변대회에도 많이 쫓아다니고 직접적으로 출전하기도 하였습니다.

　나는 무엇 때문에 정치가가 되기를 희망하였을까요? 호의호식하기 위하여? 권력을 휘두르기 위하여? 그런 것은 결코 아니었습니다.

　나는 정치가가 호의호식하고 마음대로 권력을 휘두르는 사람이라고는 꿈에도 생각하지 않았으니까요. 나는 수많은 정치가들이 호의호식보다는 빈곤 속에서 살고 권력을 휘두르기보다는 국민의 시중을 드는 사람이라고 생각하였습니다. 그리고 우리 나라의 정치가들 가운데는 일본제국주의의 총칼 앞에서 목숨을 잃기도 하고 천행으로 목숨은 부지하였다고 하더라도 처자를 잃기도 하고, 부모도 봉양하지 못하고, 감옥에 갇히거나 해외로 망명하여 갖은 고생을 다

겪은 분들이 너무나 많다는 것을 잘 알고 있었습니다.

나는 우리 나라에는 훌륭한 정치가가 많이 필요하다고 생각하였습니다. 정치가는 나라를 잘 되게 하는 사람들이기 때문에 그들이 만일 훌륭하지 못하면 어떻게 나라를 잘 되게 할 수 있겠습니까. 훌륭한 정치가가 되기 위하여는 밤낮으로 책을 읽고 인격을 수련하고 국가가 당면한 여러 가지 문제들을 깊이 깊이 연구하고 국민의 고통을 자신의 고통으로 알고 마음 아파하는 정신이 필요하다고 생각하였습니다. 다시 말하면 정치가는 고매한 인격자요, 박식한 지성인이요, 열렬한 애국자라고 생각하였습니다. 그리고 그들이 대통령도 되고 장관도 되고 국회의원도 되는 것은 그들의 인격과 능력으로 창출되는 당연한 결과라고 생각하였습니다.

나는 훌륭한 정치가가 되기 위하여 정치가들의 강연회에 열심히 쫓아 다녔습니다. 지방의 작은 도시에서 잔뼈가 굵은 나로서는 정치가들의 강연을 들을 기회가 매우 적었고, 모처럼의 기회가 오기만 하면 학교를 그만 두고 강연회장으로 달려갔습니다. 어떤 때는 학기말고사까지 팽개치고 강연회장으로 간 일도 있었습니다. 학교 공부는 혼자라도 메꿀 수 있고 또한 기말고사가 대학으로 진학하는데 커다란 영향을 줄 수는 없었기 때문입니다.

아무튼 나는 정치가를 존경하였습니다. 우리 나라가 일본제국주의의 식민지가 된 것은 훌륭한 정치가가 적었던 까닭이지만 그래도 많은 정치가들이 잃었던 국가의 주권을 회복하기에 심혈을 기울였다는 사실을 나는 알고 있었습니다.

초등학교나 중·고등학교 시절에 정치가를 존경하던 사람은 나 혼자만이 아니었을 것입니다. 거의 모든 학생들이 정치가를 존경하고 그들의 역할이 얼마나 중요한지를 알고 있었을 것입니다. 그러나 이러한 사실이 오늘날에는 어떻게 되었습니까. 근간에 실시한 어느 여론조사의 결과에 따르면 국가발전에 가장 기여하지 못하는

4. 정치가의 역할
·

사람들이 정치가들이라고 고등학교 학생들이 응답하였다고 하지 않습니까. 참으로 놀라운 사실입니다. 내가 중·고등학교에 다니던 시절과는 너무나 다르다는 사실입니다.

1940년대 후반부터 1950년대 전반까지의 정치가와 1990년대의 정치가는 매우 다른 모습을 보여 준다는 것을 부인할 수 없습니다. 전에는 목숨을 걸고 항일투쟁을 벌였던 정치가가 많았지만 지금은 그분들이 모두 세상을 떠나버렸고 지금은 목숨을 걸고 나라를 위하여 일하는 정치가가 거의 보이지 않습니다. 뿐만 아니라 지금은 정치가로 대표되는 국회의원들이 밤낮으로 당리당략(黨利黨略)에 사로잡혀 국가와 국민을 외면할 뿐만 아니라 정당하지 못한 권모술수를 일삼고 심지어는 패륜행위와 파렴치행위마저 저지르는 일이 심심치 않게 대중매체를 통하여 노출되고 있습니다.

오늘날의 고등학교 학생들에게 인식된 정치가는 고매한 인격자도 아니요 박식한 지성인도 아니요 열렬한 애국자도 아닌 것입니다. 그것과는 너무나 상반되는 부도덕하고 교활하고 파렴치한 사람들입니다. 다시 말하면 존경받을 만한 정치가(statesman)도 아니요, 평범한 정략가(politician)도 아니요, 쓸모없는 협잡꾼(trickster)에 지나지 않습니다. 그러니 어떻게 그들을 존경할 수가 있겠습니까.

과거에는 정치가가 존경받았기 때문에 정치가를 부러워하는 사람들이 많았지만 지금은 정치가를 부러워하는 사람이 적은 것 같습니다. 과거에는 어느 가문(家門)에서 정치지망자가 나타나면 가문의 영광이었지만 지금은 가문의 골칫거리가 되고 있습니다. 무리하고 불법한 정치자금을 마련하고 위법하고 부정한 선거운동이나 엽관운동을 하게 되어 자칫하면 당사자의 패가망신은 말할 것도 없고 온 가문의 낭패와 친지들의 낭패까지 초래하는 수가 있기 때문입니다.

공자와 그 제자들의 말을 기록한 《논어》에는, 정치(政治)는 바르게 하는 것(正也)이라고 하였습니다. 바르게 하는 것은 바로잡는다는 뜻이 포함되어 있어서 나라의 일을 바르게 할 뿐만 아니라 만일 바르지 못한 것이 있으면 바로잡아야 한다는 것입니다. 바르게 하는 일은 국가의 이익과 국민의 복지를 위하여 일하는 것이며, 바로잡는 일은 국가의 이익과 국민의 복지를 해치는 모든 것을 미리 막고 고치는 것입니다.

근대의 정치학에서는 정치는 분화하거나 대립하는 것을 통합하고 일체화하여 갈등을 해소하는 것이라고도 합니다. 우리는 그 동안 인물에 따라, 지연(地緣)에 따라, 학연(學緣)에 따라, 혈연에 따라, 낭리낭략과 사리사욕에 따라 얼마나 많이 분화하고 대립하고 갈등하였으며, 지금도 그것이 얼마나 끈질기게 활개치고 있습니까. 이런 현실 속에서는 결코 국가의 이익이나 국민의 복지를 꾀할 수 없게 됩니다.

정치가들의 대표적인 집단은 국회라고 할 수 있습니다. 그런데 국회의원들이 국리민복을 외면하는 것은 곧 정치를 팽개치는 것이며 정치가 팽개쳐지면 모든 국가의 기능이 마비되기 쉽습니다. 국내의 경제나 사회나 문화는 끊임없이 변화하고 그것은 국제적인 정세와 긴밀히 관계하고 있습니다.

특히 우리 나라는 1997년 12월에 IMF 구제금융체제에 들어가게 되므로써 이른 바 경제구조의 대개편에 따라 수많은 법률의 제정과 개폐가 시급히 요구되고 있었는데 국회의 기능이 6개월이나 마비되므로써 모든 정책이 시행되지 못하는 형편이었습니다. 따라서 무엇한 가지나 제대로 되는 것이 없었습니다. 실직자는 노숙자가 되고 공직자의 부정부패는 예나 다름이 없으니 모두 정치가 제대로 되지 못한 까닭이요 정치가 제대로 되지 못한 것은 정치가가 제구실을 다하지 못한 까닭입니다.

국가가 발전하는 데는 여러 가지 기능이 모두 원활해야 하지만 그 가운데도 특히 정치의 기능이 가장 중요합니다. 정치는 모든 정

4. 정치가의 역할
•

33

책을 실현하는 기능이며 정치권력은 다른 어떤 기능보다도 강력하고 방대한 것이기 때문입니다. 정치는 경제나 사회나 문화나 모두를 좌지우지하는 기능입니다. 그러니 정치가가 얼마나 중요하고 위대한 위치에 있습니까. 그들의 일거수 일투족이 국가와 국민의 운명을 좌우합니다. 나라에 훌륭한 정치가가 많아야 하는 까닭이 여기에 있으며, 훌륭한 정치가가 마땅히 존경받아야 할 이유도 여기에 있습니다.

5. 경제인의 역할

　내가 중·고등학교 시절에 정치가가 되고 싶었다는 것은 앞에서
밝힌 바와 같습니다. 정치가가 되어 가장 먼저 해야 할 일은 농촌
경제의 부흥이었습니다. 왜 하필이면 농촌경제에 우선 순위를 두었
을까요. 당시의 우리 나라 경제 구조는 농업이 제일 큰 몫을 차지
하였고 총인구의 80%가 농민이었기 때문입니다. 따라서 농촌경제
를 부흥하는 것은 곧 한국경제를 부흥하는 지름길이라고 판단하였
습니다.

　나는 농촌에서 출생하여 초등학교를 다녔는데 당시의 농촌경제는
말이 아니었습니다. 초근목피로 연명하던 일제치하에서는 농사지은
곡식을 강제로 빼앗겼기 때문에 굶주리고 병들고 죽어가는 사람이
많았지만 조국이 광복된 후에도 가난한 사람이 너무 많았습니다.
식생활도 매우 어려운 형편이니 의생활과 주생활은 더 말해 무엇하
겠습니까.

　그리하여 자녀를 초등학교에도 못 보내는 가정이 있는가 하면 중

·고등학교에 보내지 못하는 가정도 많았습니다. 사람이 경제적으로 궁핍하게 되면 정상적으로 생활하기가 매우 어렵습니다. 자녀의 교육은 말할 필요도 없고 가족의 건강도 유지하기 어렵거니와 여러 가지 문화생활도 어렵게 되어 사람다운 삶을 누릴 수가 없습니다. 우리는 지금도 경제개발이 거의 되지 않고 현대문명과는 거리가 먼 후진국의 국민들이 불량한 주거환경에서 헐벗고 굶주리고 병들어 고생하는 모습을 직접 또는 간접으로 보면서 경제적인 여건이 얼마나 인간의 삶을 지배하는 요인이 되는지 능히 짐작할 수가 있습니다.

중국의 아성(亞聖)이라고 추앙 받는 맹자(孟子)는 '사람이 항산(恒産)이 없으면 항심(恒心)이 없다'고 하였습니다. 항산은 일정한 수준에 미치는 경제적인 소득이고 항심은 일정한 수준에 미치는 도덕심이라고 말할 수 있습니다. 따라서 경제적인 여건이 갖추어지지 않으면 도덕적인 여건도 갖추어지기 어렵다는 뜻입니다. 우리 나라의 속담에 '사흘 굶어 도둑질 안 할 놈 없다'는 말이 있지 않습니까. 굶는다는 경제적 요건이 원인이 되어 도둑질이라는 도덕적 타락으로 결과된다는 뜻입니다. 그러나 여기에도 예외는 있을 수 있습니다.

다시 말하면 아무리 굶어서 배가 고파도 그대로 굶어 죽을지언정 절대로 도둑질을 하지 않는 사람도 있을 수 있다는 것이지요. 그러나 그런 사람은 예외에 속하는 사람이고 진정한 군자일 것입니다. 맹자도 이런 사례를 인정하고 있습니다. 그러나 우리는 진정한 군자를 실제로 발견하기도 어렵고 또 많은 군자를 기대하기도 어려운 것이 현실입니다. 따라서 경제적 여건은 도덕적 여건을 좌우하는 매우 중요한 변수(變數)라는 사실을 간과할 수 없습니다. 이러한 주장은 세계의 모든 지성인들이 공통적으로 시인하는 것이므로 결코 새로운 것도 아니고 특이한 것도 아닙니다. 이런 이유로 경제인의 역할이 얼마나 중요한지 능히 짐작할 수 있습니다.

경제인은 경제문제를 담당하는 사람이고 특히 여기서는 기업인을 가리키는 것입니다. 사람은 누구나 경제인의 역할을 담당하는 것이 사실이지만 그 중에도 기업인은 우리 나라의 경제발전에 크게 공헌하는 사람들입니다. 그들은 자본을 마련하여 자원을 확보하고 기술을 활용하여 물질을 생산하므로써 우리의 의식주에 관한 필요와 문화적 욕구를 충족해 주는 사람들입니다.

그런데 자본을 마련하는 일이나 자원을 확보하는 일이나 기술을 활용하는 일이 얼마나 어려운 일이며 생산된 물질을 시장에 공급하는 일도 얼마나 어려운 일입니까. 우리는 기업인들의 생산과 분배로 비로소 사람다운 삶을 꾸려 나갈 수 있는 것입니다. 만일 그들이 생산하지도 않고 분배하지도 않는다면 우리는 잠시도 살아 나가기가 어렵습니다. 우리가 먹고 입고 생활하는 모든 행위가 잠시도 물질을 떠나서는 불가능한 것입니다. 내가 지금 점심을 먹고, 책상에 앉아, 볼펜을 들고 원고를 쓰고, 이제 개울가로 산책을 가고, 또 내일은 자동차를 타고 강의를 들으러 가고, 또 학술회의에 참가하는 등…… 앉아 있거나 누워 있거나 서 있거나 걸어가고 있거나 언제 어디서나 경제인들이 생산하고 분배한 물질을 떠나서는 절대로 존재할 수가 없습니다.

'따라서 우리는 경제인의 덕택으로 살아갈 수 있다고 말해도 절대로 그른 말이 아니라는 것이 엄연한 사실입니다. 이렇게 본다면 경제인은 곧 우리를 살려 주는 커다란 은인이 아니고 무엇이겠습니까? 비록 우리가 돈이 있어서 정당한 값을 치루고 물질을 향유한다고 하더라도 경제인이 생산하지 않으면 아무리 많은 돈이 있어도 소용이 없다는 것을 알 수 있습니다. 경제인의 절대적인 존재이유가 이런 모든 점에 있습니다. 경제인은 분명히 국가와 사회와 개인을 살려 주는 신(神)과 같은 존재라고 말해도 지나치지 않으리라

5. 경제인의 역할
•
37

믿습니다.

그러나 다만 한 가지 여기서 지적하지 않을 수 없는 것은 경제에도 윤리가 있다는 사실입니다. 다시 말하면 일정한 당위적인 원칙이 있어서 이러한 원칙은 반드시 지켜져야 한다는 것입니다. 그것은 다름이 아니라 모든 기업이 어디까지나 국리민복(國利民福)에 공헌되는 기업이라야 하고 그들의 모든 행위가 그 테두리에서 절대로 벗어나서는 아니 된다는 것입니다. 무엇을 어떻게 얼마나 생산하여 어떻게 누구에게 분배하는 것이 국리민복에 공헌될 수 있는지를 분명히 깨닫고 그대로 실천해야 합니다. 만일 아무리 훌륭한 기술과 경영방법으로 물건을 생산하였다고 하더라도 그것이 국리민복에는 공헌되지 못할 뿐만 아니라 오히려 국리민복을 해치는 결과를 빚는다면 그것은 경제윤리를 벗어나고 만 것입니다.

물질의 생산은 자칫하면 경영의 합리화니 이윤을 추구하는 데 모든 원리가 집중되어 국리민복과는 하등의 관계도 없게 되고 그 결과로 국가와 사회에 커다란 폐해를 끼친다면 그런 물질의 생산은 백해무익할 뿐만 아니라 국가의 공권력에 의하여 저지되고 응징되어야 할 것입니다. 따라서 기업의 속성에 따라 이윤의 추구는 인정되지만 이윤추구의 방법과 한계는 분명하다는 것입니다. 이러한 방법과 한계라는 테두리를 벗어나면 자본주의 시장경제의 근본원리에도 벗어나게 되는 것입니다.

국가의 경제는 경제인의 도덕성이 좌우하는 수가 많으며 경제인의 역할이 국가의 운명을 좌우할 수도 있는 것입니다. 과당경쟁이나 문어발식 경영이나 부실경영이나 불량품생산이나 모두 기업윤리를 파괴하는 원인입니다. 경영의 투명성과 공익성과 책임성은 기업의 절대적인 원칙입니다.

6. 교육자의 역할

　교육은 예로부터 백년의 대계(百年之大計)라고 말할 만큼 중요한 사업입니다. 그것은 무엇 때문일까요. 교육이 가정이나 사회나 국가를 위하여 반드시 필요할 뿐만 아니라 가정이나 사회나 국가의 운명을 좌우하기 때문입니다. 교육은 가르치는 것을 말하는데 한자(漢字)로 '교'(敎)라는 글자는 자녀가 어른을 본받는 일과 그것을 회초리로 독려하는 뜻이 합하여 만들어진 것이라고 합니다.

　교육은 어릴 때부터 시작됩니다. 세 살밖에 안 되는 어린 아이가 '엄마'의 말과 행동을 흉내내며 따라 하는 것을 보면 잘 알 수가 있습니다. 나는 손자 손녀를 기르면서 이것을 절실히 느끼게 됩니다. 식사할 때마다 할머니가 기도하는 것을 보고 아이들도 따라서 기도할 뿐만 아니라 다른 식구들까지도 모두 합장하고 눈을 감고 기도하라고 성화입니다. '세 살 적 버릇이 여든까지 간다'는 속담도 있습니다마는 사람의 성품은 6살 전에 거의 형성된다고 현대의 교육학자나 심리학자들은 말합니다. 6살 전이면 대체로 '엄마'에게 양육을 받는다는 사실에 비추어 '엄마'를 모방한다는 사실이 분명합니다.

오늘날 모든 문명국에서는 교육의 중요성을 크게 인정하여 일찍부터 유아교육(유치원)을 실시하고, 초등교육(초등학교), 중등교육(중·고등학교), 고등교육(대학·대학원)을 지속적으로 강화하는 데 많은 연구와 투자를 아끼지 않습니다. 그리고 나이가 어릴 때의 교육이 매우 중시되기 때문에 그에 대한 관심도 매우 크다고 할 수 있습니다.

우리 나라에는 일찍이 전통사회에서 실시하던 가정교육과 서당교육, 향교교육, 성균관교육이 있었고 지금은 근대적인 학교교육이 시행되고 있습니다. 그런데 전통사회의 교육은 근대의 학교교육에 비하여 보편화하지 못하였고 다양화하지 못하였던 것이 사실입니다. 그러나 오늘날의 근대(현대) 교육은 매우 보편화하고 다양화하고 전문화하여 가히 교육의 전성시대를 이루고 있다고 말할 수 있습니다. 전통사회에서는 꿈도 꾸기 어려운 의무교육이 실시되고 수백 수천 가지의 지식과 기술과 기능을 가르치고 배우는 교육이 오늘날의 교육입니다.

따라서 전통사회의 교육과 오늘날의 교육에는 양적으로나 질적으로나 커다란 차이를 나타내고 있음이 엄연한 사실입니다.

그럼에도 불구하고 한 가지 뚜렷한 사실은 나이가 어릴수록 교육은 중요하며 모든 학습에는 반드시 모방이 기초가 된다는 것입니다. 때에 따라서는 모방보다는 창의(창조성) 교육이 더욱 강조될 수 있지만 어떤 창의도 모방의 과정을 완전히 배제할 수 없다고 생각됩니다.

그렇다면 어린이는 누구를 모방하게 될까요. 가정에서는 '엄마'를 비롯한 가족이요, 학교에서는 선생님입니다. 그러니 엄마와 선생님은 얼마나 중요한 위치에 있는 것입니까?

나는 국민 모두가 그러한 것처럼 교육에 관심을 가지고 있고, 초등학교, 중학교, 고등학교, 대학교, 대학원까지 교육을 받았을 뿐만 아니라 또한 직접 가르치며 연구한 경험이 있기 때문에 더욱 많은 관심을 가지게 되었습니다. 모든 국민이 교육에 관심을 가진다는 것은 그만큼 교육이 중요하다는 것을 방증하기도 합니다.

나는 우리 나라의 교육이 만족할 만큼 원만히 이루어지고 있지 않다는 사실에 주목하고 싶습니다. 농촌의 공동화(空洞化) 현상으로 농촌 학교의 학급당 학생수는 많이 감소하였지만 도시 학교의 학급당 학생수는 아직도 과밀한 수준이어서 선진국의 수준에 미치지 못하고 있으며 더구나 결식아동이 10만명 이상을 헤아릴 만큼 많다고 합니다. 비행학생도 날로 증가하고 학교를 중퇴하는 학생이 많으며 고등학교나 대학을 졸업하고 나서도 취업이 되지 않아 커다란 사회 문제가 되고 있습니다.

우리 나라의 교육은 입시교육이나 지식교육에 치중되어 세칭 일류대학에 들어가는 학생은 모든 것을 달달 외우는 능력을 가진 학생들이어서 '달달교육' 뿐이라고 말하는 사람도 있습니다. 대학의 총장과 부총리까지 역임한 어느 교수가 외국에서 대학총장과 대화하다가 우리 나라의 일류대학에 들어가는 학생들이 얼마나 많은 시간을 공부하는 데 소비하는지를 말하였더니, 그러면 그 일류대학 출신들이 노벨상을 얼마나 많이 받았느냐고 구체적으로 질문해 오더랍니다. 질문하는 외국인 총장은 물리학이 전공이라 우리 나라에 노벨물리학상을 받은 사람은 없다는 것을 알고 "화학상은? 의학상은? 문학상은?"하고 묻는 바람에 매우 곤란하더라는 것입니다.

학생들이 공부를 안 하는 것이 아니라 해도 너무할 정도로 많이 하지만 교육이 잘못 되었기 때문에 노벨상을 받지 못하는 것입니다. 달달 외우는 교육은 이루어지지만 창의성을 기르는 교육은 이루어지지 못하고 있습니다.

6.교육자의 역할

•

41

우리 나라의 교육에 심각한 문제가 많은 것은 다시 말할 나위가 없습니다. 그 중에서 가장 심각한 것을 한 가지만 들라면 이른 바 인성(人性)교육의 부재라고 할 수 있습니다. 가정생활이나 사회생활이나 국가생활에 적합한 원만한 인성을 기르는 교육이 너무나 안 되고 있다는 것입니다. 이른 바 '공주병 환자'와 '왕자병 환자'가 양산되고 무슨 수단으로든지 남에게 이기고 보자는 경쟁의 승리자가 길러지는 교육이 판친다는 것입니다.

　앞에서 말한 부총리를 역임한 교수도 우리 나라가 발전하지 못하는 커다란 요인으로 '원칙을 벗어난 편법주의'를 지적하였습니다. 편법이란 본디 원칙의 근본적인 취지에 어긋나지 않는 비상수단이라야 함에도 불구하고, 사리사욕을 위하여 수단과 방법의 합리성이나 합법성에 구애됨이 없이 제멋대로 경쟁자를 물리치거나 자신의 영달을 꾀하는 행위로 자행되기 때문에 말하는 것입니다. 우리 사회에서 끊임없이 사회문제로 회자되는 이른 바 '촌지'니 부정 부패 부조리가 모두 원칙을 벗어난 편법주의에서 빚어지는 것입니다.

　한국 사람은 직장에서 계장만 되어도 일을 열심히 하지 않고 과장만 되면 거의 일하지 않는다고 지적하는 사람이 있습니다. 계장까지는 경쟁자가 있기 때문에 경쟁자를 물리치고 승진하기 위하여 일하지만 계장만 되어도 경쟁자는 현저히 감소하고, 과장이 되면 국장은 바라보기 어려운 자리이기 때문에 포기하고 나니 경쟁자는 모두 없어지는 셈이라 굳이 열심히 일할 필요성이 없다는 것입니다.

　벌써 수십년 전에 외국에서 공부하는 한국의 유학생이 어느 일간지에 투고한 글이 생각납니다. 자기가 선진국에 유학을 하면서 절실히 느낀 것은 한국의 교육이 경쟁교육에 불과하고 그것이 바로 한국의 교육을 그르치는 중요한 원인이라는 것이었고, '경쟁교육, 이젠 제발 그만' 하라고 간절히 호소한 것이었습니다.

경쟁교육은 공주병이나 왕자병과 매우 관계가 깊다고 보입니다. 국어나 산수나 사회나 자연이나 기타 예능이나 모두 가장 우수하다고 인정받고 교사의 편애를 받은 어린이는 새로운 경쟁자를 증오하고 억압하고 배척하고 공격하기 쉽습니다. 모든 교과성적이 고루 뛰어나기도 어렵거니와 설령 그렇다고 하더라도 어린이들의 능력은 언제나 새롭게 발전할 수 있어서 자신이 우수한 것처럼 남도 우수할 수 있고, 자신이 인정받는 것처럼 남도 인정받을 수 있다는 분별력을 알게 모르게 길러 주어야 합니다.

이번에는 '철수의 그림이 매우 우수하구나' '영이의 동시가 우수하구나' '인식의 토론이 매우 조리에 닿는구나' 하는 교사의 태도가 어린이들의 인성교육에 도움이 될 것입니다.

7. 언론인의 역할

현대사회에서 언론이 얼마나 중요한지를 모르는 사람은 아무도 없을 것입니다. 언론은 새로운 소식을 불특정 다수인에게 대량적으로 보도하므로써 우리 나라의 국민 뿐만 아니라 다른 나라의 국민에게도 국가의 형편이나 사회의 동정을 알게 합니다. 우리는 어디서 무슨 일이 일어나는지 직접 쫓아다니며 확인할 수는 없고 오로지 언론매체를 통하여 알게 될 뿐입니다. 따라서 언론은 하나 하나의 작은 집단의 범위를 완전히 벗어나 독자나 시청자를 고객으로 삼는 시장경제의 원리에 따라 운영됩니다.

우리는 항상 언론이 보도하는 매체를 우리의 눈이나 귀처럼 활용하고 그것을 통하여 얻은 지식으로 판단하고 행동하고 사회에 적응해 갑니다. 그리고 이러한 과정을 통하여 모르는 사이에 가치판단이나 행동이 유도되어 집단적 의견이 형성되기도 합니다. 언론이 이러한 기능을 발휘하기 때문에 어떤 개인이나 집단은 항상 언론의 매체에 이목(耳目)을 집중하며, 나아가서는 언론매체를 이용하여 자기의 유리한 위치를 확보하거나, 적대관계에 있는 개인이나 집단을 불리한 궁지로 몰아 넣기도 하고, 자기의 의견을 대중에게 알리고 호소하기도 합니다. 이처럼 언론의 매체를 이용하는 일은 특히 정치집단에서 치열하고 그 밖에 경제나 사회나 문화 등 모든 집단에서도 비슷한 현상을 보입니다.

언론은 현대사회에서 조직적인 기구를 형성하고 다수의 언론기관은 서로 협력하기도 하고 경쟁하기도 하면서 국민들에게 많은 소식을 전하는 동시에 여론도 형성하고 일정한 방향으로 이끌어 나가기도 합니다. 언론이 이러한 기능을 수행하기 위하여는 아무 소식이나 무차별하게 잡박한 다발로 묶어 보도하는 것이 아니라, 언론인으로 구성된 언론기관의 처지나 가치판단에 따라 보도자료를 취사선택하고 여과하는 과정을 거치기 때문에 어떤 종류의 사실은 전혀 무시되거나 아니면 과소평가 되거나 과대평가 되기도 합니다. 정치권력은 언론의 이러한 속성을 너무나 잘 알기 때문에 자신의 형편에 따라 유리한 언론은 옹호하고, 불리한 언론은 통제하고 탄압하는 수가 많습니다. 세상에서 흔히 여당의 언론은 옹호되고 야당의 언론은 통제되는 사례가 이것입니다. 과거에 야당지로 알려진 어떤 신문은 광고조차 게재하기 어렵고 독자를 확보하기 어려워 경영의 어려움이 극한에 이르렀던 사실을 국민들은 잘 알고 있습니다.

오늘날의 언론기관은 신문사와 잡지사와 방송국 등이 주종을 이루고 특히 텔레비젼 방송국은 그 위력이 두드러지게 나타나고 있습니다. 이러한 언론기관들은 우리 나라의 근대화가 촉진됨에 따라 상상하기 어려울 만큼 발전된 것입니다. 그러나 1910년 이후 1945년까지 일본의 식민통치 하에서는 모든 면에서 열악한 처지에 있었고 일제의 무차별한 통제와 탄압을 받으며 그 명맥을 유지하기 어려워 정간이니 폐간이니 하는 극단적인 처분을 당하기도 하고 수많은 언론인이 참담히 투옥되기도 하였습니다.

7. 언론인의 역할

우리는 우리의 언론인들이 우리의 민족문화를 수호하고 일제의 침략을 물리치기 위하여 얼마나 많은 희생을 무릅썼는지를 잘 알고 있습니다. 언론인들의 희생은 한 마디로 애국애족이었고 정의의 필봉으로 적의 총칼과 마주 싸운 용기였습니다. 침략자의 무자비한 총칼을 마주하여 싸우는 데는 한계가 있기 때문에 애국계몽을 중심으로 하는 투쟁방식도 전개하였지만 그것도 매우 어려운 일이었습니다.

조국이 광복된 이후에는 국내외의 소식을 전하고 국민을 계몽하는 일 가운데서도 특히 자유민주주의의 정치적 실현과 경제·사회·문화적 실현을 위하여 공헌하였습니다. 우리는 자유민주주의가 무엇인지를 교과서에서 배우기보다는 언론을 통하여 많이 배웠다고 할 수 있습니다. 우리는 언론매체의 밝은 소식(기사)으로 위로를 받고, 어두운 소식으로 절망과 비탄과 분노를 느끼기도 하였습니다.

언론인들의 목숨을 건 정의의 필봉을 볼 때 자유민주주의의 생생한 꽃봉오리를 발견하게 되고, 그렇지 못할 때는 자유 민주주의의 조종(弔鐘)을 듣곤 하였습니다. 정의의 필봉은 자유민주주의의 가장 위대한 수호자 중의 하나라는 것을 누구나 시인해 왔습니다.

국민들은 우리의 빛나는 언론을 통하여 칼(劍)보다 붓이 강하다는 신념도 체험하였습니다. 언론인(기자)은 무관(無冠)의 제왕(帝王)이라는 말이 무슨 뜻인지도 알게 되고 언론은 국가의 입법부나 사법부나 행정부에 못지 않는 또 하나의 권력이라는 것도 알고 있습니다. 지금 우리는 IMF(국제금융기금)의 구제금융체제에서 적어도 1,500억 달러 이상의 외채를 짊어진 채 국가적 위기를 극복하기 위하여 안간힘을 쓰고 있는데 도대체 정치인들이나 경제인들이나 학자들은 무엇을 하였느냐고 국민들은 아우성이고 아울러 언론인은 무엇을 하였느냐고 소리치고 있습니다.

흔히 세상에서는 정경(政經)유착이 국가발전의 커다란 저해요인으로 지적되고 있습니다. 그러나 정치인과 경제인의 유착도 큰 문제이지만 정치인과 학자의 유착도 그렇고 정치인과 언론인의 유착도 마찬가지입니다. 국민들은 정치인도 경제인도 학자도 모두 믿지 못하겠다는 태도입니다. 정치, 경제, 학문이라는 3박자가 잘 맞은 결과로 국제금융기금의 구제금융체제로 들어가게 되었다는 것입니다. 일부에서 한국 경제의 문제점을 우려하기만 하면 입버릇처럼 '펀다멘탈'이 튼튼하기 때문에 걱정없다는 것이었습니다. 국민들은 정말 그런지 의문이 제기되면서도 그런 말을 믿을 수밖에 없었습니다.

그러나 믿는 도끼에 발을 찍히고 만 것이 국민들이었습니다. 국민들은 너도 나도 외화를 낭비하였습니다. 엄청난 로얄티(특허권사용료)를 지불하는 상품을 분별없이 사용하고 해외여행을 빙자로 외화를 물 쓰듯 하는가 하면 일부의 특수층에서는 외화를 불법하게 해외로 유출시키기도 하였습니다.

그런데 언론은 이러한 모든 망국적인 현상을 속속들이 파헤치고, 정치계나 경제계나 학계나 일반 국민들에게 철저히 알리고 따가운 회초리로 일깨워 주기는커녕, 오히려 일부에서는 정언(政言)유착이라는 추악한 꼴로 정치계를 옹호하고 정부의 정책을 호도하여 선전하는 인상을 주었다는 지적이 일고 있습니다.

앞에서도 지적한 것처럼 국민들은 언론을 자기의 눈이나 귀로 삼고 모든 것을 판단하고 행동하는 처지에서 언론이 정치와의 유착으로 국가경제의 실체를 외면해 버리면 어떻게 되겠습니까. 국민은 국가경제의 실체를 모르게 되고 도깨비에게 홀린 것처럼 능력대로 외화를 소비하여도 괜찮은 줄로 알 수밖에 없을 것 아닙니까.

그러니 국민들이 저지른 외화낭비를 어떻게 탓할 수 있겠습니까? 국민들을 어리석게 만들어 놓고 어리석은 짓을 저질렀다고 나무래는 짓이 어찌 정당하겠습니까. 범죄행위의 교사자(敎唆者)가 하수인에게 범죄행위를 교사해 놓고 자기가 교사한 내용을 충실히 실행한 하수인에게 책임을 묻고 그를 비방하는 것이나 다름이 없으니 말입니다.

　정치, 경제, 사회, 문화 등 모든 분야를 철저히 감시하고 국민에게 알리며 건전한 여론을 형성하여 국가와 민족의 비젼(vision, 꿈)을 제시해 주는 무관의 제왕이 곧 언론이라는 것을 더욱 여실히 보여 주기를 국민은 간절히 빌고 있습니다. 꿈(희망)이 있어야 국가위기를 극복할 수 있고, 꿈이 있어야 삶의 보람을 찾을 수 있습니다.

8. 예술인의 역할

예술의 개념을 정확하고 권위있게 정의하기는 어려우나 여기서는 미적(美的) 효과를 일으키는 생산활동이나 그 성과라고 간단히 정의하고 싶습니다. 그러나 이러한 간단한 정의는 여러 가지 문제점을 야기하기 쉬우므로 구체적으로는 문학이나 음악이나 미술을 가리키는 것이라고 덧붙이겠습니다.

우리는 흔히 진선미(眞善美)를 추구한다는 말을 쓰는데 진이나 선이나 미가 각각 독특한 뜻을 지니면서도 또한 공통적인 속성을 지니고 불가분의 긴밀한 관계를 지니고 있습니다. 3자는 대체로 철학이나 윤리나 예술이라는 서로 다른 영역에서 추구하는 것으로 보이기는 하지만 철학적으로 참되지 않거나 윤리적으로 선하지 않은 것을 예술적으로 아름답다고 규정하기는 어렵기 때문입니다. 우리가 '아름다운 심성'이니 '아름다운 행동'이라는 말을 쓸 때에도 심성이나 행동의 빛깔이나 형상이 보기에 좋다는 뜻이 아니라 사람의 심성이나 행동이 참되고 선하다는 뜻이라고 할 수 있습니다. 따라서 예술에서 추구하는 미라는 것은 단순히 색채나 형상을 받아들이는 시각(視覺)의 미를 가리키는 것이 아니라 그보다는 차원이 높은 철학적 윤리적 가치를 전제로 한다는 것을 알 수 있습니다.

나는 본디 문학이나 음악이나 미술에 대하여 문외한의 처지에 있었고 아무런 소양이 없기 때문에 전문적이거나 체계적인 논의를 전개할 수는 없습니다. 다만 문학이나 음악이나 미술이나 모두 우리 사회에 커다란 영향을 준다는 사실에 주의를 기울이고 싶을 따름입니다. 좀 지나치게 소박한 생각일런지는 모르지만 정치나 경제가 국가와 사회를 위하여 기능하는 것처럼 예술도 국가와 사회를 위하여 기능하는 것이며 기능해야 한다고 생각합니다.

경우에 따라서는 예술의 미적 효과가 개인에게 미치고 마는 수가 있을 수 있지만 그 개인에게 미친 효과나 사회의 구성원에 미친 효과는 곧 국가에 미치는 효과가 될 수 있습니다. 따라서 예술인의 예술활동이 지극히 사소한 개인의 행위에 그치는 것처럼 보일지라도 그것을 단순한 개인적 사생활의 문제로 한정시키기는 어려운 것입니다.

나는 여기서 문학과 관련된 이야기를 가지고 논의하고자 합니다. 중등교육을 받은 사람치고 몇 권의 시집이나 소설을 읽지 않은 사람은 아무도 없을 것입니다. 내가 중학교와 고등학교에 다니던 시절에도 항상 시집이나 소설이나, 아니면 위인전이나 사회과학 서적을 손에 들고 다니던 친구들이 많았고 서로 책을 돌려가며 읽곤 하였습니다. 나는 마침 청주 시내의 북쪽 끝에서 남쪽 끝에 있는 학교를 6년 동안 한결같이 걸어서 통학하였는데 하교 길에 서점에 들러 책을 구경하기에 매우 편리하였습니다.

그 때는 신간 서적만을 판매하는 서점보다 고본을 판매하는 이른바 고서점(헌책방)이 더 많았는데 어딜 가든지 학생들이 늘어서서 책을 구경하고 어떤 학생들은 주인이 나가달라고 독촉할 때까지 책을 읽다 가기도 하였고 서로 서로 자기가 읽은 책의 내용을 소개하고 토론하기도 하였습니다.

사람의 인격은 중·고등학교 시절에 읽은 책의 질과 양에 따라 좌우된다는 말이 있습니다. 사람에 따라 다르기는 하지만 대체로 중·고등학교 시절에 시나 소설을 많이 읽을 뿐만 아니라 그 읽은 책이 마음 깊이 받아들여져서 감동과 감화를 주기 때문입니다. 흔히 말하는 것처럼 그 시절은 감수성이 예민하기 때문에 감동과 감화를 받기 쉽고 이러한 현상을 내면화(內面化)니 품성화(品性化)니 인격화(人格化)라는 말로 설명하기도 합니다. 나도 다른 학생들에게 못지 않을 만큼 시와 소설을 읽은 것으로 기억되는데 주로 위인전이나 순수문학작품을 읽고 추리소설은 될 수 있는 대로 기피하였습니다. 문예반에 가입하여 문학에 대한 특강을 듣다 보니 추리소설은 읽기가 싫어졌고 시간이 아까웠습니다.

들리는 바에 따르면 요즘 중·고등학교 학생들이 불량만화나 음란서적을 많이 읽는다고 하는데 이런 현상은 내가 중등학교에 다니던 시절엔 거의 없었던 것으로 압니다. 광복 후의 혼란기와 한국전쟁 전후의 격동기였던 탓인지 출판물이 많지도 않았고 만화도 거의 없었던 것으로 기억됩니다. 따라서 불량만화나 음란서적을 가까이할 기회는 거의 없었던 셈이고 다만 불온서적이라고 부르는 서적들이 일부의 학생들에게 읽혀졌던 것으로 압니다.

그런데 내가 여기서 문제로 지적하고자 하는 것은 이른 바 예술이라는 미명(美名)을 쓰고 학생들에게 해독을 끼치는 사이비 문학작품이 쏟아져 나온다는 사실입니다. 예술활동의 자유는 국민의 기본권에 속하고 침해되어서는 아니 되겠지만 그 예술활동이 학생들에게 해독을 끼치는 사실이 명백하거나 해독을 끼칠 개연성이 명백할 때에는 부득이 통제를 받을 수밖에 없을 것입니다.

우리 사회에는 언제부터인지 모르게 쾌락주의나 향락주의가 팽배하고 이러한 성향은 방탕이나 퇴폐행위를 합리화하는 매개가 되고 있는 것을 발견하게 됩니다. 예술은 우리에게 쾌락을 주어야 하지만 무분별한 향락과는 다르고 더구나 방탕이나 퇴폐행위를 옹호하는 기능으로 나타나서는 아니 될 것입니다. 그럼에도 불구하고 우리의 주변에는 방탕이나 퇴폐를 조장하는 감각적 쾌락과 말초적 향락을 공공연히 주장하는 예술인들이 발견되고 그들의 작품이 마치 봇물처럼 학생들의 수중으로 들어가고 있습니다. 이러한 작품을 쓰는 작가들 중에는 상업적인 전업작가도 있지만 교수라는 직함을 가지고 학문적인 권위를 과시하는 작가도 있습니다.

전자에게는 상업적인 영리를 추구하다가 저지르는 실수가 인정되지만 후자에게는 그 사회적인 지위나 국민의 기대에 비추어 보아도 실수가 인정되기는 어렵습니다. 우리 나라 국민들의 지적(知的) 수준으로 보아 대학교육을 받은 사람이면 국민의 지도자계층이라고 볼 수 있고 대학의 교수는 지도자계층을 지도하고 양성하는 지도자의 지도자계층에 속합니다. 그러므로 단순한 전업작가와는 확연히 다른 지도적 위치에 있음에도 불구하고 자기의 언행이 학생들에게 어떤 영향을 끼치게 될런지를 분별하지 못하고 무책임한 주제(主題)를 작품활동에서 다루고 있는 것입니다. 좀더 구체적으로 말하면 '성(性)의 해방'을 위한다는 구실로 사회적으로 용납하기 어려운 남녀관계를 다루기도 하는 것입니다.

이런 작가들은 예술의 윤리성을 망각하는 것이며 쾌락의 진정한 의미를 벗어난 방탕과 퇴폐를 조장하는 사람들이라고 보아 무리가 없을 것이다. 독자들과 일부의 지성인에 의하여 고발을 당하고 형사소추까지 받기도 하지만 그러면 그럴수록 '화제의 작품'이니 '문제의 작품'이니 하여 그들의 작품은 학생들의 호기심을 자극하고 더욱 인기 있는 베스트셀러가 되기 쉽습니다.

문제의 작가들이 형사소추를 받는 것은 지극히 당연한 일입니다.

국가와 사회를 떠난 예술활동이 있을 수 없고, 예술이라는 미명이 사회의 보편적인 윤리나 미풍양속에 구애됨이 없이 부도덕과 패륜과 외설을 일삼을 수도 없습니다.

진정한 예술의 미학(美學)이 정립되기를 바라는 마음으로 예술인의 역할을 생각해야 한다고 믿으며 사이비 예술인들의 반성을 촉구합니다.

9. 공무원의 역할

나는 공무원이라는 직업을 매우 좋아합니다. 공무원은 국가나 지방의 공공단체에서 국민을 위하여 해야 할 일을 맡아서 하는 사람이기 때문에 언제 어디서나 떳떳하고 보람을 느낄 수 있으며 또한 기본적인 생활은 유지할 수 있도록 보수를 받기 때문에 생활도 안정될 수 있기 때문입니다.

나는 공무원을 늘 부러워하고 형제자매나 일가친척 가운데서도 공무원으로 근무하는 사람이 있다는 것을 자랑스럽게 여길 뿐만 아니라 손아래 사람들을 만나면 될 수 있는 대로 공무원이 되라고 권유해 왔습니다. 손아래 사람이 나의 권유를 뿌리치고 자영업을 하는 것을 보면 참으로 딱하기 그지없고 더구나 공무원이라는 직업을 팽개치고 마는 것을 보고는 참으로 기가 막히고 미운 감정이 용솟음쳤습니다.

우리 나라에서 공무원이 되려면 일정한 시험을 거치든지 아니면 무시험전형을 거쳐야 하므로 그 자격이 검증되는 것이며, 지능이나 기능이나 인격이 일정한 수준에 도달한 것으로 인정되는 것입니다. 그리고 일정한 보수와 신분이 법에 의하여 보장되고 복무하는 자세와 능력에 따라서는 높고 중요한 자리로 승진도 되고 영전도 되며 여러 가지 혜택도 받게 됩니다.

우리 나라의 공무원은 여행(출장)할 때에도 교통기관의 할인혜택을 받을 수 있으며 주택을 장만하는 데도 유리한 혜택이 있으며 금융거래에도 신분상의 신용으로 유리할 뿐만 아니라 장기근속으로 그 공로가 인정될 때에는 훈장도 받게 되어 퇴직한 후에도 여러 가지로 혜택이 있습니다. 다 같이 교육기관에 근무하더라도 사립학교냐 국공립학교냐에 따라 교통운임의 할인혜택이 달라지며 해외여권을 신청하여도 일반여권이냐 관용여권이냐가 달라집니다. 외국에서 여행하거나 활동할 때에 일반여권 소지자의 외국인과 관용여권 소지자의 외국인 가운데서 전자보다는 후자를 신용할 것은 뻔한 일입니다. 후자는 여권을 발급한 국가의 정부가 그 신분을 보증하기 때문입니다.

세상에는 공무원이라는 직업을 가지고 국가기관이나 공공단체의 직책을 수행하는 사람보다는 그렇지 않은 사람이 많고, 또한 공무원이 아닐지라도 공무원에 비교하기 어려울 정도로 국가와 사회를 위하여 봉사하고 헌신하는 사람이 많습니다. 따라서 공무원이 무조건하고 공무원이 아닌 사람보다 훌륭하거나 존경을 받아야 하는 것은 아닙니다. 다만 공무원은 국가공무원법을 비롯한 여러 가지 법에 따라 의무가 부과되어 있으므로 반드시 그 의무를 이행하지 않으면 아니 되는 처지에 있으나, 공무원이 아닌 사람에게는 특별한 경우가 아니면 공무원에게 부과된 것과 똑같은 의무는 없는 것입니다. 다시 말하면 공무원은 아닐지라도 공무원의 직무와 같은 직무를 수행하면서 일정한 법령이나 정관에 따라 통제되는 사람을 제외하고는 공무원과 공무원 아닌 사람의 의무에는 커다란 차이가 있다

9.공무원의 역할
•

는 것입니다.

나는 일찍이 「공가공무원법」과 「교육공무원법」을 적용받는 신분에서 「○○○육성법」을 적용받는 신분으로 복무하다가 이제는 정년퇴임으로 직장을 떠났기 때문에 내가 임의로 가입한 단체의 정관만을 적용받는 처지에 있고 일반 국민들이 이행해야 할 납세·국토방위·교육·근로 등과 같은 의무가 부과되어 있을 뿐입니다.

국민이라면 누구나 납세, 국토방위, 교육, 근로의 의무가 있기 때문에 공무원이라고 하여 이러한 네 가지 의무가 없는 것은 아니고 이러한 의무 외에 공무원이라는 신분으로 말미암아 더 많은 의무가 부과되는 것입니다. 성실의 의무, 복종의 의무, 친절과 공정의 의무, 청렴의 의무가 그것입니다.

여기서 말하는 복종의 의무는 상사의 정당한 직무상의 명령을 말하는 것이기 때문에 상사의 사익을 위한 사사로운 명령이나 불법(위법)한 명령에 맹종하는 것은 아닙니다. 공무원 자신의 과오를 변명하기 위하여 상사의 명령에 복종하였을 뿐이라고 주장하는 것은 부당한 일입니다. 불법(위법)하거나 부당한 명령에 복종하는 것은 결코 책임을 면할 수 없는 행위입니다.

공무원이 위에서 지적한 의무를 이행한다면 국가사회는 얼마나 발전할 것이며 국민은 얼마나 공무원을 존경하고 그들에게 감사하겠습니까? 그러나 우리 나라의 공무원 가운데는 위와 같은 공무원의 의무를 헌신짝처럼 내버리고 불성실할 뿐만 아니라 정당한 상사의 명령을 어기거나 국민에게 불친절하고 불공정하고 청렴하지 못한 사람이 많다는 사실이 누누이 지적되고 있습니다.

그리하여 국민들은 관공서에 가기를 싫어하게 되고 공무원을 존경하거나 감사하게 여기기는커녕 멸시하거나 증오하기도 하며 '공무원 때문에 나라가 망한다'는 말까지 나오는 것입니다. 현재의 공무원 직급제도에서 6급(주사)에 속하는 어느 공무원이 무려 200억원이라는 천문학적 수치에 해당하는 재산을 축적하였다는 사실이 세상을 놀라게 하고 있습니다. 듣는 바에 따르면 뇌물을 주면 안 될 것도 되고, 안 주면 될 것도 안 되는 사례가 허다하며, 국고로 들어가야 할 정당한 세원이 공무원의 횡령으로 축난다고 합니다. 이러한 공무원의 부정부패가 일반화하고 국민의식을 지배하게 되어 납세고 인허가고 모두 일단은 뇌물로 조정하고 해결하고자 하는 풍조가 국민들에게 만연하게 되었습니다. 납세문제를 비롯한 민원문제가 생기면 무조건 찾아가 뇌물공세를 취하라고 조언하는 사람들이 너무나 많은 것을 보면 우리들 국민이 공무원을 어떻게 인식하고 있는지 능히 짐작할 수 있습니다.

공무원 여러분! 여러분 모두가 그런 것은 아니지만 일부가 그렇기 때문에 전체가 불신을 받게 되었습니다. 선진국에서 생활하다가 모처럼 고국에 돌아와 관공서에 들른 사람은 모두 실망한 나머지 어서 바삐 외국으로 나가고 싶다고 합니다. 외국에서 겪었던 여러 가지 고충으로 조국을 그리워하며 간직해 온 애국심은 공무원을 대하자마자 산산이 조각이 나서 '이 더러운 나라! 이 나라가 나의 조국이라니!' 하는 탄식과 함께 현기증을 느끼게 된다고 합니다. 뾰족한 묘책도 없이 해외로 이민하는 사람들 가운데는 부정 부패 부조리가 없는 사회가 그리워 정든 고향과 조상의 뼈가 묻힌 조국을 등질 수밖에 없다는 사람들이 의외로 많다고 합니다.

모든 공무원이 다 썩어 문드러지더라도 나만은 썩지 않겠다는 비장한 각오가 필요하지 않겠습니까.

모든 국민은 진심으로 바랍니다. 성실하고 친절하고 공정하고 청렴한 공무원을, 존경하는 공무원과 고마운 공무원을 말입니다. 눈물로 호소합니다.

10. 법조인의 역할

최근에 대중매체를 통하여 보도된 바에 따르면 법조인의 비리가 거듭하여 물의를 일으키고 있습니다. 그것은 변호사가 사건을 수임하고 소송을 진행하는 과정에서 빚어지는 비리입니다.

사건의 발단은 어느 지방의 광역시에서 개업하고 있는 특정 변호사가 이른 바 사건 브로커를 동원하여 사건을 수임하거나 현직 판사와 검사를 비롯하여 경찰관과 교도관들에게 사례하면서 다른 변호사들의 몇 배나 초과할 정도로 수임하였으나, 수임한 사건을 성실히 처리하지 못하고 소송을 장기간 지연시키는 등, 사건의뢰인에게 많은 피해를 주었다는 것입니다.

문제의 변호사는 전직 부장검사로 근무하던 인물이기 때문에 이른 바 전관예우의 사례에 속하는 것으로 해석하는 사람들도 있습니다. 그러나 반드시 전관예우의 사례에 속하는지는 분명하지 않은 것 같습니다. 문제의 변호사는 사건을 수임하기 위하여 물질(금품 또는 향응)적인 사례를 하였다는 사실과 사건의뢰인에게 피해를 주었다는 점에서 법조계의 비리를 조성하였다는 것이 국민들의 관심사로 부각되었습니다. 그렇지 않아도 법조인에 대한 국민들의 시선이 따가운 형편에 구체적인 사건이 발생하여 장본인이 구속되므로써 법조계의 개혁이 다시 한번 크게 거론되고 있습니다.

지금 법조계에서 제기되고 있는 문제는 주로 변호사의 수임료가 지나치게 많다는 것, 판결을 비롯한 소송의 절차가 공정하지 않다는 것, 법조인 간에 금품이 거래된다는 것, 법조인의 인원수가 적다는 것, 우리 국민은 지금 최악의 법률서비스를 감수하고 있다는 것입니다.

이러한 문제들은 결국 법조계의 불합리성을 크게 개혁하지 않으면 안 된다는 여론을 비등하게 하였고 TV(방송공사)에서는 '법조비리'의 척결을 위한 공개토론(심야토론)을 열고 전문가들과 일반 국민들의 의견을 수렴하여 그 대책을 논의하기도 하였습니다.

법조비리의 가장 큰 원인은 법조인들의 직업윤리에 관계되는 것입니다. 다시 말하면 법조인이 법조인으로서의 특수한 사명감을 저버리는 것입니다. 법조인은 법을 해석하고 적용하고 집행하는 직무를 수행하는 특수한 사명을 인식하기는 하겠지만 한 걸음 더 나아가 법의 진정한 목적과 본질과 필요성이 무엇이며 특히 자신의 사명이 얼마나 성스러운 것인지를 제대로 인식해야 합니다.

법이라는 낱말은 여러 가지 뜻을 함축하고 있으나 국가의 공권력에 의하여 승인된 가장 대표적인 규범이고 대체로 강제적 구속력이 있다는 점에서 일반적인 도덕이나 관습이나 조리와는 차이를 나타냅니다. 그리고 법은 정의(Right, Recht)와 같은 뜻으로 사용된다는 점에서 법의 본질이 잘 드러나고 있습니다.

고대사회로부터 중국에서 사용해 온 '法'이라는 글자는 본디 '氵'와 '廌'와 '去'가 결합된 것이었는데 해태를 뜻하는 '廌'는 생략되고 오늘날의 '法'이라는 글자가 만들어졌습니다. '氵'는 항상 형평을 유

10. 법조인의 역할
•

지하는 물을 가리키고 '去'는 부정한 것이나 불의한 것을 제거하는 것을 가리킵니다. 그리고 '鷹'는 부정한 먹이를 절대로 먹지 않을 뿐만 아니라 힘세고 날카로운 뿔로 부정과 불의와 불선과 불미를 밀어 제치는 전설적인 동물을 가리킵니다.

따라서 법이란 정의를 뜻하고 정의의 수호를 뜻하는 것입니다. 이런 까닭에 법을 해석하고 적용하고 집행하는 일은 곧 정의의 해석과 적용과 집행인 것입니다. 따라서 법조인의 직업은 정의의 문제를 전문적으로 다루는 일이며 그것은 곧 국가가 정치, 경제, 사회, 문화 등 모든 영역에서 추구하는 정의를 실현하는 일입니다.

위와 같은 법의 본질과 목적에 비추어 볼 때 법조인의 직업은 참으로 소중하고 위대하고 성스럽기 그지없습니다. 법조인이 법을 어떻게 해석하고 적용하고 집행하느냐에 따라 정의는 불의로, 불의는 정의로 둔갑될 수도 있습니다. 다시 말하면 살아야 마땅한 사람이 죽게 되고 죽어야 마땅한 사람이 살게 되며, 이겨야 할 사람이 지게 되고 져야 할 사람이 이기게 되는 것을 말하는 것입니다.

지금 우리 국민들은 법조인(변호사)에 대하여 존경심을 가지고 그들을 신뢰하는 사람들이 매우 적은 것으로 압니다. 그 까닭은 그들이 정의의 수호자라고 인정되지 않기 때문입니다. 과다한 수임료를 요구할 뿐만 아니라 심지어는 자기의 전문분야와는 거리가 먼 사건이라도 함부로 수임하고, 심지어는 한 사람의 변호인이 동일사건의 피고인(被告人)과 원고(原告)의 사건 의뢰를 동시에 수임하는 사례까지 있다는 것입니다. 이러한 불합리한 현상은 법조계의 불투명성과 법조인의 부족에 기인한다고 보입니다.

우리는 지금 법률에 대한 전문가가 아니면 도무지 법률을 알 수가 없고 소송절차를 포함하는 법률의 모든 절차를 아는 사람이 매우 적을 뿐만 아니라 도대체 어느 변호사가 무엇을 전문적으로 수임하며 그 실적은 어떠한지도 거의 알 수가 없고, 수임료의 계산방법이나 내역도 거의 알 수가 없습니다. 법조인은 성역(聖域) 안에서 특권을 누리며 치부하는 특수층으로만 인정될 뿐입니다.

그 동안 정부에서는 법조계의 부조리를 척결하고 개혁하기 위하여 여러 가지로 시도한 바 있으나 정부나 국회나 관계 요로에서 세력을 과시하는 기득권자에 속하는 법조인들이 반대를 거듭하여 번번이 좌절되고 말았다고 합니다. 인습이나 관례대로 현상을 유지하는 것이 자기들에게 유리하다고 판단하기 때문입니다. 그들은 국가나 국민을 생각하는 것은 자기들의 철통 같은 기득권을 스스로 파괴하는 것이라고 생각하는 것 같습니다.

정부의 공무원이나 국회의원이 된 법조인도 자기의 자리가 도대체 무엇을 위하여 무슨 일을 하는 자리인지, 무엇 때문에 국민의 세금으로 봉급을 받는지 모두 망각하고 오로지 법조인으로서의 기득권만을 지키겠다는 것입니다. 정권교체 이후 국민의 정부에서 추진하는 정치적 경제적 개혁이 각 부처간의 이기주의(기득권 사수)로 힘들었던 것과 똑같은 것입니다. 그들은 법이고 정의이고, 국가고 국민이고 안중에 두려 하지 않는다고 국민들은 생각합니다.

지금 국민들은 법조인의 증원을 강력히 주장하지만 소용이 없습니다. 기득권자들이 중요한 자리에 앉아서 국민의 여론을 짓밟기 때문입니다. 한국의 여러 가지 실정에 비추어 증원할 필요가 없다는 것입니다. 그러나 당면한 문제점을 해결하기 위한 묘책의 하나가 법조인의 증원이라는 것은 명백한 것 같습니다.

선진국의 표본을 이루는 구미의 각국에 비교하여 본다고 하더라도 미국이 인구 312명당 1명, 독일, 프랑스, 영국 등이 약 1,000명당 1명인데 비하여 한국은 13,000명당 1명이라고 하니 유럽의 10분의 1, 미국의 40분의 1에도 미치지 못하는 형편이라고 합니다. 법조인들이 법조인의 증원을 반대하는 이유는 의사가 의사의 증원을 반대하는 것과 같은 집단이기주의로 밖에 해석될 수 없습니다. 자격증만 먼저 얻으면 신진세력을 거부하고 기득권을 누리려는 생각은 국가와 국민을 배신하는 것이며 일종의 반역(叛逆)이라는 것을 깨달아야 합니다.

국민들은 지금 법조인에 대한 수사와, 특수사건에 대한 수사는 특별검사제도에 의하여 임명된 특별검사가 담당해야 한다고 주장하고 있으나 이것도 기득권자들이 반대하기 때문에 난항을 거듭하고 있다는 것입니다.

앞으로 국선변호인(國選辯護人)제도는 크게 활성화하여야 하며, 변호사의 광고행위도 허용하여 국민의 알 권리를 증진해야 할 것입니다.

법조계의 개혁에서 또 한 가지 지적할 것은 판사와 검사의 임명에 있어서 일정한 기간은 반드시 변호사로 일하여 그 능력이 검증된 사람을 임명하는 것입니다. 이것은 실제로 영국과 같은 선진국에서 채택하고 있는 제도로서 그 타당성이 널리 인정되고 있으며 국민주권주의와 인권옹호사상에 부합되는 것입니다. 변호사는 피고인의 권익을 옹호하는 일에 종사하므로 여타의 법조에 견주어 볼 때 국민의 권익을 옹호하는 측면이 강하기 때문입니다.

그리고 법조인의 자질도 매우 중요한 것입니다. 선진국에서는 일반대학에서 정상적으로 교양교육과 전문교육을 마친 사람들이 다시 법과대학에 입학하여 전문적인 법조인이 되므로 그 교양과 전문지식이 매우 다양하고 해박하지만 우리 나라에서는 고등학교에서 곧이어 법과대학으로 갈 뿐만 아니라 재학 중에 시험을 합격하는 사례가 많았기 때문에 자질에 관한 문제가 더욱 심각한 것입니다. 법조인들이 법과대학을 가기 전에 일반대학에서 받은 교육은 법조인으로서의 자질을 향상시키는 데 매우 중요한 것입니다.

오늘날의 법률문제는 정치, 경제, 사회 뿐만 아니라 국민의 사적(私的) 공적(公的) 생활의 모든 영역에 걸쳐 있으므로 정치전공법조인, 경제전공법조인, 문학전공법조인, 공학전공법조인, 과학전공법조인, 철학전공법조인, 종교전공법조인, 예술전공법조인…… 등이 모두 필요하며 이러한 전공은 더욱 세분되므로써 사법(司法)의 기능이 더욱 합리화하고 과학화할 것입니다.

법조인은 단순한 직업인이 아니요, 정의의 수호자이며 국가와 사회의 발전에 이바지하고 국민의 모든 권익을 객관적으로 공평무사하게 옹호하는 특수한 사명을 띠고 일하는 사람입니다. 국민은 법조계의 뼈를 깎는 개혁을 바라고 있으며 이러한 개혁은 먼저 법조계 내부의 자정(自淨)운동으로 추진되기를 바라고 있습니다.

11. 대학의 역할

우리 나라에는 현재 전국적으로 약 200개의 대학이 있다고 합니다. 대학이 이처럼 많은 것은 그만큼 전문적인 지식인이 많이 배출된다는 사실과 국력이 신장되었음을 말해 주는 것입니다.

내가 대학입학시험에 응시하던 1953년에는 오늘날처럼 대학이 많지 않았고 또 있다고 하더라도 규모가 작은 이른 바 단과대학이 많았습니다. 따라서 오늘날과 같은 종합대학에 진학하는 것은 쉽지 않았습니다. 그리고 당시는 한국전쟁이 치열하게 진행되고 있어서 고등학교만 졸업하면 거의 모두 현역병으로 징집되고 있었는데 일부의 후방요원과 대학생에게는 징집연기의 특혜가 부여되고 있었습니다. 그러므로 대학엘 진학하는 것은 목숨을 걸고 싸움터로 나가는 대신 붓을 들고 학문을 닦는 특혜였습니다.

대한민국 국민에게는 누구나 국토방위의 의무가 있습니다. 비록 현역병으로 징집되어 총칼을 가지고 국토방위의 임무를 수행하지 않더라도 어떠한 형태나 방법으로든지 국토방위의 임무는 수행되어야 하며 그 의무가 면제되는 것은 아니라고 생각합니다.

1950년에 일어난 한국전쟁은 참으로 필설(筆舌)로는 다 표현할 수 없는 비참한 전쟁이었습니다. 3년 1개월 동안이나 계속된 전쟁은 남북한을 합하여 300여 만명의 인명피해를 발생케 하였고, 모든 사회 간접자본과 생산공장을 파괴하였으며, 수많은 전쟁고아와 이산가족과 상병자(傷病者)가 생겨났고 민생은 도탄에서 헤어날 길이 없었습니다. 전쟁이 하루라도 계속되면 될수록 인명 피해와 국력의 손실은 더욱 커질 수밖에 없었고 청장년이라면 누구나 현역병이 아니면 징용으로 나가지 않으면 아니 되는 형편이었습니다.

그럼에도 불구하고 대학생에게 징집을 연기해 준 까닭은 무엇일까요. 당시의 대학생들은 이것을 깨닫고 있었는지 매우 궁금합니다. 1953년 7월, 휴전이 성립되고 대학생 징집연기 혜택은 폐지되었습니다마는 대학생에 대한 특혜는 우리 나라의 교육사(敎育史)와 국방사(國防史)에 크게 기록될 만한 사건이라고 생각합니다.

대학이란 도대체 무엇을 하는 곳입니까. 국가와 인류사회의 발전에 필요한 학술의 심오한 이론과 그 광범하고 정치(精緻)한 응용방법을 가르치고 연구하며 지도적 인격을 도야하는 곳입니다. 여기서 가르치는 일은 주로 교수가 하는 일이지만 연구하고 인격을 도야하는 일은 주로 학생이 하는 일입니다. 대학에서는 초등, 중등의 기초교육을 받은 학생들이 전문적인 학술을 배우고 연구하는 곳이기 때문에 초·중등교육기관에서 공부하던 방식과는 매우 다릅니다. 다시 말하면 전문적인 분야를 자학자습하여 도서관의 수많은 자료를 활용하고 실험실습을 통하여 학문적 원리와 그 응용방법을 탐구하는 것입니다. 오늘날 우리 나라의 대학 교육은 서구의 선진국을 모방하여 현대화한 여러 가지 조직과 시설을 갖추고 있으며 특히 대학원에서는 수많은 석사와 박사를 배출하고 있습니다. 대학원은 대학에 부설되어 있으나 대학보다 한층 높은 연구기관의 성격을 띠고 있어서 학생들에 대한 칭호도 '연구생'이라고 하며 장학금도 매우 많은 편입니다.

대학은 국가와 인류 사회의 발전에 학문적으로 공헌하는 기관이며 대학출신은 학문적으로 공헌하는 인재들입니다. 나라가 잘 되기 위해서는 인재가 필요하고 그 인재를 길러 내는 기관이 대학이라고 할 수 있습니다. 그러므로 대학이 대학답게 원만한 기능을 발휘하지 않으면 나라가 발전할 수 없습니다. 그런데 우리 나라에는 일제의 강점기는 말할 것도 없고 광복 후에도 인재는 많지 못하였습니다. 인재가 부족하다 보니 정치, 경제, 사회, 문화, 교육, 국방 등 모든 분야가 제대로 발전하기 어렵고 근대화 과업은 지연될 수밖에 없었습니다. 그러므로 교육은 국가발전의 가장 중요한 당면과제였으며 전문가로서의 인재를 양성하고 확보하기 위해서는 대학생들에게 징집을 연기해 주는 특혜를 주어야 한다는 정책이 수립된 것으로 압니다.

우리 나라에서 인재 양성의 필요에 따라 대학이 설립된 것은 7세기 후반에 속하는 신라 신문왕(神文王) 2년(682년)이라고 하며 고려조와 조선조를 거쳐오면서 국학(國學), 국자감(國子監), 태학(太學), 성균관(成均館)과 같은 여러 가지 명칭을 가지고 변천하여 왔다고 합니다. 서양에서는 11세기에 유럽의 이태리, 프랑스, 영국 등에서 배우려는 학생과 가르치려는 교수가 모여 조합(guild)을 결성하므로써 대학이 형성되었는데 서양의 대학에는 다음과 같은 정신이 있다고 합니다. 즉 독립정신, 자유정신, 로맨티시즘, 선구자정신 등이 그것입니다. 독립과 자유는 종교적 지배체제와 정치적 지배체제로부터의 해방입니다. 교황과 국왕의 간섭과 통제와 억압을 배격하고 자유롭게 학문을 연구하는 정신을 가지고 종교적, 정치적 시녀로서의 학문의 지위를 크게 개혁하는 혁명적인 정신입니다. 학문은 특정한 종교나 정치에 예속되지 않고 그것을 초월한 위치에서 연구되고 주장되고 실천되어야 하기 때문입니다. 로맨티시즘은 고전을 통하여 새로운 가치관과 세계관을 창조하는 것이며 선구자 정신은 국가와 사회의 발전을 위하여 개척자의 역할을 담당해야 하는 것으로 이해됩니다.

이러한 네 가지 대학정신 외에도 대학에는 많은 정신이 깃들어 있다고 생각됩니다. 이를테면 세계정신과 같은 것입니다. 대학이 국가와 인류사회의 발전에 공헌하는 기관이기 때문입니다. 오늘날 인류는 민족이나 국가라는 장벽을 넘어서 서로 교통하며 협력하므로써 이른 바 지구촌을 형성하고 있습니다. 따라서 정치, 경제, 사회, 문화, 교육 등 모든 분야에서 철저히 고립될 수가 없고 서로 서로 불가분리의 관계에 철저히 얽매여 있습니다. 다른 나라는 모두 망하고 특정한 나라만이 존립하는 시대는 지난 것입니다.

국가의 발전과 인류 사회를 위하여 공헌하는 대학은 얼마나 중요한 위치에 있습니까. 그러나 우리 나라의 대학은 많은 문제점을 안고 왔으며 그 문제점은 커다란 병폐가 되어 국가 발전의 저해 요인으로 기능하기도 하였습니다. 국공립대학에서는 고비용 저효율을 벗어나지 못하고 사립대학에서는 거기서 더 나아가 설립자의 횡포와 비리가 말썽을 빚어 왔습니다. 교수들은 잡담으로 강의를 메꾸고 학생들은 집단휴강으로 등록금을 낭비하였습니다. 정치, 경제, 사회, 문화 등 모든 분야가 썩고 병들어도 교육계마는 건전해야 할 터인데 교육계의 부정 부패 부조리는 다른 어떤 분야의 그것을 모두 무색하게 하였습니다.

1950년대에는 이른 바 대학생들이 신사복을 갖추어 입고 신사모까지 쓰고 다니는 사람이 많았습니다. 그들은 공책 한 권을 주머니에 찌르고 다니다가 겨우 몇 권의 책을 책꽂이에 꽂아 놓고 졸업하기도 하였습니다. 교수는 학생들에게 한 두 페이지의 글귀를 받아 쓰게 하고 강의를 마치는 수도 많았습니다. 다시 말하면 교수나 학

11. 대학의 역할
•
67

생이나 대학의 정신과 사명과 역할을 거의 망각하고 겨우 자기만의 영달이나 이해관계에만 사로잡혀 있었습니다. 이러한 퇴폐풍조는 세월이 흐르는 동안에 많이 치유되었지만 아직도 대학은 노는 곳이라는 인상을 주는 수가 많은 것이 사실입니다.

잘 알다시피 우리 나라의 초등학교나 중등학교의 학생들은 과외공부로 눈 코 뜰 새가 없고 학교의 교과성적과 대학진학 때문에 자살하는 학생들이 많습니다. 몇 번씩이나 자살을 생각하면서도 죽지 않고 겨우 대학에 진학한 후에는 한(恨)풀이라도 하려는 듯이 놀기에 정신을 파는 학생들이 많다고 합니다.

세칭 일류대학에서는 일류대학이라는 특권을 얻어서 취직도 걱정할 필요가 없고, 삼류대학에서는 삼류대학이라는 낙인 때문에 취직할 희망이 좌절되었으니 공부할 필요가 없다고 합니다. 정부에서 시행하는 공무원시험이나 일정한 자격취득시험을 제외하면 삼류대학이니 지방대학이니 하는 대학의 졸업생들은 입사원서조차 받지 않거나 받아도 모두 서류심사에서 탈락된다고 합니다. 무엇을 할 수 있느냐를 묻기 전에 어느 대학을 나왔느냐를 묻는다는 것입니다.

이제 대학은 무엇을 어떻게 해야 하겠습니까. 진정으로 국가와 인류사회의 발전을 위하여 해야 할 일은 무엇일까요. 일일이 구체적인 방안을 제시할 겨를이 없으니 한 마디로 간추려 말하기로 하지요.

대학정신을 되살려야 합니다. 이지러진 대학정신을 회복해야 합니다. 눈을 똑바로 뜨고 살아 있는 현실을 똑바로 보아야 합니다. 대학은 노는 곳이 아닙니다. 특권의식을 가지고 국민의 혈세를 축내기만 하는 곳이 아닙니다. 서로 감투를 쓰려고 싸우는 곳이 아니고 특권의식으로 귀족생활을 영위하는 곳도 아닙니다.

대학정신을 살려야 합니다. 사회와 국가와 인류에 공헌해야 합니다.

Ⅱ. 국민의 역할과 생활자세

1. 국민의 역할 (1)

하나의 국가가 성립되기 위해서는 국민과 영토와 주권이 있어야한다는 것은 우리의 상식입니다. 그런데 3가지 요소 가운데서 어느하나라도 없어서는 아니 되지만 그렇다고 3가지 요소가 모두 똑같은 자리에 있다고는 할 수 없습니다. 다시 말하면 그 비중이나 우선순위를 따질 수 있다는 뜻입니다.

나는 여기서 무엇보다도 우선하는 것이 국민이라고 생각합니다. 왜냐하면 영토라는 것이 아무리 중요하더라도 국민이 그 영토를 점유하거나 지배하지 않으면 아니 될 뿐만 아니라 국민의 의지나 힘에 따라 영토는 확장되거나 축소되거나 상실될 수도 있기 때문이며, 주권도 마찬가지로 국민의 의지나 힘에 따라 강화되고 확립될수도 있으며 때로는 약화하고 상실될 수도 있기 때문입니다. 따라서 국민은 국가를 구성하는 가장 중요한 요소이며 주체라고 할 수있습니다.

우리 국민은 일본제국주의의 무력 앞에 강점 당한 우리의 영토를 회복하고 상실하였던 우리의 주권을 회복하여 온 세상에 떳떳한 독립국이 되었습니다. 일제 35년 동안 만일 우리 국민이 영토와 주권을 회복하려는 의지가 없었다면 비록 일제가 패망하였다고 하더라도 우리의 광복은 불가능했을지도 모릅니다. 우리 국민은 여러 가지 수단과 방법을 통하여 목숨을 바쳐가며 독립운동을 전개하였고 연합국의 도움을 받아 새로운 국가를 건설하게 된 것입니다. 국민의 의지와 힘은 참으로 위대한 것입니다.

그런데 오늘날 우리는 국민이라는 말과 함께 '시민'이라는 말을 많이 씁니다. 시민은 도시에 사는 국민이라는 뜻으로 쓰이기도 하지만 대체로 봉건통치의 지배를 벗어나 자본주의적 생산양식에 따라 근대사회를 이룩한 시민계급을 가리키는 말로 쓰입니다.

따라서 시민은 봉건통치하에서 특권을 누리던 귀족이나 종교인(성직자)들이 아닌 일반 국민을 가리키는 것이며 이러한 시민은 강력한 국가권력의 억압이나 계급적 차별에서 벗어나 자유인으로 생존하는 사람들입니다. 이러한 시민은 거주, 이전, 언론, 출판, 집회의 자유를 누리며 소유권의 자유와 직업의 자유를 포함하는 자유권적 기본권을 누리는 것입니다. 따라서 한 사람의 시민으로서 어떠한 차별도 받지 않는다는 이른 바 '법 앞에 평등'이라는 민주주의의 기본 원리에 따라 평등한 인권을 누리는 것이며 남녀의 평등권이 실현되는 것도 모두 시민사회의 소산입니다.

'법 앞에 평등'이라는 원리는 참으로 귀한 원리이고 서양에서는 수많은 시민혁명이라는 과정을 통하여 쟁취된 것입니다. 세계 어느 나라 어느 민족을 막론하고 봉건통치권력에 대한 도전과 저항이 아주 없었던 것은 아니지만 서구(西歐) 여러 나라의 시민혁명은 근대사회 발전의 커다란 바탕이 되었고 우리 나라는 1948년에 이르러 서구의 시민민주주의의 기본원리를 받아들여 근대적 자유민주주의 국가를 건설하기에 이르렀습니다.

1. 국민의 역할 (1)
·

여기서 한가지 덧붙이고 싶은 것은 시민사회가 봉건주의의 전제에서 벗어난 것은 다행한 일이지만 자본주의의 폐단으로 유산자 계급과 무산자 계급의 출현에 따라 양자간의 갈등이 일어나게 되었다는 사실입니다. 이러한 갈등과 모순은 자본주의의 속성에 비추어볼 때 능히 일어날 수 있는 것이었고 시민사회로 발전한 모든 국가에서는 이러한 모순을 극복하려고 여러 가지 제도적 장치를 마련하게 되고 사회적 병리에 대처하게 되었습니다.

예를 들면 소유권 절대의 원칙이나 자유권적 기본권에 있어서도 그 권리의 행사가 공공복리(公共福利)에 적합하여야 하며 일정한 법의 제약을 받는 것과 같습니다. 이러한 원리는 '권리는 남용하지 못한다' '권리의 행사와 의무의 이행은 신의에 좇아 성실히 행하여야 한다'는 법조문(法條文)으로 표현되고 있으며, 경제적으로나 사회적으로나 열악한 처지에 있는 사람들을 보호하는 법률적 제도적 장치가 마련되고 있는 것입니다.

이런 점에 비추어 볼 때 우리들 국민은 어디까지나 시민의 한 사람으로서 시민사회를 구성하면서 자신의 권리를 침해당하지 않는 동시에 타인의 권리도 침해하지 않고 다함께 협동하면서 평화롭고 인간답게 삶을 누려야 한다는 것을 알 수 있습니다. 그런데 우리가 모두 협동하면서 인간답게 삶을 누리기 위해서는 우리가 실천해야 할 여러 가지 의무가 있습니다. 시민적 자유를 누리는 권리의 이면에는 시민적 자유를 누리기 위한 의무가 요구되는 것입니다. 그것이 바로 납세·국토방위·교육·근로의 의무와 같은 것입니다.

세금은 지방자치단체를 포함하는 국가의 재정에서 가장 무거운 비중을 차지하는 것입니다. 하나의 가정에서 살림을 꾸려 나가기 위해서는 일정한 수입이 있어야 하듯이 국가에서도 수입이 있어야 하는데 그 국가의 수입은 국민의 세금으로 충당하지 않고는 다른 방법이 없습니다. 세금을 많이 거두어 들여서 재정이 넉넉해야 국가의 사업을 계획(예산)대로 추진할 수 있습니다. 국가에서는 국토를 보존하는 여러 가지 사업과 도로건설, 힝민긴설, 교육시설, 복지시설, 국가안전보장, 사회질서유지, 문화시설……등 이루 말할 수 없는 여러 가지 사업을 추진하지 않으면 아니 됩니다. 그러므로 우리들 국민이 세금을 납부하는 일은 국가를 위한 가장 중요한 의무요, 보람입니다. 세금을 포탈하는 어떤 행위도 반국가(反國家)행위가 될 수 밖에 없다는 사실을 알아야 합니다.

국토방위라는 것은 나라를 지키는 것입니다. 어떤 외적이 침범하더라도 모든 힘을 다 기울여 나라를 지켜야 합니다. 징병적령기에는 병역의 의무를 수행함으로써 국토방위의 의무를 이행하는 것이지만 징병적령도 아니고 징병검사에 불합격이라도 국토방위의 의무가 면제되는 것은 아닙니다. 국민은 누구나 정신적, 육체적, 물질적, 역량을 기울여 국토방위에 나서야 합니다. 우리가 납부하는 세금도 국토방위에 쓰이는 까닭에 납세는 간접적인 국토방위의 의무를 이행하는 수단이기도 합니다.

교육의 의무는 교육을 받아야 할 의무입니다. 우리 국민은 6세가 되면 초등학교에 입학할 의무가 있고, 중학교까지 교육을 받아야 합니다. 의무교육 기간이 되는 9년간은 모든 비용을 국가에서 부담해야 하지만 국가재정의 불충분으로 만족할 만한 형편이 아닌 줄압니다. 그런데 어린이가 교육을 받는 것은 어린이 스스로 이행할 수 없기 때문에 그 부모나 친권자가 어린이를 학교에 보내는 의무를 지는 것입니다. 내 자식이라고 내 마음대로 학교에 보내고 싶으면 보내고 보내기 싫으면 안 보내는 것이 아닙니다. 따라서 부모나 친권자는 부지런히 일하고 절약하고 저축하여 어린이를 학교에 보내야 합니다. 어린이를 학교에 보내는 것은 국가의 인재를 기르는 일입니다. 가정을 위해서나 사회나 나라를 위하여 인재는 절실히 필요합니다.

1.국민의 역할 (1)
•
73

오늘날 우리 나라가 세계 무대에서 선진국의 대열에 바짝 다가서는 것도 모두 우리 국민의 교육열로 길러진 인재의 덕입니다. 그러므로 자녀를 공부시키는 것은 부모만의 이익을 위한 것이 아니라 사회와 국가의 이익을 위한 것임에 틀림없습니다. 부모의 의무는 참으로 무겁지 않을 수 없습니다. 교육이 가정과 사회와 국가의 운명을 좌우하기 때문입니다.

근로의 의무는 일하는 의무입니다. 근로는 정신노동과 육체노동으로 나누어 볼 수 있으나 이 밖에 기술(기능)노동도 생각할 수 있습니다. 정신노동은 대체로 지식을 위주로 하는 노동이지만 모든 노동에는 반드시 윤리적인 가치판단이 요구됩니다. 다시 말하면 윤리를 떠난 단순한 지식이나 단순한 육체적 힘이나 단순한 기술은 근로의 본질에서 어긋나기 쉽기 때문입니다.

우리 나라에는 근로자가 많이 있으나 근로의 윤리를 저버린 근로로 말미암아 부정, 부패, 부조리가 만연하고 거짓되고 부실한 공사가 많으며, 이러한 결과는 부패왕국, 산업재해왕국, 사치(낭비)왕국, 교통사고왕국이라는 부끄러운 오명(汚名)을 얻게 된 것입니다. 여기서 특별히 지적하고 싶은 것은 불로소득의 추태입니다. 공무원에게 뇌물을 주고 필요한 기밀정보를 입수하여 부동산 투기를 일삼거나 모리행위(謀利行爲)나 사기횡령이나 수뢰(受賂)로 치부하는 행위입니다.

그들은 일하지 않고 반국가적 반사회적인 수단으로 돈을 모아 국가의 경제를 혼란케 할 뿐만 아니라 그 자녀들과 함께 사치와 낭비 풍조를 조성하기도 합니다. 들리는 바와 같이 요즘처럼 IMF 구제금융체제 밑에서 노숙자가 끼니를 굶고 방황하는데도 불구하고 일부의 부유층 자녀(대학생)들이 한 테이블에 40~50만원씩이나 하는 양주파티를 즐기는 것은 근로의 정신에도 어긋나는 것으로 보입니다. 사람들은 자신이 땀흘려 일하여 번 돈은 아까워서 함부로 쓰지 못하지만 땀흘리지 않고 들어 온 돈은 아까워하지 않는다고 합니다. 근로는 반드시 생산적이고 건설적이고 공공복리에 공헌되어야 그 값어치가 드러나게 됩니다.

국민의 역할은 우선 국민으로서의 의무를 이행하는 일입니다.

2. 국민의 역할 (2)

앞에서 나는 국민이야말로 국가를 성립시키는 가장 중요한 주체라는 것을 말하고 또한 근대국가의 시민은 전통사회의 봉건통치의 전제정치를 벗어난 자유인이고 근대국가의 시민은 언론, 출판, 집회의 자유를 포함하는 자유권적 기본권을 누린다는 점을 지적하였습니다. 근대국가의 국민은 이러한 점에서 어떠한 억압도 받지 않으며 또한 어떠한 차별도 받지 않는 평등한 자유와 권리를 누리는 사람들입니다. 그리고 이러한 자유와 권리는 결코 저절로 얻어진 것이 아니고 국가의 천단적인 통치권력에 저항하고 투쟁한 결과로 얻어진 것입니다.

우리 나라의 헌법과 법률은 위와 같은 근대국가의 역사적 맥락을 이은 것이며, 그것이 비록 서구적(西歐的)이고 외래적인 배경일지라도 근대국가의 역사적 시민적 정신을 그대로 계승하고 있음은 부인할 수 없는 확고한 사실입니다.

우리 국민은 전통사회에서 일어났던 권력의 억압이나 착취에 대하여 분연히 저항하고 투쟁한 전통을 가지고 있으며 이러한 전통은 일본제국주의의 강점 밑에서도 항일투쟁으로 승화하여 빛났으며 대한민국정부수립 이후로는 독재정권에 대한 민주화 투쟁으로 연면히 이어지고 전개되어 왔습니다.

전통사회에서 일어났던 이른 바 민란(民亂)이나 혁명운동이나 일제하의 항일독립투쟁도 그러하지만 특히 자유당을 기반으로 하던 이승만 정권을 무너뜨린 4·19혁명이나 공화당을 기반으로 하던 박정희 유신정권에 대한 투쟁과 그 뒤를 이은 군사정권에 대한 저항운동은 모두 근대국가의 시민적 자유를 확보하기 위한 투쟁이었습니다.

그런데 우리들 국민은 왜? 무엇 때문에 독재정권에 대하여 목숨을 바쳐가며 항쟁하는 것입니까? 그것은 국가권력의 천단적인 행사로 국민의 기본적 인권이 침해되는 까닭이요, 진정한 자유가 침해되고 진정한 평등이 파괴되며, 불의가 국가와 사회를 지배하기 때문입니다.

우리는 실로 50년 만에 평화적인 정권교체를 성취하였다고 합니다. 정당한 선거법의 절차에 따라 국민의 선택으로 야당의 대통령후보자가 여당의 대통령후보자를 물리치고 당선되었기 때문입니다. 그러나 야당후보자가 여당후보자를 물리친 것이 아니라 국민이 여당후보자를 버리고 야당후보자를 선택한 엄연한 사실에 주목하지 않으면 안 됩니다.

우리 사회는 중산층이 두텁게 형성되어 비교적 보수성이 강한 성향을 띠고 있어서 비교적 급진적인 성향을 지닌 것으로 인식된 야당후보가 대통령으로 당선되기는 결코 용이하지 않았던 것입니다. 그럼에도 불구하고 야당후보는 당선되었습니다. 보수성이 강하고 안정을 희구하였던 많은 중산층이 야당후보를 지지하기에 이르렀습니다. 그 까닭은 무엇이겠습니까?

2. 국민의 역할 (2)
·
77

여당의 대통령과 장관과 관료와 국회의원들에 대하여 염증을 느끼고 실망을 느끼고 증오하게 된 까닭입니다. 여당의 부정, 부패, 부조리에 국민은 분노하였던 것입니다. 국민은 부정과 부패와 부조리와 불의를 증오하였고 지금도 증오하고 있으며 앞으로도 증오할 것입니다. 우리 국민은 부정과 부패와 부조리와 불의에 저항하고 투쟁한 혁명 정신을 계승하여 왔습니다. 그리하여 과감한 결단을 내렸습니다. 그 결단이 곧 야당 후보의 선택이었습니다.

그런데 지금 우리의 현실은 어떠합니까? 부정, 부패, 부조리가 척결되고 불의가 사라진 정의의 사회가 건설되었습니까? 아닙니다. 정권은 교체되었지만 아직도 국민의 소망은 달성되지 못하였습니다. 워낙 뿌리가 깊은지라 종래의 부정, 부패, 부조리는 뽑히지 않는 것 같습니다. 한 사람의 대통령이 바뀌고 몇몇 지도층이 교체된 것만으로는 구악(舊惡)의 뿌리가 좀처럼 뽑히지 않는 것 같습니다.

국민 여러분! 국민 여러분! 그러면 우리는 어찌 하면 좋습니까? 반만년 역사를 통하여 처음으로 이룩한 평화적인 정권교체로 취임한 대통령과 그 각료들은 지금 IMF 구제금융체제로 들어선 국가적 위기를 극복하기 위하여 심혈을 기울이고 있습니다. 그들은 불철주야로 외교적인 노력과, 국내의 기업과 관료체제의 구조조정과, 국민에 대한 설득을 통하여 국가적 위기를 극복하기에 여념이 없습니다.

그러나 그들의 능력에는 한계가 있습니다. 그 한계는 국민의 협조로 극복될 수밖에 없습니다. 정치는 지도자만의 힘으로 성취되는 것이 아니고 반드시 국민의 협조가 있어야만 성취되는 것입니다. 국민은 국가를 구성하는 주체이며 정치의 권력은 국민에 의하여 국민의 힘으로 창출되는 것입니다.

따라서 국가의 주권은 국민에게 있고 어떠한 정치권력도 국민이 좌우할 수 있는 것입니다. 우리는 어떠한 불의도 퇴치할 수가 있다는 불퇴전의 철학을 보여 준 국민입니다.

그러면 우리들 국민이 지금 당장 해야 할 일은 무엇일까요? 정권에 대한 저항일까요? 아니면 협조일까요? 위기에 처한 국가를 구제하려고 외나무다리를 건너고 있는 정권(지도자)을 소리질러 놀래주거나 외나무다리를 흔들어 건너가지 못하게 해야 할까요? 아니면 모쪼록 외나무다리를 무사히 건널 수 있도록 성원해야 할까요? 우리는 전자가 아니고 후자라는 것을 잘 알고 있습니다.

우리는 지금 마치 외나무다리를 건너는 것처럼 불안하고 위태로운 처지에 있습니다. 자칫하면 외나무다리에서 떨어져서 다시는 올라오지 못할런지도 모릅니다. 만일 우리가 정신을 차리지 않는다면 말입니다.

우리가 정신을 차리는 것은 무엇입니까? 진정으로 우리의 현실을 냉철히 파악하고 우리의 할 일을 성실히 실천하는 것입니다. 그리고 커다란 용기를 발휘해야 합니다. '어떻게 잘 되겠지' 하는 안일한 생각은 금물입니다. '설마'가 사람 잡는다고 합니다.

국민 여러분! 지금 우리가 당장 해야 할 일은 너무나 많습니다. 그러나 그 가운데서 우선 한 가지를 꼽으라고 한다면 부정, 부패, 부조리를 추방하고 정의가 지배하는 사회를 건설하는 일이라고 생각합니다.

국민 여러분! 최고의 지도자가 불법한 비자금이나 조성하면 되겠습니까? 장관이나 국회의원이 이권행위나 비리를 저지르면 되겠습니까?

각급 관청의 공무원들이 뇌물을 받거나 국가나 지방자치단체의 기밀을 누설하고, 거짓 영수증으로 예산을 횡령하거나, 세금을 횡령하거나, 범법자를 놓아주거나, 금수품(禁輸品)이나 밀수품을 통관시키거나, 교육자들이 입시부정을 저지르거나 촌지를 받거나, 군인이 국가안전보장에 관련되는 군사기밀을 누설하면 되겠습니까?

2. 국민의 역할 (2)
·

여러분! 안 되겠지요. 안 됨에도 불구하고 그런 일이 벌어진다면 어떻게 하지요? 막아야 되겠지요. 당장에 그런 일이 벌어지지 않더라도 언젠가는 벌어질지도 모른다면 어떻게 하지요? 예방해야 되겠지요.

그렇습니다. 철저히 막아야 하고 예방해야 합니다. 국민은 밤낮으로 감시자가 되어야 합니다. 철저한 파수병의 역할을 수행해야 합니다. 이러한 역할을 담당하는 사람들이 진정으로 국민의 사명을 다하는 것입니다.

어느 선진국에는 옴부즈맨(ombudsman)이라는 제도가 있다고 합니다. 공직자의 공무수행을 은밀히 감시하는 사람을 지정하여 관계당국에 고발하는 제도라고 합니다. 민간인이 국가의 안전보장과 국가의 재정을 지키는 제도입니다.

창고의 기둥을 갉아먹고 곡식을 축내는 새양쥐는 창고의 주인이 퇴치할 수밖에 없습니다. 이러한 제도는 우리 나라에도 마땅히 도입할 만한 제도라고 여겨지는데 도무지 도입하지를 않으니 답답합니다.

그러니 국민들 스스로 제도적 결함이나 미비(未備)에 대처할 수밖에 없습니다. 이런 일에 적극적으로 참여하는 조직이 소비자보호를 위한 단체나 시민연합단체라고 생각합니다. 이러한 단체가 더한층 활성화해야 합니다.

우리 나라에는 공직자의 부정, 부패와 불성실과 위법행위를 처벌하는 여러 가지 형태의 형사법규가 있고 공직자윤리법과 공직자윤리강령도 있고, 벌써 오래 전부터 '부패방지법'의 제정도 논의되고 있습니다. 그런데 '부패방지법'의 제정에 대하여는 집권당에서 소극적인 반응을 보이고 야당에서 적극적인 반응을 보이는데 집권 여부에 따라 조변석개한다고 하니 그들의 정치적 신념이나 가치판단이 오리무중입니다.

국민은 모두 공직자의 감시자가 되고 고발자가 돼야 합니다. 그리고 절대로 뇌물이나 향응으로 공직자를 유혹해서는 아니 되고 또한 그들의 유혹에 현혹되어서는 아니 됩니다. 근대국가의 근대적 주권의식과 합리적 판단과 단호한 결단으로 공직자의 엄격한 감시자가 되는 것이 국가위기를 극복하는 비결입니다. 국가위기의 극복은 우리들 국민의 손에 달려 있습니다.

2. 국민의 역할 (2)

3. '법 앞에 평등'의 원리

우리는 '법 앞에 평등'(equality before the law)이라는 말을 알고 있습니다. 이것은 헌법에 규정된 평등을 가리키는 말로서 신분, 종교, 성별, 언어 등을 기초로 하는 국민의 계층화나 차별대우를 금지한다는 뜻을 가지고 있습니다. 다시 말하면 사회적 신분이 무엇이냐, 무슨 종교를 신앙하느냐, 남자냐, 여자냐, 어떤 언어를 사용할 줄 아느냐에 따라 정치적 경제적 사회적 생활의 모든 면에서 차별을 받지 아니한다는 것입니다.

사람이 차별을 받는 것은 전근대적 국가라고 볼 수 있는 봉건국가나 전제군주국가에서 있었던 일입니다. 봉건국가에서는 귀족계급에 속하는 사람들이 여러 가지 특권을 누리고 귀족계급에 속하지 않는 사람들은 불리한 차별을 받았습니다. 귀족의 자제들은 높은 관직에 오를 수 있으나 천민(賤民)의 자녀들은 높은 관직에 오를 수 없을 뿐만 아니라 애초부터 관직에 오를 수 있는 자격을 인정하지 않거나 기회를 주지 아니하였습니다.

우리는 일본제국주의의 강점으로 35년 동안이나 지배를 받으면서 갖은 차별을 받은 경험이 있습니다. 일제는 내선일체(內鮮一體)라는 구호를 내세우면서도 한국인에게는 일본인이 누리는 혜택을 주지 아니하는 차별정책을 시행하였습니다. 높은 관직은 말할 것도 없고 식량배급이나 생활필수품의 배급도 모두 차별하였습니다. 일본인은 귀족이고 한국인은 천민에 지나지 않았습니다.

종교로 말미암은 차별은 이른 바 국교(國敎)가 수립된 나라에서 흔히 있을 수 있는 일입니다. 이를테면 기독교가 지배하거나 불교가 지배하거나 유교가 지배하거나 회교가 지배하거나 하는 국가나 사회에서는 타종교를 신앙하는 사람들에게 여러 가지 부당한 차별로 불이익을 주는 수가 많았으며, 심지어는 같은 종교라도 교파에 따라 차별을 빚는 일까지 있었습니다. 근대민주주의의 전형적인 국가로 알려진 영국에서 천주교신자들이 성공회신자들에게 차별을 받으므로써 유혈사태까지 빚은 것은 성공회가 영국의 국교인 까닭이라고 여겨집니다. 우리 나라에서도 조선시대에는 유교가 국교화하여 불교나 기독교를 신앙하는 사람들에게 차별대우를 하였던 사실이 있었던 것으로 압니다.

성별에 따른 차별은 세계 여러 나라의 정치사에서 흔히 볼 수 있었던 일입니다. 우선 선거권(참정권)을 보더라도 남자에게 부여되는 투표권을 여자에게는 부여하지 아니하였던 사실이 그것입니다. 여자들은 정치에 참여할 필요가 없고 정치적 지식이나 판단능력이 남자에 비하여 뒤떨어진다고 보았던 것 같습니다. 뿐만 아니라 여자들은 정치계나 관료계나 모든 사회생활 영역에서 경시되어 남자들보다 진출하기가 어려웠습니다.

언어에 따른 차별로 말하면 복수민족국가에서 공용화하지 않은 소수민족의 언어를 사용하는 사람들은 차별을 받기가 예사였을 것입니다. 우리 나라는 단일민족국가이므로 언어가 통일되어 있으니 참으로 다행한 일입니다.

지금 우리의 현실은 어떻습니까? 모든 국민은 법 앞에 평등하므로 사회적 특수계급이 절대로 없어야 함에도 불구하고 우리는 결코 평등을 인정하기 어려운 사례들을 목격하게 되는 것입니다. 모든 사람에게 똑같이 적용되어야 할 법령이 어떤 사람에게는 적용되고 어떤 사람에게는 적용되지 않는다는 것입니다.

하나의 보기를 들면 교통법규에 관한 것이 있습니다. 얼마 전에 TV에서 방송한 내용을 보면 주차금지구역에 국회의원들의 차량들이 즐비하게 주차하고, 또한 교통경찰관이나 단속반이 그것을 보면서도 방관하고 있다는 것입니다. 만일 특별한 공공행사(公共行事)에 참여하기 위하여 부득이하게 일시적으로 주차하게 되었다면 용납될 수도 있겠지만 단순히 점심식사를 위하여 대로의 일부를 점유하므로써 교통질서를 문란케 하고 법질서를 파괴하는 일은 근대민주정치의 근본을 교란하는 행위가 아닐 수 없고 이러한 위법행위를 방관하는 경찰관은 직무를 유기하는 동시에 국회의원들을 특권계급으로 만드는 것이며, 국회의원들은 특권계급임을 자인(自認)하는 행위입니다.

국회는 입법부이고 입법부는 법률을 제정하고 개정하고, 국정 전반에 관여하는 헌법기관이며, 도로교통법은 국회의원들이 직접 제정한 법률임에도 불구하고 그것을 지키지 않는 것은 법률을 무시하거나 특권계급으로 행세하는 것임에 틀림이 없습니다. 서민은 지켜야 하지만 자기는 지키지 않아도 된다는 생각이 곧 법 앞에 평등이라는 근대민주주의의 근본을 파괴하는 것이요 봉건귀족제도에서나 있을 수 있었던 특권의식입니다. 국민들은 국회의원들의 비뚤어지고 건방지고 오만불손한 특권의식을 바라보며 개탄을 금하지 못하고 있습니다.

특권의식은 국회의원들에게만 있는 것이 아닙니다. 우리 나라의 모든 관료계와 지도층에는 유사한 특권의식이 매우 넓게 만연하고 있습니다. 조금만 권력이 있거나 권력층의 배경이 있기만 하면 특권층이 되려고 하는 특권의식을 가지고 행동하는 것을 쉽사리 발견할 수 있습니다. 어떤 수사기관의 공무원이 공무집행중의 경찰관에게 행패를 부리고 폭행한 사건은 비뚤어진 특권의식을 실증해 줍니다. 자식이 경찰서장이 되면 아버지도 경찰서장인 것처럼 행세하려는 것도 비슷한 사례에 속합니다.

우리 나라에는 종교인의 특권의식도 상당히 농후한 것으로 보입니다. 자기가 신앙하는 종교만이 참된 종교이고 다른 종교는 미신에 가까운 것으로 멸시하거나 폄하하며, 종교를 빙자하여 갖은 이권행위를 일삼고, 납세의 의무도 이행하지 않으려는 특권의식이 그것입니다. 열악한 근로조건을 무릅쓰고 땀흘려 일하는 근로자는 세금을 내어도 그보다 몇 갑절이나 보수를 받는 종교계의 지도자들은 세금을 외면하여 사회의 지탄을 받는 수가 많습니다.

성별에 따른 특권의식은 여자보다 남자들에게 더욱 심한 것 같습니다. 남자들은 아직도 남성우위의식을 가지고 행동할 때가 많아서 여성들이 불이익을 받는 수가 많습니다. 예를 들면 어느 직장에서 직원을 채용하는 데도 남성을 선호하는 경향이 많습니다. 여자는 결혼해야 하고 아이를 길러야 하고 가사를 돌보아야 하기 때문에 직장에 손해를 끼친다고 말합니다. 그러나 남자는 어떻습니까? 여자와 마찬가지로 결혼하고 가정을 가지면 가사를 돌보아야 하고 또한 음주를 즐기고 사고를 저지르기 쉬운 약점이 있는 것입니다. 직종에 따라서는 여성보다 남성에게 더 적합한 경우가 있는 것이 사실이지만 말입니다.

수년 전에는 우연히 TV를 시청하다가 '여자가 일자리를 차지하면 남자는 어디 가서 일자리를 차지하란 말입니까?'하는 토론자의 말을 듣고 깜짝 놀란 일이 기억됩니다. 그는 공공기관의 중요한 위치에 근무하는 남자 공무원이었습니다. 남자나 여자나 그의 소질과 능력과 인격에 따라 일자리를 차지하는 것이 아니고 단순히 남자라는 이유로 일자리를 차지해야 한다는 생각이었습니다. 남자가 여자를 존중하고 보호하는 것은 많은 문명국의 공통된 관습입니다. 여자는 아이를 낳아서 기르는 참으로 중요한 역할을 담당하기 때문입니다. 여자의 능력이나 역할이 결코 남자보다 열등하다고 할 수는 없습니다. 다만 차이점이 있을 뿐입니다. 남성의 특권의식은 법 앞에 평등이라는 근대민주주의의 커다란 반역이라는 것을 깨달아야 합니다.

나는 공직에 근무하면서 경력이 많은 여직원을 물리치고 경력이 적은 남직원이 임용(승진)되는 것을 보고도 저지하지 못한 것이 크게 뉘우쳐집니다. 당시의 인사문제는 나의 의견이 참고사항에 그칠 뿐이었기 때문에 사세부득이었습니다만 한층 적극적으로 개입하지 않은 것이 잘못이었다고 생각합니다. 남자라야 기관운영에 유리하다는 주장이 강세였고 나는 그 주장에 저항하지 못한 비겁자였습니다.

우리의 특권의식은 문벌(門閥)에도 있습니다. 이른 바 명문학교(대학)만 나오면 당연히 특권을 누려야 한다고 생각하는 것입니다. 흔히 명문학교를 들어간 것만으로도 그만큼 능력이 인정된 것이기는 하지만 교육부에서 인정하는 동등한 교육기관에서 비슷한 교육과정을 이수한 사람들의 능력은 각자가 노력한 질량에 따라 다른 것이기 때문에 합리적인 평가 기준에 따라 능력이 새로이 검증되어야 마땅함에도 불구하고 명문학교 출신에게 우선권이나 특혜를 주려는 것은 편견의 작용이고 특권의식의 조장입니다.

어느 학교를 나왔느냐가 중요한 것이 아니라 무엇을 얼마나 할 수 있느냐가 중요한 것입니다. 한국에서 제일이라고 말하는 어느 명문대학에서는 90퍼센트 이상이나 자기 대학 출신을 교수로 임용하므로써 특권의식을 과시하였지만 아시아 여러 나라의 15개 대학에도 끼지 못하고 세계 여러 나라의 100개 대학에도 끼기 어렵다는 말이 있습니다. 이제야 겨우 정부당국에서 학연 위주의 편협한 교수임용을 강제로 규제하기에 이르렀다고 하니 불행 중 다행인지도 모릅니다.

어느 국립대학 ○○학과에는 K대학 출신이 먼저 가서 자리를 차지한 후에 한 사람의 예외도 없이 계속하여 K대학 출신만 임용하여 신문에도 크게 보도된 일이 있습니다. 이런 폐단도 또한 특권의식의 소산이라고 보이며 한국 사회의 부조리(不條理)를 노출하는 것이라고 생각됩니다.

일부의 지도층에 속하는 사람들이 불필요한 별장을 불법으로 지어놓고 용도를 허위로 신고하는 행위는 선량한 국민들을 분노케 하고 절망을 느끼게 합니다.

3. '법 앞에 평등'의 원리
•

4. 교통질서의 확립

  이 글을 읽으시는 여러분 중에는 우리 나라의 도로교통질서에 대하여 특별히 관심을 가진 분들이 많으리라고 생각합니다. 왜냐고 물으신다면 우선 나는 우리 나라의 교통사고가 세계적으로 가장 많은 편에 속한다는 사실을 알고 있기 때문입니다.

  최근 교통사고의 국제비교표를 보면 인구 10만명당 사망자는 우리 나라가 23.0명으로 남아프리카공화국, 보츠와나, 오만과 비슷한 수준이고, 자동차 1만대당 사망자도 우리 나라는 12.2명으로 보츠와나, 모로코, 튀니지, 중국, 남아프리카, 오만에 이어 매우 높은 편입니다. 이웃나라 일본은 우리 나라에 비교해 볼 때 인구가 약 2.8배이고 자동차는 약 7배나 되지만 인구 10만명당 사망자는 겨우 8.5명이고 자동차 1만대당 사망자는 1.5명에 지나지 않습니다.

  이러한 사실을 안다면 어찌 놀라지 않을 수 있겠습니까? 그리고 우리가 어떻게 감히 선진국의 대열에 끼일 수가 있으며 국제사회에 나아가 떳떳하게 얼굴을 들 수가 있겠습니까?

우리 나라의 교통사고는 1995년도에 248,865건이 발생하여 10,323명이 사망하고 331,747명이 부상을 입었다고 합니다.

나는 중학교에 다니던 시절에 어느 어린이가 도로변에서 공을 가지고 놀다가 지나가는 트럭에 치어 즉사하는 광경을 목격하였고 10여년 전에는 고속도로변에서 피투성이가 된 부상자가 부축을 받으며 언덕을 올라오는 광경을 목격한 일이 있습니다.

그러나 어찌 이뿐이겠습니까? 길바닥에 흐른 붉은 피자국도 수없이 보았고 사고로 파손된 차량은 하루에도 여러 차례 볼 수 있었습니다. 어느 전문가의 말을 들으면 2분마다 1건이 발생하고 45분마다 1명이 죽고 1.5분마다 1명이 부상을 당하며 사망자의 약 절반이 30~40대의 젊은이라고 합니다.

잘 아시는 바와 같이 교통사고는 그 정도에 따라 관계당국에 신고되는 것도 있지만 신고되지 않는 것도 매우 많습니다. 어느 보험회사 직원의 말을 들으면 자기가 근무하는 회사에만 하루에 약 800건이나 신고된다고 하니 가벼운 접촉사고 따위를 포함하면 얼마나 엄청나게 사고가 나는지 가히 짐작됩니다.

교통사고로 사망하는 것은 문자 그대로 비명횡사(非命橫死)이고 완전한 파멸입니다. 본인의 불행은 말할 것도 없지만 그와 연관되는 가족과 친지와 직장에도 커다란 충격을 주어 한 사람의 죽음이 한 사람의 불행으로 그치지 않고 많은 사람의 불행으로 이어지게 됩니다.

어느 유능한 직장인이 순간의 실수로 남을 죽이고 자기는 중상을 입게 되었으나 하루 아침에 알거지가 되어 자녀들은 학교를 중단하고 아내는 가출하여 차라리 죽느니만도 못한 처지에 놓인 사례가 있습니다.

교통사고의 원인은 여러 가지가 있으나 대체로 운전자의 잘못과 차량의 결함과 도로의 상태가 지적되고 있습니다. 그러나 차량의

4.교통질서의 확립
•

결함이나 도로의 상태보다는 운전자의 잘못이 절대적인 원인이라고 합니다.

운전자는 도로교통에 대한 지식이 풍부해야 합니다. 우선 교통법규를 상세히 알아서 언제 어느 때 어떻게 진행하고 정지해야 하는지를 정확하게 알아야 합니다. 다음으로 차량을 조작하는 기능을 충분히 익혀야 하며, 다음으로 교통법규를 철저히 지키고 양보와 예방으로 완전무결한 안전운행을 실천하겠다는 의지가 있어야 합니다. 이러한 3가지 요소가 갖추어지지 않으면 사고는 반드시 발생할 수밖에 없습니다.

운전자의 의지는 안전운행에 가장 중요한 요소입니다. 왜냐하면 의지 여하에 따라 교통법규에 대한 지식이나 차량조작에 대한 기능이 좌우되기 때문입니다. 따라서 운전자는 운전면허증을 따기 위한 과정에서 철저히 공부하고 기능을 습득해야 하며 항상 양보하고 예방하는 마음의 여유가 있어야 합니다.

도로교통연구원에 종사하는 교수의 말로는 우리 나라에서 일어나는 교통사고의 원인은 거의 모두가 운전자의 '조급한 행동'이라고 합니다. 잠시도 느긋한 마음을 갖지 않고 그저 '빨리빨리'만 찾는다고 합니다. 진행신호가 나타나기가 무섭게 빨리 가라고 뒤에서 빵빵거리고, 신호가 바뀌기도 전에 미리미리 예측운전을 감행하며, 전후좌우에서 일어날런지도 모르는 개연성을 무시하고 함부로 행동하는 까닭에 사고가 발생한다고 합니다.

도대체 우리는 언제부터 이렇게 '빨리빨리' 국민이 되었는지 모르겠습니다. 무슨 일이나 빨리 하는 것이 항상 나쁠 것은 없지만 그것이 위험을 초래해서는 절대로 안 된다는 사실을 망각해서는 안 되는 것입니다.

자동차는 인류의 행복인 동시에 커다란 재앙이라고 합니다. 왜 재앙이 따르는 것입니까? 재앙이 따르지 않는 완전무결한 차량이 아직은 만들어지지 않기 때문입니다. 그러나 우리는 자동차로 말미암은 재앙을 최대한으로 줄일 수는 있습니다. 적어도 스웨덴처럼 인구 10만명당 6.5명의 사망과 자동차 1만대당 1.4명의 사망이라는 수준으로 말입니다. 이처럼 교통사고를 줄이는 비결은 운전자의 안전운전 의지라고 할 수 있습니다.

나는 도로교통안전협회에 출석하여 교정교육을 받은 적이 있습니다. 교통법규 위반으로 사고를 저지르고 운전면허정지처분을 받았기 때문입니다. 마무리 단계에 들어간 도로공사로 신호체계가 불비하고 노면에는 중앙선을 비롯한 아무런 선도 없는 상태에서 일어난 일이고 나에게는 아무런 잘못이 없다고 믿었으나 경찰관서에서는 교통신호 위반으로 처리할 수밖에 없다는 것이었습니다. 억울하긴 하지만 도리가 없었습니다. 어느 운전자에게도 못지 않는 안전운전 주의자로 자처했던 나였지만 본인의 실수도 사고의 한 원인임을 시인하지 않을 수 없었습니다.

교정교육을 받으러 온 사람들은 모두가 법규위반자인데 일반위반자와 사고자로 구분하여 교육이 실시되고, 이론 강의와 시청각 교육과 적성검사가 진행되고 이론에 대한 평가가 실시되었는데 평가에 나타난 성적에 따라 면허정지처분 기간이 경감된다고 합니다. 평가에 출제된 문제는 모두 40문항인데 80점 이상의 우수한 득점자가 절반이나 되고 100점 만점을 받은 사람도 여럿이 있었습니다. 성적이 그렇게 우수한 운전자들이 어떻게 교통법규를 위반하고 사고를 발생케 하였는지 알 수 없는 일이었습니다.

틀림없이 '빨리빨리'가 부른 재앙이라고 생각됩니다. 서울부터 부산까지 시속을 100km로 제한하여 운행한 차량과 제한하지 않은 차량이 걸리는 시간의 차는 불과 31분에 지나지 않았다는 실험결과가 있다고 합니다. '5분 먼저 가려다가 영원히 먼저 간다'는 격언이 생각납니다.

4. 교통질서의 확립

법규위반자로 낙인된 내가 도로교통질서를 말하는 것이 낯뜨거운 일이지만 너무나 중요한 일이기 때문에 스스로를 반성하는 뜻으로 이해하여 주시기 바랍니다.

　　교통질서의 확립은 우리의 불행을 예방하는 지름길이며 선진국가의 국민이 되는 비결입니다.

5. 건전한 소비생활

 사람이 살아 나가는 데는 일정한 소득이 필요하게 되고 소득의 범위 내에서 합리적으로 소비하지 않으면 안 됩니다. 따라서 소득이 적으면 비교적 적게 소비하는 것이 일반적인 원칙입니다. 그러나 세상에는 소득이 적음에도 불구하고 소비를 많이 하는 사람들이 있습니다. 그들은 대개 가정적으로 뜻하지 않은 재난을 입었거나 가족의 한 사람이 무거운 질병에 걸렸거나 아니면 가족들이 사치와 낭비에 젖어 불건전한 소비생활에 빠져 있는 경우가 많습니다.
 하나의 가정에서 소비생활이 합리적으로 이루어지지 않으면 자연히 채무를 지게 되고 채무를 변제하지 못하면 체면도 유지하기 어렵고 가정도 지탱할 수 없게 됩니다. 예로부터 채무를 지면 좀처럼 형편이 나아지기 어렵기 때문에 '빚지곤 못 산다'느니 '빚만 안 지면 산다'는 속담이 전해지고 있습니다.
 세상에는 빚 때문에 야반도주하는 사람이 있고, 사기나 횡령이나 공갈이나 절도나 강도를 저지르는 사람이 있으며, 심지어는 채권자

5. 건전한 소비생활
·
93

를 유인하여 협박하거나 살해하는 사람도 있습니다. 그러니 빚이라
는 것이 얼마나 무섭고 두렵고 잔인한 것입니까? 셰익스피어의 작
품 〈베니스의 상인〉에는 채권자가 선량한 채무자의 심장에 가까운
근육을 떼어내어도 좋다는 이야기가 있습니다. 다행히도 피를 한
방울이라도 흘리게 하면 선량한 시민을 살해하는 행위로 간주된다
는 변호인의 논리에 따라 채무자는 살아나게 되지만 '빚'이라는 것
이 얼마나 무서운 것인지를 일깨워 주는 이야기입니다.

　우리의 조상들은 예로부터 검소와 절약을 미덕으로 알고 생활철
학으로 삼았습니다. 무엇이나 버리기를 아까워하고 재활용하고 수
선하고 도저히 쓸 수 없을 정도로 망가지기 전에는 버리지를 아니
하였습니다. 당시는 오늘날처럼 물자가 풍부하지 못하였기 때문이
라고도 생각되지만 절약하면 할수록 가정의 살림살이가 넉넉하게
되고 또한 남에게 도움을 줄 수 있는 여유도 생기는 것이 사실입니
다.

　가정에서는 대체로 식비, 피복비, 주거비, 광열비, 교육비, 보건위
생비, 교통통신비, 문화비, 교제비, 공과금 따위를 지출하게 되고 이
러한 지출은 소비생활의 중요한 내용을 이루고 있습니다. 그리고
이러한 지출은 거의 불가피한 것이어서 전혀 지출하지 않고는 살
수가 없습니다. 그러나 어느 가정에서나 소득이 제한되어 있는 까
닭에 지출의 우선 순위에 따라 그 비중도 달라질 수 있고 또한 억
제되거나 절감될 수밖에 없습니다.

　지출의 절감을 예로 들면, 식비에서는 간식비나 기호품비를 들
수 있습니다. 말하자면 하지 않아도 좋은 간식이나 기호식품에 속
하는 커피 따위는 극도로 줄이거나 아주 없앨 수도 있을 것이고,
피복비에서는 될 수 있는 대로 수선비를 늘이고 의복구입비는 절약
할 수 있을 것입니다. 요즘 우리가 입는 의복은 수십년 전의 의복
과 달라서 좀처럼 해어지지 않는 것이 하나의 특징입니다.

나의 체험으로는 거의 40년 전에 맞추어 입은 오버코트가 아직도 멀쩡하여 입을 수가 있고 거의 30년 전에 맞추어 입은 와이셔츠가 아직도 멀쩡하여 집안에서나 야외에서는 충분히 입을 수 있을 정도이니 말입니다. 그러므로 떨어진 단추나 달고, 터진 실밥이나 손질하면 새 옷을 사들이는 비용은 크게 절감될 것입니다. 요즘 경기도 ○○시 새마을 부녀회에서는 주민들이 희사하는 의류를 모아 '알뜰시장'을 개장하고 아무리 좋은 옷이라도 한 벌에 5천원 이하라는 염가로 팔고 있어서 시민은 누구나 가서 구입할 수 있습니다. 그리고 이와 비슷한 알뜰시장은 서울 ○○구청에서 관리하는 시장을 비롯하여 전국의 주요도시에 개장되고 있으니 이를 이용하는 시민들에게는 커다란 혜택이 될 것입니다.

주거비도 많이 절감할 수 있습니다. 이를테면 가구나 집기를 살 때에는 반드시 없어서는 아니 되는 물건만 사되 중고품시장에서 구입하면 거저 줍다시피 하는 수도 있습니다. 그리고 아파트에서 흔히 버리는 물건 중에는 쓸 만한 물건이 매우 많기 때문에 돈 한 푼 안 들이고 주워다가 쓸 수도 있습니다. 품목에 따라 특정한 중고품시장엘 가야 하는 경우도 있지만 알뜰시장에는 의류를 비롯하여 가정생활에 필요한 수십종의 중고품이 나오므로 매우 편리합니다.

교육비에서는 될 수 있는 대로 학교교육에 치중하고 과외공부로 말미암은 사교육비를 최대한으로 억제해야 합니다. 이것은 우리 나라의 교육이 당면한 가장 중요한 문제이기도 하고 가정경제에 있어서도 매우 심각한 문제입니다. 그리고 교과서도 선배들에게 부탁하여 물림을 받거나 고본점(古本店)에서 구입하면 많은 비용이 절감될 것입니다.

보건위생비에서는 의사의 정확한 진단과 처방에 따라 치료하고, 의학적 근거도 확실치 않은 값비싼 건강식품이나 보약에 많은 비용을 지출해서는 안 될 것입니다. 건강에 좋고 보양에 좋다면 지렁이고 돼지쓸개고 무분별하게 먹으려는 행동은 지극히 어리석은 일이며 가정경제를 위협하는 요인이 됩니다. 특히 해외 여행만 가면 공공기관에서 검사도 하지 않은 믿을 수 없는 약품을 다량으로 구입해 오므로써 웃음거리를 스스로 연출하고 있으니 참으로 딱한 일입니다.

그밖에 교통 통신비에 있어서도 근검절약의 방법에 따라 많이 절감할 수 있을 것이며, 문화교제비에서는 될 수 있는 대로 도서관을 많이 활용하고, 사람을 접대할 때는 가정으로 초대하는 것이 하나의 절약하는 방법일 것입니다.

가정생활에서는 온 가족이 절약에 힘쓰지 않으면 효과가 적습니다. 우리 나라에서는 가정의 생활비를 주부들이 관리하는 수가 많은데 주부들은 주간, 월간, 연간에 해당하는 주요한 세입과 세출을 파악하여 규모 있게 가계(家計)를 운영해야 하며 모든 지출을 합리적이고 경제적으로 해 나가야 합니다. 특히 어른들의 소비생활은 어린이들에게 본보기가 되므로 각별히 유의해야 합니다. 채소가 말라서 못 쓰게 되거나 음식물이 냉장고에서 몇 달씩 묵거나 음식물의 일부나 곡식 낱알이 하수구로 나가지 않도록 알뜰하게 살림을 꾸리며 웬만한 물건은 모두 수선해 쓰고 옷도 수선해 입는 분위기가 매우 중요합니다.

우리는 지금 국제금융기금(IMF)의 구제금융체제 밑에서 200만명에 가까운 실직자가 방황하고 있으며 그로 말미암은 가정경제의 타격은 매우 심각합니다. 그런데 한편에서는 소비의 억제가 침체한 시장경제를 더욱 침체하게 만들기 때문에 적절한 소비는 매우 바람직하므로 너무 절약하지만 말고 돈을 써야 한다고 말하는 사람들이 있습니다.

아마도 그것은 사실일 것입니다. 생산된 물건을 아무도 사지 않으면 그나마 지탱하고 있는 생산업체는 위협을 받기 때문입니다.

그러나 문제는 적절한 소비가 아닌 낭비적이고 불합리한 소비인 것입니다. 반드시 필요한 소비가 아닌데 문제가 있는 것입니다.

외제품의 구입도 합리적으로 이루어지면 아무런 문제가 없습니다. 우리 나라의 제품도 수출하여 외국 시장에서 팔면서 남의 나라 물건을 사지 말자는 것은 말이 안 되겠지요. 그러나 반드시 외제가 아니면 아니 되는 특수한 물품이 아니라면 덮어 놓고 주고 받아야 한다는 논리로 합리화하기는 어렵습니다.

지금 정부에서는 국산품애용운동을 벌일 수가 없습니다. 우리 나라는 지금 OECD(경제협력개발기구)에 가입하고 WTO(세계무역기구)에도 가입한 형편인지라 모든 시장을 완전히 개방하지 않으면 국제무역의 원칙에 위배되고 다른 회원국의 완강한 저항에 부딪히게 됩니다. 실제로 이러한 무역의 마찰이 자주 일어난 것이 사실입니다. 선진국에서는 정부에서 국산품애용운동을 전개하지 않아도 국민 한 사람 한 사람이 스스로 판단하여 합리적으로 행동하고 대처합니다. 그들이 합리적으로 판단하고 대처하는 것은 무엇입니까? 애국적으로 판단하는 것이며 국산품을 애용하는 것입니다.

우리는 구한말(舊韓末)에 구미(歐美) 각국과 일본에게 문호를 개방하여 무역을 시작하였습니다. 그 때 우리는 하잘 것 없는 생활용품을 사들이게 되고 그들에게는 쌀이나 콩과 같은 중요한 곡물과 공업원료가 되는 귀중한 광물을 팔아 넘기게 되었습니다. 곡물은 국민의 생명에 관계되고 광물은 국가의 공업발전에 관계되는 것입니다. 모리배가 판을 치고, 국가경제를 안중에 두지 않는 기업인이 무역을 좌우하고, 외제라면 양말이고 팬티고 가리지 않고 달려드는 철없는 소비자들이 행세하는 오늘날 무제한한 시장의 개방은 어떤 결과를 가져오겠습니까? 이것은 벌써 100여년 전부터 우리가 체험을 통하여 알고 있는 사실입니다. 세계의 모든 여행자 중에서 외화(外貨)를 가장 많이 낭비하는 사람이 한국인이라는 것은 너무나 잘 알려진 바이고 그것이 IMF구제금융체제로 들어가게 된 하나의 중요한 원인이라는 것도 잘 알고 있는 사실입니다.

나는 1970년대에 중등교사와 대학교수들로 구성된 해외연수에 참여한 일이 있었는데 몇몇 사람들이 많은 물건을 사는 모습을 보고 놀라지 않을 수 없었습니다. 여행 중에 꼭 필요한 물건도 아니고 한국에도 있는 물건을 다만 외제라는 이유로 몇 갑절이나 값비싸게 사는 짓을 보고 어찌 놀라지 않을 수가 있었겠습니까? 학생들을 가르치는 교육자들이 그러하니 다른 사람들이야 더 말해 무엇하겠습니까. 참으로 어처구니 없는 일이었습니다. 그 나라의 정치, 경제, 사회, 문화, 교육에는 거의 관심을 기울이지 않고 기회만 있으면 기념품(선물)가게에 들어가 흥정하는 것이 버릇이더이다.

연수라는 말이 무색하였습니다. 연수는 무엇을 위한 연수란 말입니까? '해외연수'라는 말 대신에 '해외쇼핑'이라는 말을 써야만 어울리는 여행이었습니다. 이때부터 온 국민은 너도 나도 해외쇼핑에 정신을 팔았습니다. 교육자도 문제이지만 정치인들이나 고급관료들이 더 큰 문제였습니다. 참으로 한심한 일이었습니다. 값싼 국산품으로도 충분한 것을 무엇 때문에 값비싼 외제를 구입하여 외화를 낭비해야만 합니까? 우리가 쓸 수 있는 외화는 수많은 근로자의 눈물겨운 희생으로 얻어진다는 사실을 그리도 모른단 말입니까?

일찍이 함석헌은 '생각하는 백성이라야 산다'고 외쳤습니다. 나는 무엇을 얼마나 무엇 때문에 사야 하며, 무엇 때문에 외화를 소비해야 하는지를 분명히 생각해야 하고 그것이 가정과 사회와 국가에는 어떤 영향을 끼치는지 생각해야 합니다.

건전한 소비생활은 합리적인 소비생활이고 합리적인 소비생활은 지혜로운 소비생활이며 지혜로운 소비생활은 애국적인 소비생활이며 애국적인 소비생활은 가정경제의 튼튼한 주춧돌입니다.

6. 건전한 여가생활

　사람은 공부하거나 일하거나 하는 시간이 있고 잠을 자거나 식사를 하는 시간이 있으며 이러한 시간을 제외한 자유로운 여가가 있습니다. 여가는 자유로운 까닭에 자기의 마음먹기에 따라 여러 가지로 활용할 수 있는 것이 특징입니다.

　여가는 산업혁명 이후로 기계가 사람의 노동을 대신해 주거나 덜어주므로써 점점 늘어나게 되었고, 자영업에 종사하는 사람보다는 직장에 근무하는 봉급생활자에게 점점 늘어나게 되었습니다. 직장마다 주당(週當) 근로시간이나 연간근무일수가 점점 줄어들었기 때문입니다.

　여가는 특히 주말이나 휴가기간에 많이 생기는 자유로운 시간이기 때문에 여가를 이용하여 무엇을 할 것이냐는 문제는 당사자의 마음먹기에 달려 있습니다.

　우리의 생활주변에서 사람들이 여가를 즐기는 모습을 보면 화투놀이, 볼링, 정구, 탁구, 골프, 낚시, 등산, 바둑, 산보, 음주, 노래부르기, PC게임, 만화읽기, 독서, 그림그리기, 글씨쓰기, 영화관람, 윷놀이, 여행······ 등 매우 다양한 편입니다. 그리고 이러한 여가의 활용은 시간의 장단이나 경제적 형편이나 가정의 사정이나 건강의 상태나 기상(氣象)의 변화에 따라 유동적으로 선택되며 몇 가지가 복합적으로 선택되기도 합니다.

이러한 여가생활은 교양에 가까운 것도 있고, 운동에 가까운 것도 있으며, 오락에 가까운 것도 있고, 도박에 가까운 것도 있습니다. 여가를 활용하여 교양을 쌓거나 운동을 하거나 오락을 하는 것은 모두 정신과 육체에 유익한 일입니다. 그러나 어떠한 여가의 활용도 과다한 비용이 들거나 심신을 피로하게 하는 것은 결코 바람직하지 못합니다. 여기서는 특히 지나친 음주나 비뚤어진 오락에 대하여 언급하고자 합니다.

음주는 대체로 친구와 함께 술잔을 서로 권하면서 화기애애한 분위기를 조성할 수 있고, 특히 일상생활이나 사회생활에 관련되는 정보나 의견을 교환하기도 하고, 특정한 문제에 대하여 서로 토론하기도 할 수 있기 때문에 매우 유익한 경우가 많습니다. 그러나 문제는 지나치게 술을 마시고, 흥분하여 감정을 폭발시키거나, 제대로 걸음을 걷지도 못하거나, 타인에게 실례하거나 폐를 끼치기에 이르는 행위입니다.

사실상 우리 나라에는 과음하는 음주자가 매우 많았습니다. 이른바 대폿집이 즐비하게 늘어 서 있고 대폿집마다 술 취한 사람들의 거친 말소리가 흘러나오며 더러는 언쟁하는 소리가 나는 수가 많았습니다. 그리고 거리에는 과음으로 토해 놓은 음식물 찌꺼기가 자주 눈에 뜨이곤 하였습니다. 이러한 음주의 풍속도는 참으로 불쾌하고 부끄러운 일입니다. 건강에 해롭고 위신이 손상되고 금전이 낭비되고 남에게 폐를 끼치니 얼마나 어리석고 민망한 일입니까?

대단히 부끄러운 일이지만 나도 과음으로 실수한 일이 한 두 번이 아니었고 후회도 많이 하였고 맹세도 많이 한 끝에 이제는 많이 달라지게 되었습니다. 젊기 때문에, 철부지이기 때문에 그러했다고 변명하지만 도무지 부끄럽기만 합니다. 술로 금전을 낭비하거나 건강을 해치거나 남에게 폐를 끼치거나 남에게 시비를 거는 모든 행위는 정신질환일 경우가 대부분일 터이니 전문의사의 진료를 받아야 합니다. 자신의 정신질환을 깨닫고 시인하고 겸손하게 교정을 받아야 합니다. 만일 그렇지 않으면 가정이나 사회나 국가에 커다란 해독을 끼치고 자기도 망신하고 말 것입니다.

고스톱은 일종의 화투놀이인데 애당초부터 돈을 걸고 시작하는 것이 상례(常例)가 되어 있습니다. 오락으로 즐긴다면 무방하겠지만 상당히 많은 돈을 걸다 보니 도박으로 발전하여 여러 가지 문제가 일어납니다. 도박은 우리 나라의 형법에 범죄로 규정되고 있으며, 우연한 승부에 관하여 재물(돈)로써 박희(博戱) 또는 도사(賭事)를 하는 행위입니다. 도박의 전문가들은 어떻게 생각하는지 확실하지 않지만 '우연한' 승부로 말미암아 재물(돈)을 얻을 수도 있고 잃을 수도 있는 행위를 하는 것이 곧 도박이라고 할 수 있는데 한 번 버릇이 들면 가산을 탕진하고도 고치지 못하는 중독자가 있고 상습자가 있습니다. 상습자는 형벌이 가중되고, 도박하는 장소를 마련하여 이익을 도모하는 행위는 도박개장죄를 구성하게 되고 이때 현실적으로 이익을 취하지는 아니 하였어도 다만 이익을 취할 의사만 있는 것으로도 범죄가 구성되며, 만일 이익을 취할 목적으로 장소를 제공하였을 뿐만 아니라 직접적으로 도박행위에 가담하였을 때는 도박죄가 별도로 구성되며 두 개의 범죄가 경합되는 것입니다.

많은 사람들은 위와 같은 도박죄나 도박개장죄를 알면서도 도박행위를 저지르고 있으며, 고스톱은 오락처럼 생각하고 아무 곳에서나 하는 수가 많습니다. 고스톱은 분명히 도박죄이거나 도박죄를 구성할 가능성이 있습니다. 따라서 모름지기 경계해야 할 일입니다.

언젠가 어느 TV드라마에서 혼례를 앞둔 규수가 시할머니의 여가를 즐겁게 해 드리기 위하여 고스톱을 배우는 장면이 있었는데 그런 고스톱은 재물을 얻을 의사도 없고 재물을 잃을 위험을 무릅쓰지도 않는 행위이면서 어른을 공경하는 행위이기도 하기 때문에 마땅히 용납될 수 있습니다. 이런 고스톱은 효도하는 고스톱이지 도박하는 고스톱이 아니기 때문입니다.

우리의 여가생활에서 볼 수 있는 것 중에는 윷놀이가 있습니다. 윷놀이는 일찍이 신라시대부터 유래된 우리의 고유한 놀이라고 하여 권장하기도 하는데 한 가지 문제로 지적되는 것은 상대방의 말을 잡아먹는 규칙입니다. 어떤 민속학자는 잡아먹어야 재미가 있다고 말하는데 정말로 잡아먹지 않고 승부를 내면 재미가 없는지 의문입니다. 이 잡아먹는 규칙이 윷놀이하는 사람의 심성이나 사회에 좋지 않은 영향을 준다고 믿고 '잡아먹지 않고' 승부를 내는 규칙을 마련하여 '평화 윷놀이'를 개발한 학자가 있습니다. 그는 박상화(朴相和)선생이고 정역(正易)을 연구하고 동요를 수집한 학자입니다. 박선생은 오락의 윤리성을 중시하고 전래의 오락에서 문제되는 규칙을 고쳐서 국민에게 보급하려고 애썼습니다.

경향 각지에 널리 보급되어 있는 바둑(圍棋)도 윷놀이와 마찬가지로 상대방의 말을 잡아먹는 규칙이 있으나 아직 문제로 제기되지는 않는 것 같습니다. 우리 나라의 전통적인 바둑은 잡아먹지 않는 규칙으로 승부를 낸다는 말이 있습니다마는 그런 바둑(置棋)을 두는 사람은 없는 형편입니다.

그런데 문제는 전국 각지에 널려 있는 일부의 기원(棋院)에서 '내기 바둑'이라는 이름으로 도박행위를 하는 것이 예사라는 사실입니다. '내기 바둑'의 도박성이나 고스톱의 도박성이나 거의 차이가 없는 것 같습니다. 바둑은 두는 사람의 실력에 따라 승부가 나지만 사회적인 영향이나 폐단은 고스톱이나 비슷하다고 보이기 때문입니다. 특히 가정에서나 직장에서나 버스에서나 열차에서나 부두에서나 비행장에서나 틈만 있으면 고스톱판을 벌이는 모습은 결코 아름다울 수가 없습니다.

여가의 활용 중에는 독서가 있습니다. 우리 나라의 독서는 이웃 나라 일본의 독서에 비하여 너무나 저조합니다. 요즘은 잘 알 수가 없으나 20여년 전에 들리는 바로는 인구비례를 감안하더라도 물량 면에서 일본의 출판물이 한국의 출판물의 20배나 된다고 하며 독서량도 그에 비례한다고 합니다. 일본 사람들은 화투를 만들어서 한국 사람들에게 넘겨주고 자기들은 여가를 활용하여 책을 읽으며 교양을 넓히고 지식을 축적한다는 것입니다. 독서하지 않는 국민이 어떻게 훌륭한 문화를 창조하고 어떻게 훌륭한 국가를 건설하며 어떻게 세계 무대에서 체면을 유지할 수 있겠습니까?

건전하고 유익한 여가의 활용은 자신과 가정과 사회와 국가와 세계에 공헌될 것입니다.

7. 부모의 역할과 자세

　부모는 자녀를 낳아서 기르고 가르치는 위치에 있습니다. 짐승들의 어미도 새끼를 낳아서 기르고 가르치는 모습을 볼 수 있지만 사람이 자녀를 낳아서 기르고 가르치는 일과는 매우 다른 점이 많습니다. 어떤 짐승은 새끼를 낳기만 하고 기르지는 않는 수가 있고, 기르기는 하더라도 가르치지는 않는 수가 있으며 또한 가르친다고 하더라도 먹고 마시고 먹이사냥하기를 가르치는 데 그치는 수가 많습니다. 그리고 동물들이 새끼를 가르치는 것은 매우 유치한 단계여서 차라리 새끼가 어미의 행동을 본능적으로 모방하는 수준에 그치는 수가 대부분입니다.

　그러나 사람은 매우 다릅니다. 사람은 문화를 창조하고 감성과 이성을 조화하면서 삶을 영위하기 때문에 자녀를 기르는 것도 동물에는 비교하기 어려울 만큼 차이가 있습니다. 우선 동물들은 어미가 있어도 아비는 없는 수가 많습니다. 집에서 기르는 송아지나 강아지를 보면 암컷이 수컷과 야합하여 새끼를 낳게 되고 암컷이 젖을 먹여 기를 뿐, 수컷이 아비가 되어 함께 새끼를 기르지 않는 것을 알 수 있습니다. 그래서 예로부터 금수(禽獸)는 어미를 알지언정 아비를 모른다(知母而不知父)고 하였습니다. 다시 말하면 대부분의 동물계에는 아비의 지위가 확보되지 못하였을 뿐만 아니라 그 역할은 단순한 생식에 그치고 있다는 것입니다. 심지어는 새끼가 아비와 똑같은 자격으로 어미에게 색정(色情)을 나타내기도 합니다. 옛사람들은 이런 현상을 부자취우(父子聚麀)라고 하여 사람과 짐승의 커다란 차이로 보았습니다.

위와 같이 사람과 금수는 분명히 다르며 그 다른 점은 아비와 어미와 새끼가 분명한 지위와 분별을 유지하느냐 아니 하느냐에 있음을 알 수 있습니다. 한자(漢字)로 어머니를 가리키는 '母'라는 글자는 여자가 아이를 가슴에 품고 있는 모양을 나타낸 것이라고 합니다. 어머니는 아이를 낳아서 젖을 먹이고 항상 가슴에 품어서 보호하기 때문에 어머니의 가장 중요한 역할을 나타낸 것이며, 아버지를 가리키는 '父'라는 글자는 손에 채찍을 든 모양을 나타낸 것이라고 합니다. 채찍은 자녀가 훌륭한 자녀가 되도록 이끌어 주는 것을 나타내는 상징입니다. 쓸데없이 자녀를 매질하는 것을 말하는 것이 아닙니다.

사람에게는 문화가 있고 문화에는 규범이 있습니다. 규범은 무엇입니까? 모든 사람들이 일반적으로 준수하는 일종의 준칙입니다. 그 대표적인 것이 관습이요, 그 관습을 맹목적으로 받아들이지 않고 시비선악(是非善惡)의 가치판단에 따라 준칙을 삼는 것이 도덕이요, 관습이나 도덕의 차원보다도 객관적이고 때로는 국가의 공권력에 의하여 강제될 수도 있는 준칙이 법률입니다. 이러한 규범은 인간만의 특유한 문화이어서 우리는 흔히 규범문화라고 부릅니다.

여기서 우리는 어머니가 대체로 자녀의 육체적인 양육에 공헌하는데 반하여 아버지는 대체로 규범문화적인 양육에 공헌한다는 것을 알 수 있습니다.

그러나 이러한 해석은 한자의 상형(象形)에 근거한 것에 지나지 않습니다. 그리고 부모(父母)라는 한자가 생성되던 시절은 지금부터 3000년도 넘는 아득한 옛날이고 오늘날의 인류 문화와는 많은 차이가 있다는 사실에 주목하지 않을 수 없습니다. 다시 말하면 3000년 전에는 아버지와 어머니의 역할은 그렇게 나타낼 수 있었겠지만 오늘날은 반드시 그런 것만은 아니라고 할 수 있습니다. 오늘날은 이미 고대사회도 중세사회도 아닌 근대사회이고 근대사회는 산업사회의 특징을 여실히 드러내면서 남자의 역할과 여자의 역할에도 많은 변화가 일어나고 특히 남녀의 지위가 동등이 존중됨에 따라 서로 확연히 구분되지 않는 공통된 영역이 확대되어 왔습니다.

그 뿐만 아니라 어린이의 인격은 어머니의 양육이 절대적인 영향을 주는 유아기에 거의 형성된다는 학자들의 주장에 따라 어머니의 역할은 단순한 육체적 양육에 그치지 않고 규범문화적 양육에도 매우 강력하게 수행되고 있음을 깨닫게 되었습니다. 더욱이 모든 산업이 기업화하고 모든 사회환경이 도시화하므로써 아버지는 가정에서 자녀들을 돌볼 겨를이 없기 때문에 어머니의 역할은 더욱 증대되어 아버지의 역할을 많이 할애하여 담당하지 않을 수 없는 형편입니다.

예로부터 엄부자모(嚴父慈母)라는 말처럼 아버지는 엄격하고 어머니는 자애롭게 자녀를 양육하는 것이 일반적인 원리로 받아들여지는 경향이 농후하였지만 오늘날에는 결코 그런 것만은 아니고 오히려 엄모자부(嚴母慈父)라는 현상까지 빚어지고 있습니다.

우리들 부모는 자녀를 기르고 가르치는 것을 사명으로 생각하고 온 심혈을 기울여 왔습니다. 국민소득도 높아진 탓이겠지만 우리의 자녀들은 비교적 양호한 경제적 환경에서 육체적으로 양육을 받으므로써 체격이 향상되고, 초등학교와 중학교는 말할 것도 없고 고등학교와 대학에도 놀라우리 만큼 진학하여 문자 그대로 고학력사회를 이루고 있습니다.

들리는 바로는 세계에서 이스라엘 민족과 우리 민족이 가장 높은 교육열을 보인다고도 합니다. 지금 교육개혁의 일환으로 논의되고 있는 학생들의 사교육비(私敎育費)는 실로 천문학적인 액수에 이르렀고 이것은 세계 최고의 기록이라고 합니다. 유치원에 다니는 아이가 별도의 음악학원, 글짓기학원에 다니고 초등학교 아동은 적어도 세 네 군데의 과외학원에 다닐 만큼 부모들은 자녀교육에 열을 올리고 지나친 학비의 지출로 채무를 지기도 하고 갖은 고통을 감수하고 있습니다.

부모가 자녀를 잘 기르고 가르치는 일은 한 가정을 위해서나 사회나 국가를 위하여 매우 바람직한 일입니다. 우리 나라의 경제가 이만큼 발전하고 국력이 신장한 것도 부모들의 희생적인 자녀교육 때문이었다고 평가하는 사람이 많습니다. 나도 그렇게 생각합니다. 내가 학교에 다닌 것도 가정이 넉넉하기 때문이 아니라 부모님의 교육열 때문이었음을 알고 있습니다.

그러나 우리는 그처럼 불타는 교육열이 더 한층 알찬 결실을 맺을 수 있도록 하기 위하여 더욱 합리적인 교육을 강구하지 않으면 아니 되겠습니다. 지금 우리 나라의 어느 직장이나 대학출신은 발에 차일 정도로 많으며 대학원에서 석사학위를 받고 다시 박사학위를 받은 사람도 많습니다. 그러나 이처럼 고학력사회가 이루어졌음에도 불구하고 우리 사회에는 어찌하여 부정, 부패, 부조리가 만연하고 있을까요? 정말로 알다가도 모를 일입니다.

어떤 교육학자의 주장에 따르면 지식과 인격은 정비례하지 않는다고도 하는데 그것이 사실로 여겨지는 것이 숨길 수 없는 현실입니다. 학력이 낮은 사람은 배우질 못하여 그렇다고 치더라도 학력이 높은 사람은 도대체 무엇을 배웠기에 그리도 못 돼 먹었는지 알 수 없는 것이 우리의 상식입니다.

우리는 이른 바 비행소년들 때문에 걱정하지 않는 날이 없습니다. 학교폭력의 폐단은 학생들을 자살로 몰고 있는 형편이고 10대 소년들의 범죄가 만연하고 있습니다. 이러한 원인은 무엇일까요? 여러 가지 원인이 거론되겠지만 한 마디로 말하면 모두 부모들의 잘못이요, 어른들의 잘못이라고 할 수 있습니다. 도대체 그 철부지 소년들이 누구의 손에 크고 누구에게 배웠습니까? 어떤 사람들은 결코 부모나 어른들이 설마 잘못되라고 가르쳤겠느냐고 강변하기도 합니다. 그렇지요. 세상에 어떤 부모가 제 자식 잘못 되라고 가르치며 어떤 어른이 청소년들을 잘못 되라고 가르치겠습니까?

그러나 부모들이나 어른들은 이제 진정으로 스스로를 반성하지 않으면 안 됩니다. 우리는 언제나 자녀들의 학업성적과 진학에만 관심을 가졌을 뿐, 진정으로 훌륭한 인격을 함양하는 교육에는 너무나 무관심하지 않았는지 묻고 또 묻고 싶습니다.

그러나 부모나 어른들은 그것이 결코 자의(自意)가 아니고 사회가 그렇기 때문에 불가항력이라고 다시 항변할 것입니다. 그러나 그 사회의 구성원은 누구이며 그 지도층은 누구이며 행위의 주체는 누구입니까? 부모와 어른들이라는 사실을 부인할 수는 없지 않습니까? 분명히 혼자의 힘으로는 자녀나 청소년들에게 훌륭한 인격 교육을 베풀 수가 없는 것도 사실입니다. 그러므로 교육에서 빚어지는 여러 가지 문제점을 찾아내어 부모와 어른들이 함께 토론하고 대책을 강구하여 실행에 옮겨야 하는 것입니다. 그러나 부모와 어른들 가운데는 교육의 문제점을 외면하는 데서 그치지 않고 오히려 부정과 부패와 부조리를 앞장서서 그릇된 교육을 조장하는 수가 많고 그런 행동에 동조하고 참여하는 사람이 많습니다.

진정으로 반성하지 않으면 안 됩니다. 그리고 참회의 눈물을 흘려야 합니다. 그렇지 않으면 우리의 자녀들은 인성을 해치고 인격을 파괴하는 교육환경에서 헤어날 길이 없고 사회의 병리현상은 점점 더 증강되며 국가의 장래는 암담해질 수밖에 없습니다.

　부모와 어른들은 용기를 발휘해야 합니다. 나만은……, 내 자식만은……, 이 번만은 어쩔 수 없다는 비겁하고 이기적이고 몰지각한 생각과 행동은 이제 정말로 송두리째 버리기를 거듭하여 호소합니다. 우리의 자녀들과 청소년들은 우리들 부모와 어른들을 지켜 보고 있습니다. 그들의 눈동자를 두려워 할 줄 알고 우리의 모든 실수와 잘못을 진정으로 부끄러워 합시다. 이제부터라도 떳떳한 부모가 되고 어른이 됩시다. 진정으로 호소합니다.

8. 자녀의 역할과 자세

　자녀는 부모의 슬하에서 출생하여 양육을 받는 까닭에 자녀와 부모의 사이는 이 세상 어느 누구와의 관계보다도 가장 가까운 사이입니다. 사람과 사람이 서로 가까운 것을 일컬어 친(親)하다고 하는데 '親'이라는 글자는 '어버이'를 가리키기도 하지만 '가까움'을 가리키기도 하고, '사랑함'을 가리키기도 합니다. 그리고 '親'이라는 글자의 생김새를 보면 나무를 세워 놓고 본다(立木見)는 뜻이 나타난다고 해석하는 사람이 있습니다.

　햇빛이나 불빛이 비치는 곳에 나무를 세워 놓고 관찰하노라면 나무의 그림자가 발견되고 만일 나무가 움직이면 그림자도 따라서 움직이게 됩니다. 나무가 있어야 그림자가 있고 나무가 움직여야 그림자도 움직인다는 시각에서 볼 때 나무와 그림자는 절대로 떨어질 수 없는 관계임을 알 수 있습니다. 따라서 부모와 자녀와의 관계도 나무와 그림자의 관계처럼 불가분리의 관계라는 것입니다.

　자녀가 부모 사이에서 출생하였으니 뗄래야 뗄 수 없는 관계임은 명백한 사실입니다. 자녀는 부모의 유전인자를 타고나기 때문인지 체질적으로 매우 공통되고 모습도 닮는 수가 많아서 그 부모를 알면 그 자녀가 누구네 자녀인지도 능히 짐작할 수 있는 경우가 허다합니다. 체격이나 겉 모습만 닮는 것이 아니라 심지어는 말소리나 행동이나 성격까지도 닮는 수가 많습니다. 이처럼 자녀가 부모를 닮는 현상은 너무나 흔히 보는 것이어서 우리는 지극히 당연하고 자명한 사실로 알고 있습니다

자녀가 강보에 싸여 어머니의 젖을 먹고 자라나 하나의 사회인이 되기까지는 부모의 무한한 사랑 속에서 양육을 받지 않으면 안 됩니다. 적어도 유치원이나 초등학교나 중등학교의 교육을 마치는 나이까지만 계산하여도 18년 이상이라는 긴 세월이 요구되고, 나아가 남자의 경우에는 병역의 의무까지 마치고 대학을 거쳐서 하나의 독립된 사회인이 되려면 무려 30년이라는 세월이 요구되기도 합니다. 그 동안 자녀들은 부모로부터 얼마나 많은 은혜를 입는지 한 번 생각해 볼 만한 일입니다.

부모는 정말로 자녀를 위하여 존재한다고 볼 수 있습니다. 부모들은 배를 굶주려도 자녀들만은 배불리 먹이려고 애를 씁니다. 나는 일본제국주의의 침략으로 우리 나라가 강점된 시기에 출생하여 태평양전쟁(세계 제2차대전)이 진행된 시기에 초등학교를 다니면서 우리의 부모들이 고생하며 자녀를 기르는 모습을 많이 볼 수가 있었습니다.

당시는 도시가 많이 발달하지도 못하고 농촌 인구가 대부분이었기 때문에 농민의 생활은 곧 우리 민족 전체의 생활이라고 볼 수 있었습니다. 내가 자란 농촌은 금강(錦江)상류의 지류에 해당하는 미호천(美湖川)과 석화천(石花川) 사이에 발달한 비산비야이지만 비교적 논밭이 많아서 부지런히 농사만 지으면 굶지는 않을 만한 곳이었습니다.

그러나 일제는 우리의 부모들이 피땀 흘려 지은 농사를 공출이라는 명목으로 거의 모두 약탈하였기 때문에 도무지 먹을 것이 없었습니다. 아침에는 약간의 쌀에 잡곡을 혼합하여 밥을 지어 먹었지만 점심에는 아침에 남긴 밥을 멀겋게 끓여서 조금씩 먹거나 아니면 철부지 어린 자식들에게만 조금씩 먹이고 부모들은 약간의 동치미로 끼니를 때우고 저녁엔 된장을 풀어서 쑨 나물죽으로 만족해야 했습니다. 고기나 생선이라고는 일년에 한 두 번도 먹기 어렵고 이따금 미꾸라지나 피라미를 잡아다 천렵국을 끓여 먹으면 커다란 행복이었습니다.

내가 5학년까지 다니던 초등학교는 집에서 거의 8km나 떨어진 곳에 있었는데 친구들은 모두 초라하기 그지 없었습니다. 겨울에도 내의를 입는 사람은 거의 없었고 신발은 짚신이나 게다여서 통학하기에 고생이 자심하였습니다. 눈이 쌓인 겨울에 짚신을 신고 학교에 가서 공부가 끝나고 돌아 올 때는 젖은 신발이 꽁꽁 얼어서 발이 들어가지 않았고 게다 끈이 끊어져서 맨발로 다닐 때도 많았습니다.

점심 시간에는 도시락을 가져오지 못하는 친구들이 많았고 어떤 아이의 도시락에는 삶은 아카시아 꽃이 한 줌 들어 있었습니다. 얼마나 먹을 것이 없으면 부모가 아카시아 꽃을 따서 삶아 주었겠습니까? 어떤 부모는 멀건 나물죽을 끓여서 주전자에 넣어 가지고 학교로 와서 자식에게 먹이고 가기도 하였습니다. 당시의 가난하고 배고프고 쓰라렸던 경험은 이루 말할 수가 없습니다. 그런데 우리의 부모들은 얼마나 배고프고 고달프고 마음이 쓰라렸을까요? 그래도 우리의 부모들은 자식들을 먹이고 입히고 공부시키기에 여념이 없었고 자식을 위해서라면 목숨도 아까워하지 않을 만큼 희생적이었습니다. 이런 희생적인 부모가 없었더라면 자식들은 결코 살아남지도 못했을 뿐만 아니라 공부는 더더욱 불가능하였습니다.

지금도 초라하고 가련했던 당시의 모습이 생생하게 기억됩니다. 친구들은 거의 모두가 머리부터 발끝까지 부스럼투성이였는데 그것은 모두 영양부족 때문이라고 하더군요. 전염병도 여러 가지여서 항상 불안한 세월이었습니다. 어린 자식들이 그처럼 처참한 형편이었으니 부모들은 얼마나 고생스러웠는지 능히 짐작하고도 남는답니다. 그래도 우리는 불사조와도 같은 부모의 사랑과 희생으로 살아남을 수가 있었고 사회의 한 사람으로 자립할 수가 있었습니다.

자녀들은 부모들이 '나'를 위하여 얼마나 노심초사하고 희생하는지를 깨달아야 합니다. 비록 경제적으로 여유가 있는 가정일지라도 부모의 희생은 참으로 눈물겨운 것입니다. 다만 부모들도 부모 나름이어서 자녀를 사랑하고 양육하는 방식이 다를 수가 있습니다. 따라서 어떤 부모들은 다른 부모들에 비교하여 부족하게 보이는 수도 많습니다. 그러나 자기의 부모가 다른 부모에 견주어 볼 때 재산이 적고 사회적인 지위가 낮다는 이유로 부모를 멸시하거나 배은 망덕할 수는 없습니다. 내 부모가 재산이 적고 사회적인 지위가 낮은 것은 결코 당신의 책임이 아닙니다. 그렇게 될 수밖에 없었던 필연적인 이유가 있었던 것입니다.

세상에는 부모의 은혜를 잘 깨닫지 못하는 자녀가 많습니다. 부지런히 공부하여 하루 속히 직업을 가지고 부모를 봉양하기는커녕 대학을 졸업시켜 주어도 자립할 줄 모르고 늙고 병든 부모에게 폐를 끼치며 걸핏하면 대어들고 술주정하고 행패를 부리는 자식들이 있는가 하면, 심지어는 부모를 유기하거나 살해하기까지 하는 사건이 세상을 떠들썩하게 하는 수가 있으니 이 얼마나 기가 막히고 슬픈 일입니까?

자녀들은 먼저 부모의 은혜를 깨달아야 합니다. 가정의 형편이 어려우면 아무리 상급학교에 진학시키려 하더라도 스스로 포기하고 생업에 종사하며 부모를 도와야 합니다. 일부의 철없는 친구들을 따라다니거나 흉내내지 말고 자기의 처지와 부모의 처지를 똑바로 인식하고 자기의 할 일을 찾아 성실히 해나가야 합니다.

부모의 은혜는 일찍 깨달을수록 좋습니다. 부모의 은혜를 모르면 부모의 사랑도 모르게 되고 형제자매나 친척이나 이웃이나 국가의 은혜도 모르게 됩니다. 늦으면 후회하여도 소용이 없습니다. '나무는 고요하고자 하나 바람이 멈추지 아니 하고 자식은 봉양하고자 하나 부모가 기다려 주지 않는다'(樹欲靜而風不止 子欲養而親不待)는 말이 있습니다. 부모는 자녀를 사랑하고 자녀를 위하여 희생하는 것을 신앙으로 일생을 살다가 다시는 돌아오지 못할 황천(黃泉)으로 돌아가고 맙니다. 편안한 황천길이 되도록 자녀들은 부모를 돌보아 드려야 합니다.

흔히 세상에서는 부모에게 효도해야 한다고 말합니다. 그러나 효도라는 것이 결코 쉽지 않다는 생각이 지배적입니다. 하지만 쉽지 않다고 하여 자포자기할 수는 없습니다. 가장 비근한 일부터 실천하면 됩니다. 그것은 우선 부모를 극진히 봉양하는 일입니다. 될 수 있는 대로 직접 한 집안에서 모셔야 합니다. 그러나 여러 가지 형편으로 직접 모시지 못할 때는 최대한의 정성으로 자녀의 도리를 다 해야 합니다.

그리고 부모의 뜻을 항상 헤아리고 잊지 말아야 합니다. 가정에서나 직장에서나 부모의 뜻을 헤아린다면 가정을 소홀히 할 수 없고 직장을 소홀히 할 수 없을 것입니다. 부모는 반드시 훌륭한 가정을 꾸미고 훌륭한 직장인이 되라고 훈계할 것이기 때문입니다. 부모의 뜻은 생전이나 사후에나 조금도 변함이 없습니다. 언제나 남에게 존경받는 자녀가 되기를 바랄 뿐입니다. 항상 부모의 뜻이 무엇인지를 헤아려 부끄럽지 않은 자녀가 되도록 노력합시다.

9. 준법의 원리

근대국가의 가장 중요한 기본질서는 법질서이고 법질서는 국민이 법을 지키므로써 확립된다는 것은 누구나 잘 알고 있는 사실입니다.

우리들 한민족은 아득한 옛날부터 법에 의하여 질서를 유지한 전통이 있으며, 특히 1948년 대한민국정부를 수립한 이후로는 서구의 자유민주주의를 근간으로 하는 근대적 민주주의의 법질서에 따라 통치되고 있는 법치국가입니다.

그러나 우리 나라의 법질서가 만족할 만큼 확립되었다고 생각하는 국민은 매우 적은 것 같습니다. 도대체 누구를 위한 법이며 무엇을 위한 법인지 알 수 없으리 만큼 법의 근본취지가 왜곡되기도 하고 파괴되기도 하는 사례를 너무나 많이 보아 왔기 때문입니다.

법질서가 확립되지 못하는 까닭은 무엇이겠습니까? 법을 지키지 않기 때문입니다. 누가 지키지 않습니까? 국민들이 지키지 않고 정치인을 포함하는 지도층이 지키지 않습니다. 왜 지키지 않습니까?

사리사욕에 사로잡힌 까닭입니다. 사리사욕 외에도 당리당략이나 집단적 이익을 우선하는 행위를 들 수 있으나 모두 사리사욕에 관련되는 것입니다.

국민들은 왜 법을 지키지 않을까요? 국민들도 사람인 까닭에 생래적(生來的)인 기본적 욕구가 있어서 사리사욕을 추구하다 보니 그럴 수밖에 없겠지만 그보다도 중요한 원인은 지도층에서 저지르는 위법행위(불법행위를 포함하여)에 영향을 받기 때문입니다.

우리 나라의 지도층은 법을 지키지 않는 사례를 너무나 많이 보여 왔습니다. 법률이나 명령이나 규칙이나 조례나 가릴 것 없이 함부로 어기는 것이 다반사였습니다. 심지어는 법을 제정하는 국회의원들이 스스로 제정한 법을 짓밟아 버리는 사례가 너무나 많았습니다. 그러나 법을 어긴 책임은 많이 지는 것 같지 않습니다. 권력 없고 배경(빽) 없는 국민은 형사소추를 받아도 권력 있는 지도층은 좀처럼 형사소추를 받지 않는다는 것이 국민의 일반적인 인식입니다. 오죽하면 국가의 발전을 위하여 가장 기여하지 않는 사람들이 국회의원(정치인)이라는 여론이 들끓겠습니까.

법은 누구나 다 지키는 국가의 규범입니다. 권력 있는 사람은 안 지키고 권력 없는 사람만 지키는 것이 아니고 모든 국민이 법 앞에 평등하다는 원리에 따라 모두가 지켜야 하는 것입니다. 우리의 모든 권리는 정의에서 연원된 것입니다(All rights flow from justice). 정의는 공평(公平)이고 부당한 특권이나 예외나 차별을 용납하지 않습니다. 전근대사회에서 인정되었던 부당한 특권은 근대법치국가에서는 용납될 수 없습니다.

부당한 특권은 국민의 복지를 해치는 것입니다. 국민의 복지는 최고의 법입니다(The welfare of the people is the highest law). 법은 언제나 모든 사람에게 차별 없이 말합니다(The law speaks to all with one mouth). 권력 있고 돈 있는 사람에게는 유리하게 말하고 그렇지 않은 사람에게는 불리하게 말하지 않는 것입니다.

영국에는 지금도 군주가 있습니다만 전근대의 전제군주가 아니고 근대민주주의의 입헌군주입니다. 영국의 군주는 마음대로 법을 어기는 군주가 아니기 때문에 오직 법에 부합하는 일 밖에는 아무 일도 할 수가 없습니다(The King can do nothing but what he can do legally). 군주는 어떤 사람의 밑에 있지는 않지만 신(神)과 법 밑에 있으며, 군주는 하늘이 만들어 놓은 존재가 아니고 법이 만들어 놓은 존재입니다(The King should not be under the authority of man, but of God and the law, for the law makes the King). 영국의 군주는 법을 제정하는 의회에서 인정하기 때문에 존재하는 것이고 법을 떠나서는 존재할 수 없습니다. 군주의 권세도 법에 따라 인정될 뿐이고 군주의 권세가 법을 좌우하지 못합니다. 영국에서 군주는 재판관을 임명하지만 재판관은 군주의 명에 따라 군주의 권익을 위하여 재판하는 것이 아니고 법률이 부여한 권한에 따라 재판할 뿐입니다(The appointment of justices is by the King, but ordinary jurisdiction is by the law). 군주가 임명하는 모든 공직자는 군주를 위하여 일하는 것이 아니고 영국과 영국의 국민을 위하여 법에 따라 일할 뿐입니다. 법을 지키는 군주가 있고 법을 지키는 공직자가 있을 뿐입니다. 그 누가 감히 법을 무시하고 범하겠습니까?

우리 나라에서도 대통령은 공무원을 임명할 권리가 있기 때문에 고위직 공무원의 대부분을 임명하거나 적어도 직접 또는 간접적으로 임명에 간여하고 있습니다. 그러나 대통령의 임명을 받은 공직자가 대통령의 사사로운 권익이나 대통령의 소속 정당이나 집단의 권익을 위하여 일해서는 아니 되며, 다만 법에 따라 직무를 수행할 뿐입니다. 그러나 이러한 공직자의 윤리가 완전무결하게 실천된다는 보장은 없습니다. 경우에 따라서는 임명권자의 사사로운 지시나 청탁이 있을 수도 있고, 미리부터 임명권자의 의중을 추측하여 공직자의 윤리를 어기는 교활한 공직자도 있을 수 있습니다.

따라서 법이 요구하는 공직자의 의무를 성실히 이행하지 않고 부정 부패를 저지르고 국민을 배신하는 공직자가 있을 수 있음은 말할 것도 없습니다. 실제로 우리 국민은 위와 같은 사례를 너무나 많이 보아 왔기 때문에 도대체 법은 누구를 위하여 있는지 묻게 되고 심지어는 법의 존재 이유마저 인정하지 않는 불신풍조가 조성되기도 하였던 것입니다.

법이 잘 지켜지지 않는 나라는 어떻게 되겠습니까? 정의가 무너지고 국민의 공공복리가 침해되고 맙니다. 법이 지켜지는 것은 공직자의 자세에 달려 있습니다. 합리적이고 공정한 법의 집행이 무엇보다도 중요하고 만일 법을 어기는 사례가 나타나면 철저히 시정할 뿐만 아니라 그 장본인에게는 엄격히 책임을 물어야 합니다. 흔히 세상에서 유전무죄 무전유죄(有錢無罪 無錢有罪)라는 말이 회자된 사실은 참으로 가슴 아픈 일입니다. 돈으로 뇌물을 주면 무죄가 되고 뇌물을 안 주면 유죄가 된다는 것은 공직자의 부패를 말하는 것입니다. 공직자가 부패하면 사회정의가 무너지고 국고의 손실이 초래되고 국가의 안녕과 질서는 위협을 받게 됩니다.

영국에는 공직자에 대한 존경이 사라지면 나라가 망한다(The commonwealth perishes, if respect for magistrates be taken away)는 법언(法諺)이 있습니다. 공직자는 국가가 임명한 국가의 봉사자인데 국가와 국민을 위하여 봉사하지 않는다면 국민이 그들을 신뢰할 수 없게 되고 국력은 쇠퇴할 수밖에 없을 것입니다.

영국 국민들은 법을 잘 지키는 국민으로 유명합니다. 그들은 제정법(制定法)을 잘 지킬 뿐만 아니라 보통법(common law)을 잘 지킵니다. 보통법은 본디 일반 관습을 내용으로 하는 것인데 만일 보통법의 적용으로 형평에 어긋나거나 불합리한 점이 나타나면 형평

법(equity)을 적용하게 됩니다. 따라서 영국의 법률체계는 보통법이 가장 기본적인 법규범을 이루며, 보통법은 영국의 전통적인 미풍양속을 내용으로 하는 것입니다. 그들의 법은 오랜 세월에 걸쳐 형성된 합리적인 관습(reasonable custom)과 조리(條理, reason)와 국민의 복지(the welfare of people)와 자연법(the law of nature)을 기본으로 형성하고 제정된 것이며, 불륜(不倫, immoral consideration)이나 불법행위(wrong)나 비록 다수에 의하여 저질러지는 오류라 하더라도 그런 것으로부터는 어떠한 권리나 정당성도 창출될 수 없습니다.

이러한 영국법의 원리는 서구의 근대법치주의 사상을 받아들인 우리 나라의 법과 크게 차이가 나는 것이 아닙니다. 그럼에도 불구하고 영국에서는 법이 잘 지켜지는데 반하여 우리 나라에서는 법이 잘 지켜지지 않는 사실은 매우 놀라운 일입니다.

우리는 법이란 도대체 무엇인지, 무엇 때문에 존재하는지, 무엇 때문에 지켜야 하는지, 그리고 우리들 각자는 어떠한 법적 의무와 권리를 가지고 있는지 잘 모르고 있는 것 같습니다. 많은 지도층과 국민들이 그러할 뿐만 아니라 심지어는 법을 제정하는 국회의원들마저도 그러한 형편입니다.

특히 국회의원들은 다수(多數)의 위력을 광신하여 걸핏하면 모든 일을 다수결로만 해결하려는 풍조가 많습니다. 그것은 비록 다수에 의한 오류라고 하더라도 오류를 정당화하지 못한다(The multitude of those who err is no protection for error)는 초보적인 원리도 모른다는 사실을 보여 주는 것입니다. 어떤 시각에서 보면 그것을 모를 리야 없다고 짐작되지만 만일 알면서 다수의 위력에만 호소하는 것은 일종의 폭력이며 폭력을 주저하지 않는 그들은 폭력배에 지나지 않는 것입니다. 폭력배들의 폭력이나 TV로 시청해야 하는 우리 국민은 얼마나 가련한 존재입니까?

모든 국민은 법을 지켜야 합니다. 우리의 일상생활에서 지켜야 하는 모든 법(명령, 규칙, 조례를 포함하여)을 철저히 지켜야 합니다. 사회적인 지위가 높으면 높을수록 권력이 생기지만 그 권력에 못지 않게 의무가 또한 커지므로 지위가 높으면 높을수록 오히려 법을 철저히 지킴으로써 본보기를 보여야 합니다. 공직자나 지도층 인사들은 마치 공중에 떠 있는 해나 달처럼 모든 국민에게 바라다 보이므로 조금도 자신의 잘못을 숨길 수가 없습니다. 권력으로 숨기려는 행동은 손바닥으로 해를 가리는 행동처럼 어리석은 일입니다.

　우리 나라에는 「경범죄처벌법」이 시행되고 있는데 가벼운 범죄 행위를 나열하고 그것을 범하지 말라는 법입니다. 여기에는 관명사칭(官名詐稱), 출판물의 부당 게재, 물품강매, 허위광고, 덮개 없는 음식물 판매, 노상방뇨, 자연훼손, 위해동물 관리소홀, 미신요법, 과다노출, 자릿세 징수, 저속의상, 암표매매, 새치기, 장난전화⋯⋯ 등 수십종의 행위를 금지하고 만일 어기는 경우에는 처벌하도록 규정하고 있습니다. 이러한 행위는 거의 상식적으로 판단하여 스스로 실천할 만한 것임에도 불구하고 국민들이 잘 지키지 않기 때문에 법으로 금지하는 것입니다.

　「경범죄처벌법」과는 관계없이 휴지를 함부로 버리는 행위나, 침을 함부로 뱉는 행위나, 차량을 운전하다가 도로의 정지선을 침범하는 행위나, 지하철의 보호석에 함부로 앉는 행위 등 일상생활에서 조심하고 하지 말아야 할 일이 많습니다. 어떤 사람이 도로의 정지선을 지키지 않고 건널목을 가로막은 차 앞을 지나면서 항의하였다가 봉변을 당한 일이 신문에 보도된 일이 있습니다. 내가 10여 년 전 대만의 타이뻬이(臺北)시에 머물고 있을 때 보니 정지선에는 '월선수벌'(越線受罰)이라고 쓰여 있고 모든 차들이 정지선을 잘 지키고 있었습니다. 그들이 지키는데 우리는 왜 못 지키는지 정말 답답한 심정 뿐입니다.

지하철의 열차에서도 다른 좌석이 많이 비어 있는데도 불구하고 굳이 보호석에 가서 버젓이 앉는 젊은이들이 너무나 많으니 참으로 안타까운 일입니다. '노약자를 위하여' 비워 두자는 글귀가 안 보일 리도 없고 그것을 못 읽는 문맹자도 아닐 터인데 말입니다. 노인들도 그런 젊은이를 보고 타이르는 분이 없습니다. 만일 타이르면 봉변을 당할까 보아 그런지도 모릅니다. 실제로 나는 어느 여학생을 타이르다가 봉변 당하는 어느 대학교수를 목격한 일이 있습니다. '당신이 뭐길래' 상관이냐고 교수의 자택까지 쫓아가겠다고 따라가는 학생을 말리고 설득하기는 참으로 어려웠습니다. 왜 주제넘게 제삼자가 나서느냐는 것이었습니다.

이런 이야기를 하면 일부를 가지고 전체를 매도하지 말라고 소리칠 사람이 있을지도 모르겠습니다. 전체를 매도할 생각은 없지만 비록 소수의 일이라고 하더라도 경각심을 갖도록 하기 위한 것입니다. 빈 자리가 없고 피곤하여 부득이 보호석에 앉는 것은 무방하겠지만 빈 자리를 두고 하필이면 보호석에 앉는 것은 삼갈 일이라고 생각합니다.

소수의 범법자(철부지)가 명랑한 사회를 이루는 데 걸림돌이 되지 않기를 바랍니다.

10. 가정의례의 합리화

　여기서 가정의례라고 하는 것은 혼례, 상례, 제례, 회갑연 등을 말하는 것인데 우리 나라에서는 가정의례가 합리적으로 이루어지지 못하여 많은 폐단이 있었습니다. 우리의 선조들은 검소한 생활을 모범으로 생각하였던 것 같은데 오늘날의 가정의례에는 너무나 허례허식이 많고 그에 따른 낭비가 심한 것이 커다란 사회문제로 지적되어 왔습니다.

　그리하여 일부의 지식인들과 시민단체와 정부에서는 가정의례를 통한 허례허식을 불식하고 낭비를 억제하기 위하여 적극적인 계몽을 시도하였으나 좀처럼 시정되지 않았기 때문에 1969년에는 「가정의례준칙에 관한 법률」이 제정되어 시행되다가 1973년에는 「가정의례에 관한 법률」로 개정되었고, 「가정의례준칙」이라는 시행령이 제정되어 시행되고 있습니다.

　이 법률에서는 허례허식 행위로 인정되는 ①청첩장 등 인쇄물에 의한 하객초청 ②기관, 기업체, 단체 또는 직장명의의 신문 부고 ③

화환, 화분 기타 그와 유사한 장식물의 진열·사용 또는 명의를 표시한 증여 ④답례품의 증여 ⑤굴건제복의 착용 ⑥만장(輓章)의 사용 ⑦경조 기간 중 주류 및 음식물의 접대 등을 금지하고 있습니다.

그리고 「가정의례준칙」에는 의식절차에 관한 기준을 규정하고 있는데 여기서 특히 주목할 만한 것은 공무원과 사회지도층 인사는 솔선수범하도록 규정한 것입니다.

가정의례에 있어서 문제가 되는 것은 인쇄물을 대량으로 제작하여 하객을 초청하는 청첩장의 남발과, 화환 등의 지나친 진열과, 지나친 음식물의 접대로 낭비를 일삼는 것인데 특히 법으로 규제할 수 없는 과다한 혼수는 가장 빈번히 물의를 일으켜 왔습니다.

들리는 바로는 신부측의 혼수문제는 매우 심각한 수준에 있다고 합니다. 더구나 신부가 스스로 저축하여 마련한 것이 아니고 신부의 부모가 부담하는 혼수를 신랑측에서 지나치게 요구하기 때문에 진정한 애정으로 혼인이 성립된다기보다는 차라리 물질의 거래로 혼인이 성립된다는 인상을 주기도 합니다. 어떤 신랑은 모처럼 성립된 약혼도 혼수가 부족하다는 구실을 내세워 파혼하기도 합니다. 대개는 신랑측 어머니가 말썽을 일으키는 경우가 많지만 신랑 스스로가 말썽을 일으키는 경우도 있다는 것입니다. 이성지합(二姓之合)이라는 인륜의 대사가 물질로 좌우된다니 얼마나 천하고 부끄러운 일입니까.

가정의례에서 허례허식으로 나타나는 현상 가운데 과다한 혼수 다음으로 문제되는 것은 지나친 묘지의 건설입니다. 이것은 「가정의례에 관한 법률」에는 규정되지 않았으나 「매장 및 분묘에 관한 법률」의 규정에 따라야 함에도 불구하고 분묘의 크기를 어기거나, 산림(山林)을 훼손하면서 묘지를 조성하거나, 또는 외국에서 수입한 값비싼 석재(石材)로 화려하게 분묘를 축조하고 석물을 세우는 행위를 말하는 것입니다. 돈만 있으면 얼마든지 사치스럽고 호화롭게 묘지를 조성할 수 있다는 방자한 생각으로 국가의 법령을 어기는 것입니다. 토지가 자기의 소유라고 자기 마음대로 형질과 용도를 변경할 수 있는 것이 아닙니다. 소유권(사유재산권)은 공공복지의 목적에 따라 제한을 받는 것이 현대국가의 법치제도라는 것을 모를 리는 없을 터인데도 국가의 법률과 공권력을 무시하는 행위는 참으로 설명하기가 어렵습니다.

서양의 법언(法諺)에도 '권리를 행사하는 사람은 타인을 해치지 못한다'(He who uses his rights harms no one)는 말이 있습니다. 국가의 이익이나 타인의 정당한 권리를 침해하는 것은 진정한 권리의 행사가 아닌 것입니다. 생존권적 기본권을 제외한 우리의 모든 권리는 절대적인 것이 아니라 상대적인 것이며 일정한 제약을 받는 것입니다. 우리의 민법에서도 '권리는 남용하지 못한다'고 규정하고 있습니다만 타인의 정당한 권익을 침해하는 권리의 행사는 권리의 남용에 지나지 않는 것입니다. 사사로운 개인으로서의 타인의 권익을 침해할 수 없는 것처럼 국가의 법률이나 공공복지나 관습(미풍양속)이나 조리(條理)를 어기어서는 안 되는 것이 민주시민의 권리입니다.

위법행위나 불법행위를 저지른 사람들은 법을 몰랐다는 변명을 하는 수가 많은데 자기의 무식이나 오만불손하고 방자한 태도를 노출하는 행위에 지나지 않습니다. 그의 지식과 사회적 신분으로 보아 법을 몰랐다는 변명은 성립될 수 없기 때문입니다.

공무원이나 사회지도층 인사들은 사회적으로 상류층에 속하는 사람들입니다. 그들 가운데는 경제적으로 부유한 사람도 있지만 빈곤한 사람도 있습니다. 그러나 경제적인 여건이 어떠하든지 그들은 벌써 사회적으로 인정을 받는 사람들이며 그들의 일거수 일투족은 알게 모르게 영향력을 발휘하게 됩니다. 그들이 사치하면 국민도 사치하고 그들이 검소하면 국민도 검소하고 그들이 나라를 사랑하면 국민도 나라를 사랑하게 됩니다. 군자의 덕은 바람이요, 소인의 덕은 풀이라, 풀 위에 바람이 불면 반드시 풀이 엎어진다는 말과 같습니다. 인류의 문화는 항상 상류사회에서 하류사회로 전파된다고 합니다. 공무원이나 사회지도층 인사들은 일반 국민이 부러워하는 대상이며 본보기의 지위에 있는 사람들입니다.

기탄없이 말하여 우리 사회에 만연한 사치와 낭비의 진원지는 어디이겠습니까? 나는 감히 사회지도층이라고 말하고 싶습니다. 그들은 물신(物神)에 사로잡혀 돈만 생긴다면 나라도 국민도 안중에 두지 않고 부정과 부패를 일삼는 모습을 너무나 많이 보여 왔습니다. 국가의 원수(元首)나 일부의 지성인들이 지도층의 각성을 외쳐도 소귀에 경 읽기(牛耳讀經)라는 사실을 국민들은 너무나 잘 알고 있습니다.

일찍이 조선조 중종(中宗)때에 문과에 합격한 나세찬(羅世纘)은 사치풍조를 검소한 풍조로 바꾸는(變奢爲儉) 도리를 묻는 책문(策問)에 대하여 진술하면서 세상 사람들이 혼수의 많고 적음을 따지고, 수레와 말을 호화롭게 꾸미고 세간과 의복을 사치스럽게 가꾸는 것을 일신의 영화로 생각한다는 것을 지적하고 '사치의 폐해는 천재(天災)보다 심하다'(奢侈之害 甚於天災)는 말을 인용하고 윗사람이 검소한 덕을 먼저 행해야 한다고 하였습니다(松齋遺稿 卷2 策). 나세찬도 당시의 혼상제례(婚喪祭禮)가 허례허식에 젖고 사치와 낭비가 심하다는 것을 절실히 깨닫고 책문에 대답한 것입니다.

오늘날 우리가 맞이한 국가위기의 중요한 원인이 허례허식으로 말미암은 사치와 낭비에 있고 그것을 조장한 장본인들이 곧 사회지도층 인사라는 것을 깨달아야 합니다.

오늘날 사회지도층 인사들 가운데는 자신의 위치와 영향력을 완전히 외면하고 물욕의 충족과 육체적 향락을 누리면서 조금도 부끄러워 할 줄 모르는 파렴치한 사람이 있어서 국민의 증오심을 자극하는 수가 비일비재합니다. 그러나 국민의 증오심만으로는 사이비 지도층의 범죄를 척결하지 못하고 그 결과는 절망과 무기력과 자포자기에 빠지게 하는 수가 많습니다. 여기서 사회는 혼란으로 치닫게 됩니다. 참으로 두려운 일입니다. 지도층의 진정한 각성이 요구됩니다. 국가의 운명이 좌우되기 때문입니다.

11. 환경보전의 생활화

환경이란 우리가 살고 있는 자연환경과 생활환경을 통털어서 말하는 것입니다. 자연계의 식물이나 동물도 그러하지만 사람은 환경의 영향을 많이 받으며 특히 생물학적인 영향에 못지 않게 심리적 정신적 영향을 많이 받게 되므로 환경이 과학적이고 합리적으로 보전되지 않으면 안 되는 것입니다.

환경을 보전하는 문제는 본디 산업의 발달에 따라 일어난 공해(公害)를 방지하는 문제에서 본격적으로 대두되었습니다. 따라서 우리 나라보다 일찍 산업화과정을 거친 서구 사회에서 공해를 방지하는 문제가 먼저 대두된 것입니다.

영국은 산업혁명이 제일 먼저 시작된 나라이고 공해 문제도 일찍이 발생하였는데 그들은 공해를 뉴선스(nuisance)라고 불렀습니다. 이것은 사적(私的)인 것과 공적(公的)인 것으로 구분하여 후자를 퍼블릭 뉴선스(public nuisance)라고 하는데 우리가 말하는 공해는 이것을 가리키는 것입니다. 영국(영미 법계)에서 말하는 공해를 일본에서는 생활방해라고 불러 왔으며 사적인 것은 소수의 특정인에게 미치는 생활방해인데 비하여 공적인 것은 다수의 불특정인에게 미치는 생활방해입니다. 전자는 대체로 사법(私法)의 테두리에서 다루어지지만 후자는 공법(公法)의 테두리에서 다루어집니다. 우리 나라의「환경보전법」에서 규제하는 공해는 불특정 다수인에게 미치는 피해이며 영미법(英美法)에서 말하는 퍼블릭 뉴센스입니다.

우리 나라에는 일찍이「공해방지법」이 제정되어 주로 각종 사업장에서 배출되는 오염물질을 규제하고 있었으나, 이러한 방법으로는 환경오염으로 말미암은 위해(危害)를 방지하여 자연환경 및 생활환경을 적정하게 관리하고 보전할 수 없는 까닭에「공해방지법」을 폐기하고 다시「환경보전법」을 제정하여(1997. 12) 시행하고 있습니다.

「환경보전법」은 오염 물질의 배출을 엄격히 규제하고 있는데 이를테면 배출시설을 설치할 때는 반드시 허가를 얻어야 하며, 관리인을 두어야 하며, 오염물질의 정도가 허용기준을 초과할 때는 각종 명령을 내릴 수 있습니다. 대기(大氣)의 보전을 위해서는 날아다니는 먼지(飛散粉塵), 매연(煤煙), 가스 등을 규제하며, 조용한 환경을 위하여 소음이나 진동을 규제하며, 수질(水質) 및 토양(土壤)의 보전을 위해서 공공수역이나 산림(山林)에 대한 훼손과 잔류농약(殘留農藥)의 허용치를 규제하고 있습니다.

그러나 이러한「환경보전법」의 시행만으로는 자연환경이나 생활환경을 쾌적하게 보전할 수 없기 때문에 우리 나라「헌법」에서는 모든 국민에게 부과되는 환경보전의 의무를 규정하고 있습니다. 따라서 이 환경보전의 의무는 국가와 지방의 공공단체와 기업과 개인에게 모두 있는 것이며 국민은 공적으로나 사적으로나 환경을 보전하기 위하여 노력하여야 합니다.

지금 우리 나라에는 환경보전협회를 비롯한 여러 가지 환경보전

II.국민의 역할과 생활자세
•
128

을 위한 민간단체가 결성되어 활동하고 있으며 정부와 그 산하에 속하는 행정기관에서도 효과적인 방안을 시행하고 있습니다. 그러나 우리는 대중 매체를 통하여 수많은 오염 사례를 확인하게 되고 그럴 때마다 경악과 탄식과 분노를 억제할 수가 없었습니다.

쓰레기의 불법한 방출, 오염물질의 비밀 배출과 불법 매립은 꼬리를 물고 일어납니다. 이러한 결과는 쾌적한 생활환경은커녕 물조차 마음놓고 마실 수가 없고 사용할 수가 없게 되었습니다. 값비싼 식수를 특별히 주문하여 마셔도 불안하기는 마찬가지라고 합니다. 전국의 식수원(저수지)이 모두 심하게 오염되고 심지어는 지하수마저 오염되어 농촌에서도 안심하고 물을 마실 수 없게 되었습니다.

우리는 물고기가 떼죽음을 당하여 물 위에 떠도는 모습을 자주 보면서 환경의 오염이 얼마나 심각한지 느끼지만 그것도 잠시 뿐이고 언제 그런 비참한 모습을 보았느냐는 듯이 오염 행위를 저지르는 사례가 많습니다. 가정에서 쓰는 생활하수로부터 사무실이나 식당이나 사업체나 할 것 없이 고의로 또는 실수나 무관심으로 오염물질(공해물질)을 배출합니다.

최근에 들어와서 우리 나라에서는 자동차의 배기가스나 사업체의 매연 등을 효과적으로 예방하고 규제하여 대도시의 스모그 현상은 많이 줄어들었으나, 수질과 토양의 오염은 아직도 매우 심각한 형편에 있는 것으로 압니다. 우리는 항상 오염된 식수와 음식을 먹지 않을 수 없는 절박한 처지에 있습니다.

환경오염으로 말미암은 위해는 그 피해가 단시일 안에 나타나지 않으며 그 원인이 뚜렷하지 않은 것이 중요한 특징입니다. 이를테면 오늘 아침에 오염된 공기를 호흡하였다고 하여 점심 때나 저녁 때 발병하는 것이 아니고, 하루가 지나고, 한 달이 지나고, 한 해가 지나는 동안에 서서히 병이 생기고, 또한 병이 생긴다고 하여 즉시 발견할 수 있는 것이 아니라 몇 달 또는 몇 년 후에나 발견되기 때

11. 환경보전의 생활화

문에 오늘 아침에 호흡한 공기와는 아무런 인과관계를 인정하기가 어렵다는 것입니다. 이리하여 사람들은 그대로 참고 오염된 공기를 호흡하기를 반복하게 됩니다.

대부분의 수질 오염도 마찬가지입니다. 오염물질의 함유량이 지극히 소량이기 때문에 일시적으로 위해가 나타나지는 않지만 오염된 물을 반복하여 마시는 동안 지극히 소량의 물질이 축적되어 위해를 가져오는 것입니다. 식품의 경우도 마찬가지입니다. 각종 공해식품이 당장 위해를 나타내지 않기 때문에 우리는 그것을 경계하지 않고 반복하여 섭취하다가 피해를 입는 것입니다.

우리 나라의 불량식품은 매우 심각한 형편입니다. 콩나물의 농약재배는 근절되지 않고 있으며 들깻잎에도 농약의 잔류량이 허용치의 수백배나 된다고 보도된 일이 있습니다. 소비자들은 생산자나 유통업자가 유해물질을 사용하였는지 아니하였는지 육안으로 간단히 식별할 수가 없기 때문에 하는 수없이 그대로 사다가 소비할 수밖에 없지만 관계기관이나 시민단체에서 조사하기만 하면 거의 예외가 없을 정도로 오염된 불량식품이 많다는 사실을 알게 되는 것입니다. 외국에서 수입하는 농산물이나 약품에서도 유해물질이 발견되기는 비슷한 형편이지만 관계 당국의 조치가 충분하지 않은 것으로 보입니다. 국내의 유통업자에 못지 않게 수입업자들의 경각심이 요구되고 관계당국의 철저한 대처(對處)가 요망됩니다.

최근에 와서는 내분비선교란물질(환경호르몬)이라는 말로 논의되는 공해물질이 화제가 되고 있습니다. 남성의 생식세포가 엄청나게 감소하고, 자연계의 동물의 생식력도 현저히 감소되었다는 것입니다. 우리가 일상생활에서 접촉하는 모든 물질에서 유해한 성분이 발생하여 인체에 섭취되므로써 내분비선을 교란하는 결과를 빚게 되고 여러 가지 생리적 기능을 저해하고 파괴한다는 것입니다. 어린이들이 군것질하는 사탕도 그 자체는 무공해할는지 모르나 그 포장지에서 유해물질이 발생하고, 통조림의 경우에도 내용물 자체는 무공해할는지 모르나 그 용기에서 유해물질이 발생한다고 하지 않습니까? 심지어는 책을 읽고 글을 쓰고 서류를 만지는 경우에도 손에 닿고 옷에 닿는 모든 물질에서 내분비선 교란물질이 발생하여 체내로 흡입될 개연성이 있다고도 합니다. 아무리 손을 자주 씻고 목욕을 자주 하더라도 완전히 예방하기는 어렵다는 것입니다.

위에서 살펴 본 바와 같이 환경보전은 개인의 행복 뿐만 아니라 민족과 국가의 흥망성쇠와도 관계되는 중요한 문제입니다. 그리고 어느 한 사람이나 소수의 집단에 의하여 소기의 목적을 달성하기도 어렵습니다. 그러나 그 한 사람 한 사람이라는 개인과 소수집단이 환경보전의 주체가 되어 실천하지 않으면 절대로 되지 않는다는 사실에 주목해야 합니다. 다시 말하면 하나의 개인이나 가정이나 직장에서 실천하지 않으면 아니 된다는 것입니다.

환경이 오염되면 국가와 사회와 가정과 개인이 모두 피해를 입게 됩니다. 오염된 나라에서 오염된 물질로 생산된 오염된 상품을 수입할 나라나 상인이 없고 그것을 먹고 쓰려는 개인도 없을 터이니 국가의 경제발전도 기대할 수 없고 국민경제도 빈곤해질 수밖에 없습니다. 오늘날의 공해는 한 나라의 문제가 아니라 국제문제요, 온 세계의 문제입니다. 오존층의 파괴현상이나 엘리뇨현상은 인류의 운명을 위협하기에 이르렀습니다.

환경의 보전은 국민의 의무입니다. 국민은 쾌적한 환경에서 살 수 있는 환경권을 향유하는 동시에 쾌적한 환경을 보전해야 하는 의무도 함께 지고 있습니다. 나 혼자 담배를 피우는 행위가 나 하나만의 문제로 그치지 않고 주변의 간접흡연자에게 피해를 주며, 내가 버린 하나의 담배꽁초가 거리를 더럽히고 하수도를 통하여 수질을 오염케 한다는 것을 깨달아야 합니다. 담배 한 개비도 이러하거늘 여타의 공해발생물질이야 말해 무엇하겠습니까.

11.환경보전의 생활화
•

현명한 국민은 정부에서 계몽하고 지시하고 법으로 다스리기를 기다리지 않고 스스로 판단하여 실천합니다. 국민이 현명하냐 우매하냐 하는 척도는 바로 여기에 있습니다. 무엇 때문에 현명한 두뇌를 가지고 우매한 행동을 저질러야 합니까? 나 하나가 한다고 될 일이 아니라고 안 하겠다는 것은 현명한 판단이 아니라 우매한 판단입니다. 나 하나가 모여서 우리가 되고 사회가 되고 나라가 되기 때문입니다.

'나' 하나가 참으로 위대한 힘을 발휘하는 주체인 것입니다. 우리의 환경은 내가 보전하고 우리가 보전하는 것입니다. 환경보전은 백년대계가 아니라 천년대계요, 만년대계입니다.

Ⅲ. 한민족의 저력

1. 한민족의 성품

　우리들 한민족(韓民族)은 중앙 아시아 방면으로부터 동쪽으로 이동하여 중국대륙의 요동지방과 만주벌판을 거쳐 한반도에 이르는 넓은 지역에 살면서 예로부터 높은 정신문화를 창조해 왔습니다.

　우리의 역사를 돌이켜 보면 인접한 다른 민족과의 갈등을 겪으면서도 우리의 고유문화를 바탕으로 우수한 외래문화를 수용하면서 독자적인 한국문화를 계승하고 발전시켜 왔습니다. 그러나 인류의 모든 역사가 그러하듯이 한민족에 있어서도 문화적 정체기가 전혀 없지는 않았으나 일시적인 정체는 새로운 융성의 토대가 되어 지속적인 발전을 이룩하여 온 것입니다.

　우리의 정신사적 기초가 되는 빼어난 민족정신은 4천3백여년이나 되는 오랜 세월에 걸쳐 매우 다양한 형태로 이루어졌으므로 그 본래적인 참모습을 파악하고 드러내기가 쉬운 일이 아닙니다. 그러나 기나긴 풍상(風霜)과 잦은 전화(戰禍) 속에서도 오히려 찬란히 빛나는 수많은 유형·무형의 문화유산과 학자들의 연구에 따라 밝혀진 자료를 통하여 그 대강을 파악할 수 있습니다.

하나의 민족이 창조하는 정신은 그 민족이 지니는 성품으로부터 연원한다고 말할 수 있습니다. 따라서 민족의 성품은 민족정신의 원천입니다. 원천이라는 말은 땅 속에 감추어진 수맥이 땅 위로 솟아올라 일어나는 샘이며 민족의 성품은 민족정신을 형성하는 샘과 같은 원동력이 되는 것입니다.

한민족의 성품은 우리와 이웃하고 있는 중국의 문헌《산해경》(山海經),《한서지리지》(漢書地理志) 등에 여러 가지로 기록되어 있는데 그 대표적인 실례를 들면 다음과 같습니다.

……군자국이 그 북쪽에 있다. 사람들은 의관을 갖추고 칼을 찼으며……서로 양보하기를 좋아하고 다투지 아니한다(君子國 在其北 衣冠帶……其人好讓不爭). 청구지국에는 꼬리가 아홉개 달린 여우가 있고, 유박(柔樸)한 백성이 사는데 이 곳이 바로 영토지국(嬴土之國)이다(有靑丘之國 有狐九尾 有柔樸民 是維嬴土之國). 그 백성이 마침내 서로 훔치지 아니 하고 문호를 닫지 아니 하며, 부인들은 곧고 믿음이 있어 음란하지 아니 하였다(其民終不相盜 無門戶之閉 婦人貞信不淫辟). 나라 사람들이 기력이 있어서 전투를 익히고 옥저와 동예를 모두 거느리고 있다(國人有氣力 習戰鬪 沃沮東濊 皆屬焉).

우선 여기서 소개한 네 가지 기록을 종합해 보면 한민족(고구려인)이 사는 나라는 군자국이며 그들은 의관을 갖추고 칼을 차므로써 체면을 지킬 수 있는 외모의 위엄을 지니고 있었으며, 또한 서로 남의 물건을 훔치지 아니 하였으며, 특히 부인들은 높은 부덕(婦德)을 쌓아서 정조(貞操)가 굳고 믿음이 있었음을 알 수 있습니다. 군자국이라는 말은 군자들이 사는 나라라는 말이고, 군자는 덕을 갖춘 사람이고 요즈음 말로는 신사요, 인격자요, '된 사람'입니다. 의관을 갖춘다는 것은 당시의 문화적 수준에 비추어 볼 때 다른 부족에서는 찾아보기 어려운 문화적 특징이며, 서로 훔치지 아니 하였다는 것은 범죄행위가 없는 평화로운 사회질서가 유지되었음을 말하는 것입니다. 더구나 부인들이 곧고 믿음이 있었다는 것은 여자로서 갖추어야 할 최고의 덕을 갖추었다는 것입니다. 또한

동이(東夷)는 천성이 부드럽고 온순하여 삼방지외(三方之外)와는 다르다. 그리하여 공자는 진리가 행해지지 아니함을 마음 아파하여 바다에 뗏목을 띄우고 구이(九夷) 땅에 가서 살고자 한 일이 있었다(東夷天性柔順 異於三方之外 故孔子 悼道不行 設桴於海 欲居九夷 有以也夫).

라는 기록이 있습니다. 진리가 행해지지 않으므로 바다에 뗏목을 띄우고 구이 땅에 가서 살고자 하였다는 구절은 《논어》에 '공자가 구이에 살고자 하니 제자가 말하기를 그 곳은 누추한 곳이라고 하였다…… 공자가 말하기를 군자가 사는데 어찌 누추함이 있겠느냐' 라고 한 글과 밀접히 관련되는 글입니다. 이런 글을 미루어 생각해 보면 당시 공자와 함께 살던 한족(漢族)들이 도덕적으로 타락한 데 반하여 한민족(동이, 구이)은 군자라고 부를 수 있을 만큼 도덕적인 사회를 이룩하고 있었음을 알 수 있습니다. 동이는 동쪽 지방에 사는 부족들을 가리키는 말이기는 하지만 당시 한족의 입장에서 볼 때 동쪽에 사는 많은 부족 가운데서도 특히 한민족을 가리키는 것으로 해석됩니다.
동이(東夷)니 구이(九夷)니 하는 말에서 '夷'라는 글자는 우리 나라나 중국에서 흔히 이민족(異民族)을 낮추어 부르는 '오랑캐'라는 뜻으로 사용하는 수가 많으며 오랑캐는 문화적으로 저급하고 미개

한 종족을 가리키는 것으로 알려지고 있으나 본래는 그런 것이 아닙니다.

《설문》(說文)에 따르면 '夷'는 동방지인(東方之人)을 가리키는 글자이며 '大'와 '弓'을 합하여 만든 글자이고 '동방에 있는 군자국의 사람'을 가리키는 말이라고 합니다. 또한 '夷'라는 글자는 고문(古文)에서 '仁'과 똑같은 글자로 통용되었다고 합니다. 한족은 주변의 많은 이민족들에게 '虫, 犬, 豸, 羊, 人' 따위의 글자를 붙여서 부족의 이름을 지었는데 한민족에게는 '大'라는 글자를 붙여서 지은 것입니다. 그러므로 '동이'라는 말이 한민족을 야만인으로 보고 부르는 것이 아니라는 것을 짐작할 수 있습니다.

중국의 대학자 노간(勞榦)은 '夷와 仁과 人은 하나의 근원에서 나온 글자이며, 人이라는 글자는 동방부족으로부터 나왔을 것'이라고 지적하고, '夷人'(동이족)들이 문화적으로 우월하여 '人'이라는 글자를 먼저 사용하므로 써 전체 인류의 명칭이 되었고, 뒤에 서방에서 일어난 부족들이 그 글자를 빌어 썼을 것이라고 하였습니다. 따라서 동이(東夷)라는 말은 '동쪽에 있는 군자국에 사는 사람들'을 가리키는 말로서 문화적 윤리적 선진민족임을 높이 평가하여 붙여진 칭호임을 알 수 있습니다.

중국에서 한민족을 일컬어 동이(東夷)라고 한 것은 결코 우연한 일이 아닌 것 같습니다. 실제로 동이족은 활과 관계가 깊기 때문입니다. 고구려의 시조 주몽(朱蒙)이라는 이름은 활 잘 쏘는 사람을 뜻한다고 합니다. 《삼국사기》에서는 주몽에 대하여

스스로 활과 화살을 만들어 쏘니 백발백중이었다. 부여의 속어에 활 잘 쏘는 사람을 주몽이라고 한 까닭에 이름 붙인 것이다(自作弓矢 射之百發百中 夫餘俗語 善射爲朱蒙 故以名云).

라고 기록하였습니다. 당시의 부족국가사회는 본격적인 농경사회로 들어가기 이전일 뿐만 아니라 사람의 의생활과 식생활이 대체로 수렵에 의존되었고, 많은 부족국가가 난립하여 서로 위협하고 침략하는 불안정한 사회였기 때문에 자연히 무술을 중시하게 되고 성능이 좋은 무기도 필요하였을 것입니다. 그러므로 활을 만들 줄 알고 활을 잘 쏘는 재주는 많은 사람의 존경을 받고, 그것이 출중한 사람은 능히 지도자로 추대될 수도 있었을 것이니 주몽이라는 인물은 바로 그런 위치에 있었던 것으로 이해됩니다.

활에 관한 기록은 신라(新羅)의 노사(弩師) 구진천(仇珍川)에 관한 기록에서도 찾아볼 수 있습니다. 즉《삼국사기》신라본기 문무왕 9년조에 따르면, 겨울에 당나라의 사신이 당도하여 황제의 조서(詔書)를 전하고 구진천과 더불어 당나라에 돌아가 나무쇠뇌(木弩)를 만들도록 명하여 화살을 쏘게 하니 겨우 30보밖에 날아가지 아니하였습니다.

이 때 황제는 '신라에서는 1000보나 날아간다고 하는데 겨우 30보밖에 날아가지 않는 까닭은 무엇인가'고 물었습니다. 구진천이 대답하기를 재료가 좋지 않은 까닭이라고 하여 신라에서 재료를 가져다가 만들었으나 겨우 60보밖에 날아가지 않았습니다. 다시 황제가 이유를 추궁하였으나 바다를 건너오는 동안 습기가 차서 그런 것 같다고 대답하고 어떠한 위험에도 굴복하지 않고 쇠뇌 만드는 재능을 드러내지 아니 하였다고 합니다.

여기서 소개한 구진천의 이야기는 우리 조상들이 예로부터 활을 잘 개발하여 외적의 침략에 활용하였다는 사실을 말해 주고 있습니다. 주몽의 활과 구진천의 쇠뇌는 그 구조나 성능이 밝혀지는 하나의 근거가 되는 것입니다.

그리고 한민족(동이족)의 성품은 유순하다고 하였는데 이것은 한민족의 성품 중에서는 매우 중요한 특징입니다. 유순이라는 말은 도가사상(道家思想)에서 발견될 수 있는 유약(柔弱)이나 유박(柔樸)과 상통하는 말입니다.

《도덕경》(道德經)에는 다음과 같은 말이 있습니다.

사람은 살았을 때는 부드럽고 약하지만 죽어서는 단단하고 강하게 된다. 만물초목도 살았을 때는 부드럽지만 죽으면 말라서 굳게 된다. 천하에 물보다 부드럽고 약한 것은 없거니와 굳고 강한 것을 치는데 물이 억센 것을 이긴다는 것을 모를 사람이 없건만 실천할 줄을 모른다.

천하에서 가장 부드러운 것이 천하에서 가장 굳고 단단한 것을 부린다. 부드러움을 잘 보존하는 것을 강하다고 한다. (원문 생략)

사람이나 동물이나 초목이나 살아있을 때는 부드럽고 연하고 약하게 보이지만 죽으면 단단하고 꿋꿋해지기 때문에 유약한 것은 삶을 뜻하고 견강한 것은 죽음을 뜻한다는 것입니다. 죽은 것은 아무리 건강하여도 유약한 산 것을 이겨 낼 수 없습니다.

유도(柔道)라는 무술이 역동적이고 부드러운 동작으로 상대방을 제압하는 것도 부드러움의 힘이 얼마나 대단한지를 짐작케 합니다. 유순과 비슷한 말로 쓰이는 유박(柔樸)이라는 말은 부드럽고 질박하다는 말입니다. '樸'이라는 글자는 통나무를 가리키는 것인데 통나무는 사람이 재목으로 다듬지 않은 나무이기 때문에 전혀 꾸밈이 없는 자연상태의 나무이며 제 모습을 그대로 간직한 나무입니다. 사람이 통나무와 같다고 비유한 것은 전혀 겉치레나 꾸밈인 거짓이 없는 천성(天性)을 그대로 지닌 사람이라는 뜻입니다.

사람은 문명해질수록 꾸밈과 거짓과 오만과 악행이 많아져서 세상을 어지럽게 하므로 질박한 성품이 매우 소중한 것입니다. 한민족의 성품을 '유순하다' '유박하다'고 기록한 것은 가장 사람다운 성품을 지닌 것으로 평가하는 것입니다.

한민족의 성품은 외면적으로는 단정하고 위엄이 있으며 외적을

1. 한민족의 성품
•
139

능히 방어하는 무술을 익히는가 하면 내면적으로는 온순하고 유박하고 양보하고 인의를 존중하는 성품을 지녔다고 요약됩니다. 이러한 한민족의 성품이 5000년이라는 유구한 역사를 통하여 민족정신의 원동력으로 기능하였던 것입니다.

2. 경천사상

　고려시대에 일연(一然)이 쓴 것으로 전하는 《삼국유사》(三國遺事)에는 다음과 같이 단군사화(檀君史話)가 기록되어 있습니다.

　《고기》(古記)에 이르기를 옛적에 환인(桓因)에게 서자 환웅(桓雄)이 있었는데 자주 천하에 뜻을 두어 인간세상을 탐하였다. 아버지가 이들의 뜻을 알고 삼위(三危)를 내려다보니 태백(太伯)이 가히 널리 인간을 유익하게 할 만하므로 천부인(天符印) 3개를 주어 인간세상에 가서 다스리게 하였다. 환웅은 무리 3000을 거느리고 태백산 꼭대기 신단수 밑에 내려가서 신시(神市)라고 칭하였으며 이가 곧 환웅 천왕이라는 것이다. …… 단군은 장당경으로 옮기었다가 뒤에 돌아 와서 아사달(阿斯達)에 숨어서 산신(山神)이 되니 나이는 1908세이었다. (원문 생략)

　여기서 말하는 환인은 제석(帝釋)이고 제석은 곧 신이요 하느님입니다. 하느님에게는 종통(宗統)을 잇는 적자(嫡子) 외에 환웅이라는 서자(庶子)가 있어서 그에게 천부인을 주어 인간세상을 다스리게 하였으니 이것은 하느님의 뜻을 따라 백성을 다스리고 교화하게 하였다는 것입니다. 환웅은 웅녀(熊女)와 혼인하여 단군을 낳고 단군은 환웅에 이어 세상을 다스리다가 아사달에 은둔하여 산신이 되었다고 합니다.

널리 알려지고 있는 바와 같이 단군사화는 한민족의 건국사화이며 한민족이 최초로 세운 나라는 환웅천왕의 신시를 계승한 단군왕검의 단군조선입니다. 이러한 단군사화를 통하여 한민족이 건설한 나라의 근원과 법통이 하늘·하느님·하느님의 아들로부터 연원되었습니다. 따라서 한민족은 하늘에 대하여 단순한 우주의 공간적 개념을 초월한 형이상학의 대상으로 인식하였으며 동시에 하늘을 숭배하고 공경하였음을 알 수 있습니다.

하늘은 인간의 위치에서 볼 때 지극히 높은 곳이고 하느님(초월자)이 계시는 곳입니다. 이 지극히 높은 하늘과 가장 가까운 곳이 땅 위에서는 산꼭대기입니다. 환인의 아들 환웅이 내려온 곳은 하늘과 가장 가까운 산꼭대기 태백이었으며 그 곳에 신시를 베풀었기 때문에 높은 산은 매우 신성한 곳으로 여겨질 수밖에 없었을 것입니다. 한국의 천신(天神)은 산과 뗄 수 없는 관계에 있고 그 기능이 산신으로 나타나 구체화하고 있으며 이러한 현상은 민속신앙에까지 넓게 영향을 미쳐 왔습니다. 단군사화에 나타나는 곰이나 범은 산신의 사자로 등장하였습니다.

산을 신성하게 생각하고 외경(畏敬)의 대상으로 보는 것은 모든 인류의 보편적인 현상입니다. 산의 정상은 하늘에 가깝고 구름에 둘러싸여 신비한 하늘에 맞닿은 것처럼 보이기 때문에 산을 천신이나 비·구름·바람의 신과 연관지은 듯합니다. 고대인들은 구름이 만들어지는 곳도 산이요, 구름이 다시 돌아가는 곳도 산이라고 믿었습니다. 우리 나라의 지리산(智異山)은 산신이라고 할 수 있는 태을(太乙)이 산허리에 구름을 거느리고 있는 신성한 모습으로 나타나고 있습니다. 환웅이 태백산정에서 풍백, 우사, 운사를 거느리고 있는 형태와 비슷합니다.

우리 나라의 역사를 돌이켜 보면 거의 모든 군주가 하늘에 제사를 드렸고, 특히 고대(古代)는 제정일치(祭政一致)시대라고 불렸습니다. 제천(祭天)행사는 하늘을 두려워하고 공경하는 정신을 바탕으로 하는 것입니다. 제천행사는 단군조선에서 그치지 않고 후대까지 계속되었습니다. 일찍이 부여(夫餘)에서는 영고(迎鼓), 고구려에서는 동맹(東盟), 동예(東濊)에서는 무천(舞天)이라고 부르는 행사가 있었으며, 마한(馬韓)에서는 각 읍촌마다 천군(天君)이라고 부르는 제관이 있었으며 제사드리는 장소에는 소도(蘇塗)를 세워 성역화하였다고 합니다.

우리 조상들은 예로부터 일식, 월식, 가뭄, 홍수, 폭풍과 같은 자연의 특이한 현상들을 하느님의 노여움으로 해석하였습니다. 이러한 하느님의 노여움은 제왕(군주)이나 벼슬아치들이나 백성들에게 잘못이 있거나 또는 그들이 덕이 없는 까닭이라고 생각하여 하느님께 그 죄를 빌고 용서를 받으려 하였습니다. 이를테면 가뭄이 심하면 왕은 몸소 기우제를 지내고, 수라를 줄이며, 억눌리고 억울한 사람들을 풀어주며, 왕의 덕이 부족하였음을 반성하였습니다.

만물을 낳기도 하고 죽이기도 하며, 크게도 하고 작게도 하며, 은혜를 베풀기도 하고, 항상 내려다보고, 사람이 잘못할 때에는 꾸짖기도 하고, 벌하기도 하는 것이 하늘(하느님)의 도리이고, 하늘의 도리는 항상 공평무사하기 때문에 사사로운 정에 기울어짐이 없고 언제나 선량한 사람 편에 서기 때문에 천도무친상여선인(天道無親常與善人)이니 천도복선화음(天道福善禍淫)이라는 말을 믿어 왔습니다.

그러므로 사람이 근면성실하고 진실무망하여 착한 일을 행하면 반드시 하늘이 도와주고, 그렇지 못하면 반드시 하늘이 벌을 주기 때문에 하늘은 한없이 고마우면서도 한없이 두려운 인격적 존재인 동시에 신앙의 대상이었습니다.

이러한 사상은 곧 경천사상(敬天思想)으로 수천년을 면면히 전하여 왔으며 과학만능의 현대에 와서도 많은 사람이 경천사상을 신봉하고 있는 것입니다.

3. 조상숭배사상

    사람은 누구나 부모로부터 태어났고, 부모는 조부모로부터, 조부모는 증조부모로부터, 증조부모는 고조부모로부터, 고조부모는 5대조부모로부터 태어났으니 이처럼 거슬러 올라가면 우리의 조상은 인류의 조상으로도 거슬러 올라가게 됩니다. 그러나 우리의 조상을 분명히 따지는 일은 결코 용이한 일이 아니기 때문에 일정한 한계 내에서 확인된 가장 높은 조상을 시조로 삼을 수밖에 없을 것입니다.

    우리는 시조로부터 내려오는 수많은 조상에 대하여 관심을 가지게 되고 조상으로부터 파생된 많은 혈족(血族)을 기록하여 족보(族譜)를 만들고 자손들에게 길이 전하고 있습니다.

    현대의 문명한 많은 민족들은 수십대 또는 수백대에 걸친 조상들을 연구하고 기록한 족보를 가지고 끈끈한 씨족적 연대의식을 유지하고 있습니다. 따라서 다 같은 씨족 사이에는 다른 씨족과의 관계에서 볼 수 없는 인정(人情)을 느끼고 협동과 단결이 비교적 용이

하게 이루어집니다.

조상들은 후손들에게 유형, 무형의 유산을 남겨 주었습니다. 우선 물질적인 재산과 유물을 남겨 주기도 하고 정신적인 문화재와 본보기와 교훈을 남겨 주기도 하여 많은 혜택을 베풀어주고 있습니다. 사람은 누구나 후손들에게 유익한 유산을 남겨 주려고 애쓰게 되고 후손들은 누구나 조상의 훌륭한 뜻을 받들어 부끄럽지 않은 후손이 되기를 원하며, 훌륭한 유산을 남겨준 데 대하여 감사하게 생각하고 조상들을 존경하게 되고 숭배하게 됩니다.

오늘날 우리가 아무리 출세하고 영화를 누리며 만인의 존경을 받는다고 하더라도 조상이 없으면 결코 오늘의 우리가 있을 수 없다는 사실을 부정할 수 없습니다. 따라서 후손으로서 조상을 존경하고 숭배하는 일은 지극히 당연한 도리라고 할 수 있습니다.

우리가 조상을 존경하고 숭배하는 일은 흔히 봉선사업(奉先事業)이라고 부릅니다. 봉선사업은 대체로 퇴락한 무덤을 다시 보기 좋게 복원하고 비석을 세우며 성역화하고, 조상의 영정(影幀)을 제작하고 재실(齋室)을 지으며, 제사를 올리고 문집(文集)을 간행하며, 더러는 뛰어난 조상에 대하여 연구하고 발표하는 학술회의를 열기도 합니다. 조상이 남에게 자랑할 만큼 훌륭하다는 것은 후손의 긍지요 자랑이요 희망이요 영광입니다. 따라서 훌륭한 조상이 많다는 것은 커다란 행운이기도 합니다.

흔히 세상에서는 조상을 존경하고 숭배하는 위선사업은 후손의 번영과 관계가 있는 것으로 해석합니다. 그 중에는 조상의 묘가 명당(明堂)에 있으면 후손이 잘 살게 된다는 것입니다. 그리하여 많은 사람들이 지관(地官)을 동원하여 명당을 찾는 것입니다. 그리고 명당에 조상을 모신 후에는 깨끗하고 아름답게 관리하며 매년 제사를 드리기도 합니다.

명당에 관한 이야기는 이른 바 풍수지리설(風水地理說)과 관계가 깊습니다. 그런데 맹목적인 풍수지리설은 사람들에게 도움을 주지 못할 뿐만 아니라 오히려 해독을 끼칠 수도 있습니다. 덮어놓고 명당만을 찾게 되고 그로 말미암아 재물을 낭비하고 심지어는 범법행위도 저지르는 수가 있습니다.

옛날에는 남의 묘지에 이른 바 투장(偸葬)까지 하는 수가 있었다니 말입니다. 그리고 자손(후손)이 근면하고 성실히 일하여 자수성가하려는 의지와 노력은 없이 조상의 음덕만 바라고 잘 되기를 바라며 무위도식하는 수가 있다는 것입니다.

오늘날에도 그러하지만 옛날에는 돌아가신 조상도 마치 살아 계실 때의 양택(陽宅)처럼 양지바르고 온화하고 깨끗한 곳에 음택(陰宅)을 마련해 드려야 한다고 생각하였습니다. 그러므로 자연히 좋은 곳을 찾아서 장례를 치르게 되었고 이런 생각은 곧 조상(부모)을 생전과 같이 공경하는 행동으로 나타나게 한 것입니다.

따라서 풍수지리설에 따른 명당론의 폐단은 그 자체가 잘못된 것이 아니라 그 근본적인 취지를 이해하지 못하는 후손들에게 잘못이 있을 수 있습니다. 돌아가신 조상, 한 줌의 흙으로 모습을 바꾼 조상이라고 할지라도 음산하고 바람불고, 누추한 곳에 모실 수는 없다는 것이 후손들의 진정한 마음일 것입니다. 조상의 장례를 정중히 치르고 무덤을 아름답게 가꾸는 풍속은 많은 선진국의 공통점입니다. 다만 장례방법이나 의식(儀式)의 차이가 있을 뿐입니다.

우리 나라에는 예로부터 '잔치 집에는 가지 않더라도 장례 집에는 가라'는 격언이 있습니다. 장례는 돌아가신 조상과 살아있는 후손과의 마지막 이별의 절차이기도 합니다. 돌아가신 조상이야 천당으로 가셨는지 극락으로 가셨는지 말이 없지만 살아 있는 후손은 많은 충격을 받고 애통하지 않을 수가 없습니다.

장례 후에는 제사를 올리고 묘지를 살펴 드리면서 조상을 추모하는 것이 후손의 자연스런 도리입니다. 후손들은 조상에 대한 제사

3.조상숭배사상
•
147

와 성묘를 통하여 조상의 뜻을 받들고자 마음을 가다듬게 됩니다. 이것이 바로 다름 아닌 효도라고 말할 수 있습니다.

한자(漢字)로 '孝'라는 글자는 늙은 조상(부모)을 자녀가 계승한다는 뜻과 조상을 잘 섬긴다는 뜻을 지니고 있습니다. 부모가 돌아가셨을 때 상주(喪主)가 되는 자녀는 모두 효자(孝子)라고 부르는 까닭은 자녀가 부모를 계승하기 때문입니다. 자녀가 부모를 계승하고 섬기기 위해서는 반드시 부모를 존경해야 하며 존경하기 때문에 부모로부터 많은 것을 배우게 됩니다. 부모의 뜻은 생전이나 사후나 변함이 없습니다. 사후에는 생전처럼 말할 수도 없고, 글을 쓸 수도 없을 뿐입니다. 그러기에 부모들은 생전에 많은 것을 가르치고, 유언과 유서를 통하여 사후에도 자녀를 가르치는 것입니다.

우리 나라에서는 어느 문중(門中)이나 족보를 정리하여 편찬하고 보급하는 한편 후손들에게 본보기가 될 만한 훌륭한 조상을 특별히 가려서 책으로 출판하고 후손들로 하여금 조상을 본받도록 애쓰고 있습니다. 부모에게 효도하고 조상을 존경하고 추모하는 후손은 조상으로부터 내려온 훌륭한 교훈을 받들어 가정과 사회와 국가에 봉사하는 참된 인격과 능력을 갖추고, 그것을 실천하게 됩니다.

조상의 뜻을 잊지 않고 받드는 사람은 결코 조상의 뜻을 거역할 수가 없게 되고, 가정과 사회와 국가에 해로운 짓을 저지를 수가 없게 되는 것입니다.

우리 민족이 조상을 숭배하는 것은 조상을 위하여 자신을 희생하는 것이 결코 아니고 조상에게 많은 가르침을 받는 것입니다. 그리고 조상을 숭배하는 행위는 결코 조상에 의하여 강요되는 것이 아니라 후손(자녀)이 스스로 행하는 것입니다. 조상의 은혜를 감사할 줄 알고, 조상을 존경하고 숭배하는 마음을 밖으로 표출하지 않고는 견딜 수 없는 간절함이 있는 것입니다. 조상숭배는 우리 한민족의 소중한 미풍양속이요, 정신적 저력입니다.

4. 종교사상

    고대인들은 자연에 대하여 놀라움과 두려움을 느끼는 동시에 자연을 숭배하였으며, 또 사람에게는 영혼이 있어서 죽은 후에는 신체는 부패하여도 영혼은 존재한다고 생각하였습니다. 또는 제왕(帝王)과 같은 권력의 소유자들은 보통 사람과는 달리 자연과 교통하는 마력(魔力)을 가졌다고 인정되어 외경의 대상이 되기도 하였습니다. 고대인들의 종교심(신앙심)은 여기서 발생한 것으로 추측되며 우리 나라의 옛 선조들도 또한 마찬가지이었습니다. 그들은 하늘을 공경하며 태양과 별과 영혼을 숭배하며 땅의 신령과 국조신(國祖神)을 숭배하는 등 다신적(多神的)인 신앙의 형태로 제사와 기도를 행하였다고 합니다.

    우리 나라의 고대 종교사상을 알려 주는 기록에는 중국의 《후한서》(後漢書)가 있는데 '고구려는 귀신·사직(社稷)·영성(靈星)을 제사하기를 좋아하였다. 10월에는 하늘을 제사하기 위하여 크게 모였는데 이름하여 동맹(東盟)이라 하였다'고 하였습니다. 그리고 《북사》(北史)에서는 '고구려는 언제나 10월에 제사하였으며 음사(淫祠)가 많았다. 신묘(神廟)가 둘이 있어서 하나는 부여신(扶餘神)이라고 하는데 나무를 깎아 부인상을 만들었다. 다른 하나는 고등신(高登神)이라고 하는데 이는 시조(始祖)로서 부여신의 아들이다. 다같이 관사(官司)를 두어 사람을 보내어 지키게 하였는데 대개 하백녀(河伯女)와 주몽(朱蒙)이라 하였다'고 하였습니다.

그리고 우리 나라의 《삼국사기》에는 '신라는 입추가 지난 뒤 진일(辰日)에 본피부(本彼部)의 유촌(遊村)에서 영성(靈星)을 제사하였다. 삼산(三山) 오악(五岳)이하 명산대천은 대사(大祀), 중사(中祀), 소사(小祀)로 나누어 제사한다. …… 〈책부원귀〉(冊府元龜)에 이르기를 백제는 매사중지월(每四仲之月)에 왕이 하늘과 오제(五帝)의 신에게 제사하였다. 국성(國城·서울)에서는 그 시조 구태(仇台)의 사당을 세워 1년에 네 번 제사를 올린다'고 하였습니다.

이상의 여러 기록을 통하여 짐작할 수 있는 바와 같이 고대의 한민족은 하늘이 만물을 창조하고, 만물을 지배하고, 통치한다고 생각하였으며, 또한 인간 세상에서 처음으로 나라를 다스리는 국조(國祖)는 하느님의 아들이요 종자(씨)라고 생각하였습니다. 국조는 생전이나 사후나 항상 하느님의 계시와 교훈을 받으며, 또한 상천(上天)과 인간을 연락하며, 왕래하는 존재로 생각하였습니다. 그리고 고대의 한민족은 하느님과 신령들이 상천과 인간 세상을 왕래할 때에 높은 산을 하느님이 머무는 장소로 생각하였던 것 같습니다. 그들은 항상 높은 산악을 외경하며, 산악에서 제사를 자주 올렸습니다.

위에서 소개한 바와 같이 한민족은 하늘(하느님)과 자연과 조상을 신격화하여 신앙하였습니다. 그러나 신라에는 이러한 신앙의 차원을 초월한 고유의 종교가 있었다는 사실에 주목하지 않을 수 없습니다. 그것은 다름 아닌 풍류도(風流道)라는 것입니다.

Ⅲ. 한민족의 저력
·

《삼국사기》신라본기 진흥왕 37년조에 따르면 '나라에는 현묘한 도가 있으니 풍류라고 한다. 가르침을 베푼 근원은 〈선사〉(儒史)에 상세히 기록되어 있다. 그 알맹이는 세가지 가르침(三敎)을 포함하여 군생(群生)을 접화한다. 집에 들어서는 효도하고 나가서는 나라에 충성하는 것은 노(魯)나라 사구(司寇)의 뜻이요, 무위지사(無爲之事)에 처하고, 불언지교(不言之敎)를 행하는 것은 주(周)나라 주사(柱史)의 종(宗)이요, 모든 악행을 짓지 말고 모든 선행을 봉행하는 것은 축건(竺乾, 인도) 태자의 교화이다'라고 하였습니다.

다시 말하면 나라에는 풍류라고 부르는 지극히 오묘한 도가 있는데 효충(孝忠)을 중심으로 하는 공자의 가르침과, 무위와 불언을 중심으로 하는 노자(老子)의 가르침과, 자비를 중심으로 하는 석가모니의 가르침을 모두 포함하여 백성들을 교화한다는 것입니다. 이제는 〈선사〉라는 자료를 구하여 읽어 볼 수가 없으니 그 구체적인 연혁을 고찰하고 확인하기는 어려우나 유가, 도가, 불가의 근본정신을 모두 갖추었다는 점에 커다란 특징이 있습니다. 세계 인류 역사를 통하여 이와 같은 종교는 아직 어느 민족에서도 없었던 것으로 압니다.

또한 최치원(崔致遠)이 지은 〈진감선사비〉(眞鑑禪師碑)에서는 '도(道)라는 것은 사람에게서 멀지 않으니 사람에게는 내 나라 네 나라가 따로 없는 것이다. 그러므로 동인(東人, 한민족)의 자녀는 불교도 믿고, 유교도 믿는 것이 필연이다'라고 하였습니다.

진리라는 것은 항상 사람으로부터 멀리 떨어져 있는 것이 아니며, 그러한 진리 앞에서는 인종(민족)의 차별도 없고, 국가의 차별이나 경계가 없다는 것입니다. 그러므로 한민족의 후예들은 민족이나 국가를 초월하여 진리를 받아들이고 신앙할 수가 있기 때문에 비록 다른 민족이나 국가에서 발생하였거나 전파된 불교나 유교나 도교라고 할지라도 그것을 차별없이 신앙하는 것은 당연하다는 것입니다.

여기서 우리는 우리 조상의 슬기를 엿볼 수 있습니다. 굳이 오래 전부터 있었던 것, 인습적인 것, 우리 자신이 생각하고 만들어 낸 것만을 움켜쥐고 고수하려는 완고하고 폐쇄적이고 배타적인 아집(我執)에 사로잡히지 않고 그 종교가 진리라고만 판단되면 능동적으로 받아들여 우리의 것으로 삼고자 하는 겸허하고 개방적이며 진취적인 자세를 발견할 수 있는 것입니다.

우리들 한민족은 조선조에 들어와 서양의 기독교를 받아들여 왔습니다. 기독교가 우리 나라에 처음으로 들어 온 경위를 살펴보면 서양의 선교사를 거친 것이 아니고, 우리들의 자발적이고 직접적인 수용이었음을 알 수 있습니다. 즉 유학을 공부한 조선조의 관료들은 중국의 북경(北京)을 드나들면서 그 곳에 와 있던 서양의 선교사들로부터 서학(西學)에 관한 전적(典籍)을 구해 가지고 돌아와, 그것을 읽고 공부하면서 차츰 차츰 기독교를 신앙하는 사람들이 생기게 되고 그 수효도 점점 늘어나게 되었으며, 이처럼 기독교를 받아들인 지 약 50여년이라는 세월이 흐른 뒤에야 비로소 선교사(천주교 신부)가 들어오게 된 것입니다. 다만 전통적인 제례(祭禮)의식을 행하지 않으므로써 순교자가 속출하기도 하였지만 기독교의 자발적인 수용은 매우 놀라운 사건이었습니다.

또한 한민족의 종교사상에서 특기할 만한 것은 재래의 종교를 신앙하면서도 외래의 종교를 수용하는 데 그치지 않고, 새로운 여러 가지 종교를 창조하였다는 사실입니다. 이를테면 동학사상(東學思想, 天道敎)과 같은 신종교(新宗敎)들이 그것입니다. 동학은 서학에 대응하는 한국적 토속종교로 발전하면서 체계화 되었으며, 인본적 주체적 근대적 종교의 특질을 지니고 있어서 한국의 근대화 과정에 공헌하기도 하였습니다. 원불교(圓佛敎)와 같은 종교도 매우 주목할 만한 우리 나라의 종교에 속합니다.

Ⅲ. 한민족의 저력
·

지금 우리 나라에는 참으로 많은 종교가 백화만발의 모습을 보여주고 있으며, 그 중에도 유교, 불교, 기독교(천주교를 포함)는 매우 큰 세력을 형성하고 있습니다. 그러나 우리 나라에서는 다른 나라에서 빚어지는 것처럼 심각한 종교의 분쟁을 볼 수 없는 것이 또한 특징입니다. 세계의 다른 나라에서는 종교적 갈등이 극심하여 유혈(流血)의 사태로 발전하는 수가 있으니 말입니다.

　한민족은 한 사람이 많은 종교를 신앙할 수도 있고, 한 집안의 한 가족들이 서로 다른 종교를 신앙할 수도 있습니다. 조선시대 김시습(金時習)과 같은 사람은 유교, 불교, 도교를 모두 신봉한 인물의 표본이며, 조선조의 많은 유학자들이 불교나 도교를 공부하였습니다. 신라의 원효대사는 설총(薛聰)이라는 아들에게 유학(儒學)을 공부하게 하여 크게 성공시킨 것을 볼 수 있습니다.

　한민족의 종교적 다원주의와 주체성과 인본주의는 풍류도의 정신에서 연원된 것이라고 보아 무리가 없을 것입니다. 이러한 조화와 융합을 이루는 한민족의 종교사상은 한민족의 빼어난 슬기이며 긍지이며 희망이라고 할 수 있습니다.

5. 홍익인간사상

　인류가 지구상에서 국가를 형성한 시기는 분명하지 않은 것 같습니다. 동양문화권에서 중요한 비중을 차지하고 있는 중국에서는 지금으로부터 약 50만년 전으로 알려진 구석기시대(舊石器時代)에 있었던 북경인(北京人)과 2만 5천년 전으로 알려진 산정동인(山頂洞人)이 중국 민족의 선조로 설정하고 역사가들은 황제(黃帝)시대를 중국 역사의 기원으로 삼고 있습니다.

　황제는 기원전 2700~2600년 사이에 살았던 중국 최초의 군주로 기록되고 있는데 요(堯)임금은 황제의 현손(玄孫)이며 순(舜)임금은 8세손이라고 합니다. 이러한 주장에 따르면 중국에서는 지금으로부터 약 4600년 전에 국가가 형성되고 통치자가 있었음을 짐작케 합니다. 그리고 우리 나라의 단군왕검(檀君王儉)은 중국의 요임금과 비슷한 시기에 단군조선을 건국한 것으로 전해 오며 우리의 역사는 적어도 4300여년이나 된다는 것을 알 수 있습니다.

　국가는 이념을 가지고 있습니다. 국가는 차라리 이념의 산물이라고 말해도 좋으리 만큼 이념을 그 존립의 근거로 한다고 말할 수 있습니다. 따라서 국가의 이념을 밝히는 일은 국가의 본질을 밝히는 가장 중요한 방법이 될 수도 있습니다. 그러나 지구 위에 있는 모든 국가의 이념이 분명하게 밝혀지고 있다고는 말하기 어렵고, 그렇다고 하여 국가의 이념이 없다고 말하기도 어려운 형편입니다.

이념은 순수사유(純粹思惟) 또는 이성(理性)에 의하여 파악되는 보편타당적인 개념적 실재(實在)라고 합니다. 따라서 국가의 이념은 국가가 추구하는 규범·가치·이상으로서의 의미를 가지며 이를 밝히고, 실현코자 노력하는 것이 정치 철학의 정신이라고 말할 수 있습니다.

국가의 이념이 존재하지 않거나 그것이 밝혀지지 않으면 국가는 규범도 가치도 이상도 떠나버린 집단이 되어 존재이유로서의 근거를 상실하게 될 것입니다.

우리 나라는 단군조선 이래 수많은 왕조(王朝)가 흥망성쇠를 거듭해 왔으며, 오늘날에 이르러서는 세계에서 보기 드문 근대국가를 건설하여 번영과 복지를 누리고 있습니다. 그럼에도 불구하고 우리의 국가 이념에 대하여는 학문적으로 충분히 논의되지 못한 형편에 있습니다. 일부에서는 우리 나라 헌법의 기본정신으로 규정한 민족주의와 민주주의와 국제평화주의를 우리 나라의 국가 이념으로 제시하고 있으나 그것으로 충분한 논의가 이루어진 것은 아니라고 생각합니다.

통치자들은 국가이념을 실현하는 주역(主役)이라고 할 수 있고, 그들이 표방하는 통치이념(統治理念)은 국가이념을 실현하기 위한 수단적 성격을 띠게 됩니다. 따라서 통치이념은 어디까지나 국가이념의 테두리를 벗어날 수 없을 뿐만 아니라 국가이념에 따라 통제되지 않을 수 없습니다.

그러므로 통치이념은 국가이념을 실현하기 위한 가장 합당한 수단이어야 함에도 불구하고 언제나 그것이 보장되어 있는 것은 아니고, 오히려 국가이념의 실현과는 거리가 멀거나 정면으로 배치되는 경우도 있을 수 있습니다. 통치자들은 권력에 대한 집착이나 판단의 미숙으로 말미암아 잘못을 저지를 수도 있기 때문입니다. 통치이념이 국가이념을 실현하기 위한 수단적 목표라면 국가이념은 통치이념에 의하여 실현되고 달성되어야 할 종국적 목표라고 할 수 있고, 전자가 현실적 목표라면 후자는 이상적 목표라고 할 수 있습니다.

수단적 목표가 곧 종국적 목표로 이어지고, 현실이 곧 이상으로 이어지는 것은 지극히 바람직한 일이지만 현실과 이상이 절대로 괴리되어서는 아니 될 관계에 있으면서도 또한 완전히 일치할 수 없는 관계에 있는 것처럼 통치이념과 국가이념도 완전히 일치하기는 어려운 관계에 있습니다. 통치이념은 시간과 공간에 따라 수시로 변화할 수도 있으나 국가이념은 시공(時空)에 구애됨이 없이 불변하는 독립적인 기능을 발휘하게 됩니다.

앞에서 거론된 민족주의와 민주주의와 국제평화주의는 정치학도들에 의하여 우리 나라의 국가이념으로 인식되고 있으나 그것을 다시 포괄하는 고차적인 유개념(類槪念)으로서의 국가이념이 정립될 수 있으므로 그것은 통치이념에 그칠 수 있습니다.

우리 나라의 국가이념은 단군조선으로 거슬러 올라갈 수 있습니다. 단군 조선에 관한 기록은 일연(一然)의 《삼국유사》(三國遺事) 기이편(記異篇), 고조선조(古朝鮮條), 《세종실록》(世宗實錄) 지리지(地理志) 평양부영이조(平壤府靈異條), 이승휴(李承休)의 《제왕운기》(帝王韻紀) 권하, 권람(權擥)의 《응제시주》(應製試註) 등에서 보이는데 단군 조선의 건국사화(建國史話)는 우리 나라 고대 국가의 이념을 찾아 볼 수 있는 중요한 자료입니다.

《삼국유사》에 따르면 '〈고기〉(古記)에 이르기를 옛날에 환인(桓

因, 帝釋)의 서자(庶子) 환웅(桓雄)이 항상 천하에 뜻을 두고 인간 세상을 탐내므로 아버지가 아들의 뜻을 알고 삼위(三危)를 내려다 보니 태백(太白)이 가히 인간사회를 널리 이롭게 할 만한지라 이에 천부인(天符印) 3개를 주어 가서 다스리게 하였다. 환웅이 그의 무리 3000명을 이끌고 태백산 꼭대기 신단수(神壇樹) 밑에 내려와 이곳을 신시(神市)라 부르고, 이 분을 환웅천왕이라 하였다.……'고 하였습니다.

단군조선의 건국사화는 하느님의 아들이 하늘에서 땅위로 내려와 신시를 베풀고 다시 웅녀(熊女)와 혼인하여 단군을 낳으므로써 단군조선이 건국되었음을 말해 주며, 하느님(환인)이 당신의 아들을 땅 위로 내려 보낼 때는 인간사회를 널리 이롭게 하기 위한 것이었고 환웅은 천부인을 가지고 내려 왔다는 사실은 매우 주목할 만한 일입니다.

우리 민족은 고대로부터 하늘(天)을 공경하여 제사를 올렸고 사람의 지능(知能)과 체력을 초월하여 만물을 섭리하는 인격자로서의 하늘의 존재를 신앙해 왔음은 널리 알려진 사실입니다. 따라서 단군조선은 우주만물을 지배하는 초월자로서의 하느님의 뜻에 따라 건국되었음을 말하는 것입니다. 그리고 환웅이 천부인을 가지고 왔다는 것은 환인의 뜻을 받들어 널리 인간사회를 이롭게 한다는 사명을 가지고 사자(使者)로서의 임무를 수행한다는 뜻입니다.

단군조선의 국가이념은 '널리 인간사회를 이롭게 하는 것' 즉 홍익인간(弘益人間)입니다. '인간'이라는 말은 단순히 사람을 가리키는 말이 아니고 '인간사회'를 가리키는 말입니다. 사람은 본디 혼자서는 살 수 없고 언제나 무리지어 살면서 일정한 조직과 질서 속에서 살기 때문에 인간이라는 말 속에는 '사회'라는 뜻도 포함되는 것이 당연하겠지만 단군조선 건국사화에서 말하는 인간(人間)은 분명히 사회를 가리키는 말입니다. 그러므로 홍익인간이라는 이념은 어느

5.홍익인간사상
•

특정인으로서의 사람이나 특정계층으로서의 사람을 유익하게 하는 것이 아니고 천하의 모든 사람을 유익하게 하는 것입니다.

단군조선의 국가이념이 홍익인간이라는 것은 사익(私益)과 공익(公益)을 통합하고 조정하므로써 사회를 더욱 유익하게 하는 것을 말하는 것이며, 그것이 곧 하느님의 뜻이기도 하다는 것입니다. 그리고 통치자는 하느님의 뜻을 받들어서 바람(風伯)과 비(雨師)와 구름(雲師)이 잘 기능하게 해야만 곡식과 생명과 질병과 형벌과 선악을 비롯한 모든 인간사를 주관하게 되므로 적어도 시화연풍(時和年豊)하여 백성들의 의식주가 넉넉하고 천수(天壽)를 누리며 질병으로 말미암은 육신의 고통이 없고 질서가 있으며 선악이 분별되는 도덕적인 사회를 건설하는 것입니다.

이러한 사회는 《예기》(禮記) 예운편(禮運篇)의 대동사회(大同社會)와 차이가 없는 이상사회입니다.

단군조선 이후 한민족은 여러 개의 부족국가(部族國家)로 발전하였으나 모두 단군조선의 국가이념을 직접 또는 간접으로 계승하였다고 생각됩니다. 건국사화에서 나타나는 하느님과의 관계라든지 여러 가지 신비주의와 경천사상 등이 그것을 뒷받침한다고 볼 수 있으며 이른 바 기자조선(箕子朝鮮)의 팔조법금(八條法禁)과 같은 실정법규범은 인간의 생명을 가장 존엄하게 다룬 근거를 보여줍니다.

그리고 고구려의 광개토대왕비(廣開土大王碑)에서 볼 수 있는 '도로써 나라를 다스리는 사상'(以道興治)과, 백제의 소도(蘇塗) 남당(南堂) 정사암(政事嚴)에 관련된 통치이념과, 신라의 진흥왕순수비(眞興王巡狩碑, 황초령비)에서 볼 수 있는 '삼가고 조심하여 하늘의 도를 어길까 두려워하는 사상' 화백(和白) 남당(南堂) 등에 관련되는 통치이념은 매우 주목할 만한 것입니다.

이들 고구려, 백제, 신라의 통치이념에서 공통적으로 찾아볼 수 있는 것은 모두 '하늘'이라는 지극히 높은 곳으로부터 통치이념을 연역하므로써 백성들을 널리 유익하게 하고자 한 것입니다. 따라서 단군조선 건국사화에서 보이는 하늘의 뜻에 따른 홍익인간의 국가 이념이 그대로 계승된 것임을 알 수 있습니다.

중국의 이상사회가 대동사회라면 단군조선 이래의 우리 나라의 이상사회는 홍익사회라고 할 수 있습니다. 중국의 대동사회는 천하 위공(天下爲公)의 사회인데 그것은 요순(堯舜)시대에 그쳤고 그 이후로는 소강사회(小康社會)가 출현하였는데 권력의 이행(移行)양태로 보면 선자는 선양(禪讓)이고 후자는 세습(世襲)과 방벌(放伐)입니다. 선양이 천하의 공심(公心, 公義)에서 이루어진 것처럼 최초의 세습도 천하의 공심에 따라 이루어졌습니다. 그러나 세습으로 권력을 장악한 통치자 가운데는 선왕(先王)의 뜻과 백성의 뜻을 저버리는 폭군이 나타나게 되어 마침내는 방벌이라는 비상 수단에 따른 권력의 이행이 단행되었습니다.

비상수단에 따른 권력의 이행은 고려왕조의 창업에서도 나타났습니다. 고려 태조 왕건(王建)은 후고구려(마진, 태봉)를 세운 궁예(弓裔)의 부하였으나 궁예가 날로 포악해 짐에 따라 홍유(洪儒) 등에 의하여 왕으로 추대되었습니다. 홍유 등은 궁예가 방종하고 포악하여 처자와 신하를 함부로 죽이고 백성을 도탄에 빠뜨려서 원수처럼 미워졌음을 지적하고, 혼군(昏君)을 폐하고 명왕(明王)을 세우는 것은 천하의 대의(大義)라고 밝히고 왕건에게 은(殷)나라와 주(周)나라의 혁명을 본받아 행하라고 권유하였습니다. 왕건은 자신의 부덕(不德)을 말하고 감히 은나라의 탕왕(湯王)이나 주나라의 무왕(武王)과 같은 혁명을 본받을 수 없다고 사양하였지만 부하들의 간곡한 진언에 따라 고려의 태조가 된 것입니다.

고려 태조는 즉위 26년에 후사(後嗣)가 종정사욕(從情肆慾)하여 기강을 패란할까 매우 근심스럽다는 것을 말하고 신하를 내전(內

殿)으로 불러 「훈요십조」(訓要十條)를 내렸습니다. 그것은 왕위의
전수(傳授)는 요임금이 순임금에게 선위한 원리에 따라 가장 덕망
이 있는 자로 하여금 대통(大統)을 잇게 할 것, 백성을 다스림에 있
어서 간쟁(諫爭)을 받아들이고 부역(賦役)을 가볍게 하며 상벌을
공평히 할 것, 왕은 스스로 자숙하고 계신(戒愼)해야 한다는 것이
주요한 골자인데 이들은 모두 당우삼대(唐虞三代, 堯舜夏殷周)의
성인 군주들이 통치하던 것을 본받는 내용입니다.

조선왕조에서는 명(明)나라에 대한 사대주의와 배불숭유(排佛崇
儒)사상의 정립이 건국이념이었다고 지적하는 견해가 있습니다. 그
러나 이태조(李太祖)가 즉위하면서 국가이념이라고 할 만한 특별한
정치철학을 표방하지는 않은 것 같습니다. 위에서 지적된 사대(事
大)와 숭유(崇儒)는 국가의 대외 또는 대내적 정책의 성격을 띄고
있어서 매우 유동적이고 가변적일 수 있는 것이기 때문에 혹시 통
치이념이라고는 할 수 있어도 국가이념이라고 보기는 어렵습니다.

여기서 내가 특별히 주목하고자 하는 것은 조선왕조의 초기에 추
진된 법전편찬(法典編纂) 과정에서 나타난 국가이념입니다. 이태조
가 즉위하자 사헌부(司憲府)는 정치의 준칙을 건의하는 상소에서
'신(信)은 임금의 대보(大寶)'임을 강조하고, 백성을 다스리고, 기강
(紀綱)을 세우고, 상벌을 분명히 하는 것이 모두 신으로써 이루어진
다고 하였으며, 정도전(鄭道傳)은 《조선경국전》(朝鮮經國典) 헌전총
서(憲典摠序)에서 '성인의 법은 사람을 기다려서' 시행된다는 것을
말하고, 흠휼지인(欽恤之仁)을 이룬 후에야 성인의 법이 시행되는
것이며, 성인의 제형(制刑)은 그것을 믿고 의지함이 아니고 다만 덕
치(德治)를 돕고자 함이라는 것을 강조하고 있습니다. 어질고 삼가
는 마음과 덕으로 정치해야 하며 결코 법에 의존해서는 안 된다는
것입니다. 따라서 법치는 덕치의 보조적인 수단에 지나지 않는다는
것입니다. 그리고 법이라는 것은 어디까지나 천지사시(天地四時)의

Ⅲ. 한민족의 저력
•
160

정연한 자연질서와 같이 만인이 즐겨 따르며 우러러보는 것이어야 한다고 하였습니다.

요컨대 조선조의 국가이념은 천의(天意)를 받들고 성인(선왕)을 본받으며 덕치에 의한 인정(仁政)을 베풀어 백성들이 편안한 삶을 누릴 수 있는 나라를 건설하는 것이라고 할 수 있습니다.

우리 민족은 단군조선을 건국한 이후 중국대륙과 왜국(일본)의 침략으로 많은 시련을 겪어 왔고 최근세에 와서는 일본과 구미(歐美) 각국의 제국주의적 도전을 받았으며 마침내는 일본 제국주의의 강점(强占)을 물리치지 못하고 국권(國權)을 상실히였었습니다. 일본의 식민지로 전락한 우리 나라는 수천년에 걸쳐 창조해 온 민족 고유의 아름다운 정치적 전통이 단절되고 국민은 노예화하였으며 자원과 산물(産物)은 모조리 약탈당하고 말았습니다. 일찍이 과학과 산업을 일으키고 군사적으로 강대국이 되어 해외의 식민지를 개척하는 데 혈안이 된 서구의 열강을 재빨리 모방한 일본은 문화적 종주국이라고 할 수 있는 우리 나라와 중국을 무력으로 강점한 것입니다. 그러나 우리는 최근세의 위정척사(衛正斥邪)사상과 의병항쟁, 그리고 일제하의 독립투쟁을 통하여 국가이념을 적극적으로 나타내기에 이르렀습니다.

1945년 8월 15일 광복을 맞이한 우리는 1948년 7월 17일 '대한민국 헌법'을 공포하게 되고 여러 차례의 개정을 거쳐 오늘에 이르고 있습니다. 우리 헌법은 자유민주주의를 기본원리로 하는 자유민주적 기본질서로서의 입헌주의를 채택하고 있는데 그 중에서도 대중민주주의와 복지국가주의를 특징으로 하는 현대적 입헌주의를 그 기본질서로 삼고 있습니다.

즉 우리 헌법은 모든 선거에 있어서 보통선거와 평등선거를 보장하고 있으며 또한 정치, 경제, 사회, 문화의 모든 영역에서 모든 국민의 기회균등이 보장되는 바, 특히 우리 나라 경제질서의 목적이

5.홍익인간사상
•
161

균형있는 국민경제의 성장 및 안정과 적정한 소득의 유지 및 경제의 민주화를 보장하고 있습니다.

그러므로 어떤 형태의 특권계급이 있을 수 없고, 극단적인 개인주의와 자유방임주의에서 초래되는 초기자본주의의 폐단과 모순이 용납될 수 없습니다. 이와 같은 우리 헌법의 정신은 단군조선 건국사화에서 비롯한 '홍익인간'을 근간으로 하는 국가 이념을 한층 구체적으로 드러낸다고 할 수 있습니다.

6. 왕도사상

　왕은 어떤 무리나 조직체의 우두머리라고 할 수 있으며 정치적으로는 하나의 나라를 통치하거나 대표하는 지위에 있기 때문에 제후(諸侯)나 국왕(國王)이나 군주(君主)나 제왕(帝王)이나 또는 황제(皇帝)나 천자(天子)와도 같은 뜻으로 사용되어 왔습니다.

　인류의 역사를 돌이켜 보면 모든 민족이 왕을 우두머리로 하는 군주정치제도를 수립하였던 역사를 가지고 있으며 왕의 권한은 절대적인 경우도 있었지만 시민계급의 성장에 따라 점점 쇠퇴하기도 하고 심지어는 혁명에 의하여 폐지되기도 하였으나 아직도 그 명맥을 유지하고 있는 나라들도 있습니다.

　우리 나라는 멀리 단군조선 왕조로부터 군주제도가 비롯되었다는 주장이 있으나 널리 인정되지는 못한 형편입니다. 그러나 적어도 고구려왕조, 백제왕조, 신라왕조, 고려왕조, 조선왕조에서는 국왕의 세계(世系)가 명백한 기록으로 전해오고 있으며 또한 제왕들의 정치적 업적도 전해 오기 때문에 어떤 제왕이 어떠한 인물인지도 알 수 있는 형편입니다.

한자(漢字)로 '王'이라는 글자를 분석해 보면 천(天), 지(地), 인(人)이라는 삼재(三才)를 하나로 꿰어 만들어진 것을 알 수 있습니다. 하늘은 도리(진리)를 상징하고 땅은 재물(재화)을 상징합니다. 그러므로 왕은 위로는 진리를 받들고 아래로는 물질을 지배하는 동시에 인간사회의 질서를 권세로 통치하는 국가의 기관입니다.

여기서 말하는 권세란 무엇입니까? '權'이라는 글자는 '저울질한다'는 뜻과 '바로잡는다'는 뜻을 가지고 있습니다. 막대저울로 물건의 무게를 달게 되면 매달린 물건의 무게에 따라 저울추는 저울대 위를 이리저리 옮겨 다니면서 형평을 유지해야 합니다. 그리고 기울어지는 저울대를 기울어지지 않도록 하는 것이 바로잡는 것입니다. 따라서 권세를 행사한다는 것은 마치 저울질과 같아서 인간사회의 평화와 복지를 위하여 부정(不正)하고 불공평하고, 불선(不善)하고, 불의(不義)한 것이 없도록 왕으로서의 책임과 사명을 수행하는 것입니다.

유가(儒家)의 정치철학에 비추어 볼 때 진정한 권세를 행사한 왕은 중국고대의 요(堯), 순(舜), 우(禹)와 같은 성인 군주였고, 그와는 반대로 독단적인 권세를 행사하므로써 백성을 학대한 왕은 걸(桀)이나 주(紂)와 같은 폭군들이었습니다. 그리고 걸이나 주와 같은 폭군을 천명(天命)과 민심에 좇아 방벌하므로써 백성을 구원한 왕들은 탕(湯)이나 무(武)와 같은 혁명가요 창업주들이었습니다.

왕은 왕으로서의 도리를 다하여 백성을 통치해야 하며, 여기서 말하는 왕으로서의 도리를 왕도라고 부릅니다. 한민족의 역사를 돌이켜 보면 수많은 성왕(聖王)들이 백성의 고통을 덜어주기 위하여 노심초사한 자취를 엿볼 수 있습니다. 지금부터 약간의 전형적인 사례를 살펴 보기로 하겠습니다.

우선 고구려의 광개토대왕릉비에는 동명성왕(東明聖王)이 세자

유류왕(儒留王)에게 '도(道)로써 세상을 다스리라'고 유언하였다고 기록하였습니다. '도로써 세상을 다스리라'(以道興治)는 말은 진리에 입각하여 다스리고 백성에게 덕(德)을 베풀라는 뜻입니다. 따라서 왕은 사리사욕에 따라 정치를 독단할 수 없고, 백성들로 하여금 인수(仁壽)의 낙원에서 백복을 누리도록 심혈을 기울여야 한다는 것입니다. 고구려의 시조 동명성왕의 값진 고명(顧命)은 유류왕을 거쳐 대대로 계승되어 제 19대 광개토대왕에 이르러서는 백성들을 괴롭히는 주변의 야만족을 퇴치하므로써 옛 강역(疆域)을 수복하는 동시에 국위를 크게 떨치게 되었습니다.

신라의 문무왕(文武王)은 유언하되 '병기를 녹여서 농기구를 만들어 백성들로 하여금 인수(仁壽)에 들게 하라. 조세를 가볍게 하고 요역(徭役)을 덜어 집집마다 풍족하게 하고 백성들을 안도하게 하며, 역내(域內)에 근심이 없고, 곳집이 산처럼 쌓이고, 감옥에 잡초가 무성하면 조상에게 부끄러움이 없게 된다.…… 서국(西國)의 의식에 따라 불로 태워 장례하고 상례(喪禮)는 검박하게 하라'고 하였습니다. 문무왕은 백성들로 하여금 전쟁에 동원되지 않고 경제적으로 풍부하고 범죄없는 평화로운 사회를 건설하려고 애썼습니다. 더구나 우리 민족은 고대사회로부터 육지에 분묘를 지어 장례를 지내는 것이 일반적인 풍습이었음에도 불구하고 자신의 시신을 서국(인도)의 의식에 따라 화장하여 동해에 수장(水葬)케 한 것은 매우 놀라운 일입니다.

신라는 본디 한반도의 남단 동부에 치우쳐 있어서 반도 내에서는 고구려와 백제를 이웃하면서 많은 군사적 갈등을 겪었고 밖으로는 바다 건너 왜구(倭寇)로부터 자주 침범을 받아 왔습니다. 고구려, 백제, 신라는 동일한 언어와 풍속과 혈통을 가진 단일 민족이면서도 다만 국토가 통일되지 않은 정립(鼎立)상태에서 오는 희생이 컸기 때문에 국토의 통일은 매우 절실한 요청이었고 이러한 요청에

6. 왕도사상
•

대응한 주인공이 문무왕이었습니다.

그러나 한반도 내에서 통일은 하였지만 섬나라 왜구의 침범은 결코 안심할 수 없었기 때문에 죽은 후에라도 호국의 용이 되어 동해를 지키겠다고 유언하였습니다.

고려 태조는「훈요십조」(訓要十條)에서 '임금이 신하와 백성의 마음을 얻기란 심히 어려운 일이니, 그 마음을 얻고자 한다면 간쟁(諫爭)을 좇고 참소를 멀리 하는 데 그 요체가 있다. 참소하는 말은 꿀과 같으나 그것을 믿지 않으면 저절로 아첨이 없어지게 된다. ……인을 베풀면 반드시 선량한 백성이 있으며 상벌이 공정하고 중도(中道)에 맞으면 음양이 순조롭다'고 하였습니다.

여기서 특별히 주목할 것은 간쟁을 좇고 상벌을 공정하고 중도에 맞게 하라는 것입니다. 간쟁은 신하가 임금의 잘못을 지적하고 시정하도록 직언하는 것인데 참소하고 아부하는 말에 비하여 결코 유쾌한 말이 아니므로 자칫하면 소홀히 듣거나 간쟁하는 신하를 싫어하게 되고 심지어는 처벌하는 일까지 생기게 되므로 특별히 경계한 것입니다. 역사적으로 볼 때 어느 임금에게나 간쟁하는 신하가 없었던 것은 아니지만 그것을 좇지 아니한 까닭에 일을 그르치고 실정(失政)하는 사례가 많았던 것입니다.

상벌이 공정하고 중도에 맞지 않으면 진정으로 상을 받아야 할 사람은 상을 받지 못하거나 심지어는 벌을 받는 일도 생길 수 있습니다. 특히 중도에 맞는다는 것은 공정함에 그치지 않고 그 상벌이 지극히 마땅한 상벌이어야 한다는 것입니다. 굳이 포상하지 않아도 무방함에도 불구하고 포상하거나 반드시 처벌하지 않아도 되는데도 불구하고 처벌하는 일은 중도에 맞는 것이 아닙니다.

임금에 따라서는 민심을 얻기 위하여 함부로 포상하거나, 자기의 위엄을 나타내고 반대세력을 거세하기 위하여 함부로 처벌하는 수가 있을 수 있으므로 특별히 경계한 것입니다. 특별히 공로가 있는 사람에게 상을 주고, 특별히 죄가 있는 사람에게 벌을 내리는 것은 당연하지만 그것이 중도에 맞는 일정한 기준도 없이 행해지는 것은 신하와 백성의 마음을 잃는 원인이 된다는 것입니다.

그리고 음양이 순조롭고 순조롭지 못한 것은 임금의 정치가 바른 지 바르지 못한지에 따른 것이라고 믿었기 때문에 상벌이 공정하고 중도에 맞으면 음양이 순조롭다고 한 것입니다. 만일 임금의 정치 가 바르지 못하면 가뭄이나 장마가 계속된다든지, 때 아닌 더위나 추위가 오거나, 우박이 내리거나, 일식이나 월식이 일어나는 등 여 러 가지 이상한 현상이 일어나고 자연재해도 일어나게 되는데 이러 한 현상은 하늘이 임금의 부덕(不德)을 경고하는 징표라고 생각하 였습니다. 이러한 생각은 흔히 천인감응론(天人感應論)이라고 합니 다.

임금(사람)의 마음과 하늘이 서로 감응한다는 생각은 하늘이 선 한 사람에게 복을 주고, 악한 사람에게 앙화를 준다는 생각과 일치 하는 것입니다. 이러한 주장에 대해서 일찍이 중국에서 부정(否定) 하는 주장이 있었음에도 불구하고 지금까지도 많은 사람들이 긍정 적으로 받아들이고 있습니다. 만일 도둑질을 하지 않았으면 교통 사고를 당하지 않았을 것이라는 생각도 그것입니다.

고려의 성종(成宗)은 즉위 하자마자 제서(制書)를 내려 말하 기를 '……짐이 새로이 만기(萬機)를 거느림에 있어 잘못된 정 사가 있을까 두려워 하노니 5품 이상 되는 서울의 관리들은 각 기 봉사(封事)를 올려 시정(時政)의 득실을 논하라'고 하였으며, 또한 12목(牧)을 설치하고 조서를 내려 '한 지아비의 죄지음을 보아도 그 무고(無辜)함을 마음 속으로 울고 백성의 가난함을 들으면 깊이 자신을 책망한다'고 하였습니다. 여기서 한 사람의 죄지음을 보아도 마음 속으로 운다고 한 것은 그 죄인이 불쌍 해서 그런 것이 아닙니다.

6. 왕도사상
•

죄수가 옥에 갇히어 갖은 형벌을 받는 것은 형언할 수 없이 불쌍한 일이지만 백성이 죄를 짓는 원인은 정치가 잘못된 곳에 있고 정치가 잘못된 것은 임금에게 책임이 있다는 것을 깨닫고 너무나 부끄럽고 가슴이 아프기 때문입니다.

병자호란 후에 복수설치(復讐雪恥)를 위하여 심혈을 기울였던 효종(孝宗)은 송시열(宋時烈)과의 악대설화(幄對說話)에서 '내실에 들어가는 날에는 혈기만 손상되는 것이 아니라 지기(志氣)마저 풀어져서 정사(政事)를 처리함에 있어서도 부당한 일이 많다'고 말하고 주색을 경계하여 심기가 맑고 몸도 건강하게 하여 복수설치의 꿈을 실현하겠다는 의지를 보여 주고 있습니다.

식색(食色)의 성품은 비록 성인일지라도 모두 가지고 있는 것이고 식색의 성품 자체를 가리켜 선하다거나 악하다거나 하는 가치판단을 내릴 수는 없습니다. 그러나 식색의 성품은 천리(天理)에 부합되게 발휘되어야 하며, 특히 왕이라는 가장 높은 자리에서 가장 무거운 책임을 지고 있는 신분으로서는 식색의 절제(節制)가 곧 백성의 안위(安危)에 관계되는 까닭에 매우 중요한 일입니다. 효종은 인조가 남한산성 밑 삼전도(三田渡)에서 청나라의 황제에게 무릎을 꿇고, 항복한 한민족의 치욕을 씻기 위하여 주색을 경계하였던 것입니다.

영조는 세손(世孫, 正祖)을 위하여 쓴 「어제훈서」(御製訓書)에서 '……반드시 홍범(洪範)의 무편무당(無偏無黨)으로 기약을 삼을지니……인재를 등용함에 어찌 감히 사사로움이 있으리요……밤을 지새어 술을 마시는 짓은 걸(桀)의 소위요 주지육림은 주(紂)의 소위라'고 지적하고 걸이나 주와 같은 제왕에게는 결코 천명이나 민심이 머물지 않는다는 점을 역설하였습니다.

하늘은 만물을 덮어 주고 땅은 만물을 실어 줍니다. 그러나 특별히 선택하여 덮어 주거나 실어 주는 것이 아니고 차별없이 공평무사하게 한다는 사실을 알 수 있습니다. 그와 마찬가지로 천·지·인을 꿰뚫는 임금은 천지의 공평무사한 정신을 본받아서 인재를 등용하는 데 사사로움이 있어서는 안 된다는 것입니다.

영조는 즉위하자마자 당시의 당쟁을 억제하기 위하여 탕평책(蕩平策)을 썼으며 '주이불비 내군자지공심 비이부주 식소인지사의'(周而不比 乃君子之公心 比而不周 寔小人之私意)라는 글귀를 친히 써서 성균관 반수교(泮水橋) 위에 세우기도 하였는데 탕평이라는 말은 「상서」(尙書) 홍범편(洪範篇)에 있는 '무편무당왕도탕탕 무당무편왕도평평'(毋偏毋黨王道蕩蕩 毋黨毋偏王道平平)이라는 글에서 인용한 것입니다.

영조는 중국고대사에서 폭군의 본보기로 꼽히는 걸왕과 주왕의 행위는 천리를 좇지 않고, 인욕을 좇았다는 사실에 주목하고 식색의 절제를 강조하였습니다. 당시 나이 어린 세손(정조)을 위하여 제왕학을 강의한 것입니다. 영조는 이 밖에도 많은 저서를 통하여 왕도사상을 피력한 바 있습니다.

왕도사상은 왕이 왕다워지는 길입니다. 왕은 천지인(天地人) 삼재를 꿰뚫어 진리를 실천하는 실력자요 통치자입니다. 왕이 실천하는 진리는 간단히 말하여 애민(愛民)이라고 할 수 있습니다. 백성을 사랑해야 하기 때문에 굶주리거나 헐벗지 않게 하고, 죄를 짓지 않게 하고, 싸움터에서 죽지 않게 하고, 불공평하고 억울한 일이 없게 하는 것입니다. 이러한 왕도사상은 국왕의 교지(敎旨)를 받아 임명되는 모든 관료를 통하여 시행되므로써 백성에게 그 혜택이 널리 미치게 됩니다.

오늘날 우리는 전통적인 군주제도를 폐지하고 자유민주주의의 근대적 국가통치 체제를 채택하여 유지하고 있습니다. 따라서 정치제도가 근본적으로 개혁되었을 뿐만 아니라 국민의 경제력과 지식수준의 향상으로 정치의식도 크게 발전하였고 사회구조도 모두 엄청나게 변화하였습니다. 그러나 전통적인 군주제도에서 강조된 왕도사상(애민사상)은 마땅히 현대정치철학의 근본으로 계승되고 응용되고 실천되어야 할 것입니다.

비록 통치체제는 변화하였다고 하더라도 오늘날의 행정부나 입법부나 사법부에 임용되어 근무하는 공직자들은 전통시대의 관료와 다름없는 위치에서 국가와 사회와 국민을 위하여 봉사하는 사람들입니다. 만일 오늘날의 공직자들이 위에서 소개한 바와 같은 왕도사상을 계승하고 응용하고 실천한다면 얼마나 살기 좋은 나라가 되겠습니다. 서구의 민주주의라는 것도 왕도사상의 애민과 크게 다르지 않은 것이며, 국가의 주권이 국민에게 있고 모든 권력이 국민으로부터 나온다는 근대헌법의 원리도 왕도사상의 민본(民本)이나 민귀군경(民貴君輕)의 근본원리와 다름이 없는 것입니다.

사람이 역사를 공부하지 않으면 현재를 인식하지 못하고 미래를 전망하지 못하게 됩니다. 우리는 우리의 찬란한 역사를 통하여 한민족의 정신사적 기초가 되는 왕도사상을 배울 수 있습니다.

7. 선비정신

예로부터 선비라는 말은 공부한 사람, 학식 있는 사람을 가리켜 왔습니다. 공부하고 학식있는 사람은 공부하지 않고, 학식 없는 사람과는 엄연히 구별됩니다. 공부하고 학식 있는 사람은 일상생활 가운데서 항상 사람의 도리에 부합되도록 처신하며 시비(是非)와 선악을 가릴 줄 압니다. 전통사회에서 공부하여 얻는 학식이란 것은 우선적으로 일상생활의 마땅한 도리라고 할 수 있기 때문에 학문과 실천은 매우 밀접한 관계에 있습니다. 따라서 선비는 단순한 지식의 소유자에 그치지 않고, 그 배운 바를 실천하는 덕망의 소유자이기도 한 까닭에 항상 다른 사람의 본보기가 되었던 것입니다.

오늘날은 학식(학문)이 세분화하고 다양화하였으며 학식과 덕망은 거의 별개의 것으로 분리된 형편이기 때문에 지식인과 지성인을 구분하여 말하려는 경향도 있으나 전통사회에서 일컬었던 선비는 인격(덕망)을 떠난 학식을 생각할 수 없을 만큼 학문과 윤리가 밀접히 결합되어 있습니다.

우리 나라의 선비들은 대체로 유가의 경서(經書)와 사서(史書)에 제자(諸子)와 문집(文集)을 두루 읽고 공부하였지만 그 중에도 경서는 가장 중요한 것이었습니다. 그런데 한 가지 중요한 사실은 유가의 경전은 다른 어떤 종교의 경전에도 결코 뒤지지 않을 뿐만 아니라 크게 능가할 만큼 현실사회를 바탕으로 하는 실천적인 윤리를 내용으로 하고 있다는 점입니다. 그러므로 유가의 경전을 읽는 사람이라면 누구나 현실적으로 요구되는 윤리적 감화를 받지 않을 수 없습니다. 그리하여 우리 나라의 선비들이 체득하였던 선비정신은 유가의 경전 속에서 그 실마리를 찾아 볼 수가 있습니다.

　우선《예기》(禮記) 유행편(儒行篇)에는 공자가 노(魯)나라의 애공(哀公)에게 선비의 행실에 관하여 말한 내용이 있습니다. 거기서 공자는 '선비는 이른 아침부터 밤 늦게까지 배우기를 힘써서 남이 묻기를 기다리고, 충신(忠信)을 품어서 천거되기를 기다리며, 힘써 행하여 발탁되기를 기다린다.……선비는 말할 때는 반드시 신의를 먼저하고 행동할 때는 반드시 중정(中正)해야 하며, 길을 가는 데는 험난과 평탄에 따라 편리함만을 따지지 아니 하며, 겨울과 여름에 추위와 더위를 다투지 아니 한다.……선비는 금옥(金玉)을 보배로 삼지 아니 하고 충신을 보배로 삼으며, 토지를 구하지 아니 하고 의(義)로써 토지를 삼으며, 재물을 많이 쌓기를 구하지 아니 하고 많은 덕행(德行)으로써 부(富)를 삼는다.……사람들이 많은 재화를 선비에게 선물하고 즐겨하고 좋아하는 일로써 선비를 농락하지만 이(利)로 말미암아 의를 이지러지게 하지 않는다.……아첨하는 무리가 있어 선비를 해치고자 하여도 그 몸은 해칠 수 있을지언정 그 뜻(志)은 빼앗지 못한다. 비록 기거(起居)는 위협 당할지라도 그 뜻은 펼치며 백성의 근심을 잊지 않는다'고 하였습니다.

　다시 말하면 선비는 학문을 연구하고 인격을 수련하여 국가사회에 공헌할 수 있도록 대비하며, 물질적인 이해보다는 의를 추구하고, 신체적으로는 위협을 받을지언정 그 뜻만은 굽히지 않으며, 백성의 고통을 걱정한다는 것입니다.

따라서 선비정신은 재물이나 권세나 안일(安逸)보다는 학문과 덕행과 사회정의를 높이고 귀히 여기는 정신입니다. 다만 논자(論者)에 따라서는 선비정신이란 것은 의만을 중시하고 물질은 송두리채 배척하는 것으로 보고, 그것은 현실에 부합할 수가 없고 공허한 것이라고 주장할 수도 있겠지만 그렇게 이분법적(二分法的) 흑백논리(黑白論理)로 선비정신을 분석할 수는 없습니다.

우리들 한 사람 한 사람의 삶이나 백성들의 생존에는 물질과 정신이 함께 필요한 것입니다. 양자가 동시에 충족되지 않으면 삶이 유지될 수 없습니다. 그러나 끊임없이 선택이 강요되는 우리의 삶 속에서는 언제나 본말(本末)과 경중(輕重)과 완급(緩急)과 선후(先後)가 제기되는 까닭에 필연적으로 우선순위에 따라 사물에 대응하지 않을 수 없게 됩니다. 그러므로 선비는 가치의 대립과 갈등 속에서 사사로움보다는 공변됨을, 물질보다는 충신을, 이익보다는 의를 중시한다는 것입니다.

맹자는 가치의 갈등상황을 물고기와 웅장(熊掌)에 비유하여 논변하였습니다. 즉 '물고기도 내가 원하는 바요 웅장도 내가 원하는 바이지만 두 가지를 모두 동시에 얻지 못할진대 물고기를 버리고 웅장을 취하리라. 생(生)도 내가 원하는 바요 의도 내가 원하는 바이지만 두 가지를 모두 동시에 얻지 못할진대 생을 버리고 의를 취하리라. 생도 또한 내가 원하는 바이지만 원하는 바가 생보다 더한 것이 있으므로 구차히 얻지 않는다. 죽음도 또한 내가 싫어하는 바이지만 싫어하는 바가 죽음보다 더한 것이 있으므로 환난을 피하지 않는 바가 있다'는 것입니다.

물고기나 웅장이나 모두 귀한 요리이기 때문에 모두 먹고 싶지만 부득이하여 하나밖에 택할 수 없는 경우에는 물고기보다 진귀한 웅장을 택하는 것은 당연한 일입니다. 마찬가지로 생과 의는 모두 귀한 것이기 때문에 두 가지를 모두 원하는 바이지만 부득이하여 하나밖에 택할 수 없는 경우에는 생보다 귀한 의를 택하겠다는 것입니다.

죽음은 누구나 싫어하는 것입니다. 그러나 죽음보다 더 싫은 것이 있을 경우에는 더 싫은 것을 피하고 죽음을 택할 수밖에 없습니다. 지사(志士)나 의인(義人)이 인의를 위하여 목숨을 버리는 까닭은 죽음보다 불인과 불의를 더 싫어하기 때문입니다. 불인과 불의를 택할 수 없기에 죽음을 택하는 것입니다.

신라의 김후직(金后稷)은 진평왕(眞平王)에게 간하기를 '옛날의 임금들은……좌우의 바른 선비들로부터 직간을 받아들여……국가를 보전하였습니다. 폐하께서는 날마다 광부(狂夫)와 사냥꾼들로 더불어 매와 사냥개를 놓아 꿩과 토끼를 쫓으며 산야를 분주히 달리기를 그치지 아니 합니다. 《노자》(老子) 11장에 말하기를 말을 달리고 사냥질 하는 것은 사람의 마음을 미치게 한다고 하였고,《서경》(書經) 오자지가(五子之歌)편에 말하기를 안으로 여색에 빠지고 밖으로 사냥에 미친다고 하였더니……폐하께서는 유념하소서'라고 하였습니다. 또한 그는 세 아들에게 말하되 '남의 신하가 되어 능히 임금의 악함을 바로잡지 못하였으니 두렵건대 임금은 놀기를 그치지 않고 그로써 패망에 이를 것을 내가 근심하는 바이다. 나는 비록 죽더라도 반드시 임금을 깨우쳐드리고자 하니 나의 뼈를 임금께서 놀러 다니시는 길 옆에 묻어달라'고 하였습니다. (《삼국사기》권45 열전 김후직 조 참조).

김후직은 왕이 사냥하기를 좋아하는 일에 대하여 매우 근심하고 중지하기를 간곡히 간하였으나 효과가 없으므로 죽은 후에라도 왕의 잘못을 바로잡고야 말겠다는 비장한 결의를 보여 주고 있습니다.

고려 성종조(成宗朝)의 최승로(崔承老)는 '성상께서는 날마다 근신하여 스스로 교만하지 말며 아랫사람을 대할 때는 공손함을 생각하며……불법(佛法)을 숭상하고 믿는 것은 비록 불선한 것은 아니지만 제왕과 사서(士庶)가 공덕을 드리는 것은 사실이 다릅니다. 서민으로 말하면 수고로움은 자신의 힘이요 소비하는 것도 자신의 재물이기 때문에 그 패해가 타인에게 미치지 않으므로 괜찮지만, 제왕으로 말하면 백성의 힘을 수고로이 하고 백성의 재물을 소비하는 것입니다. 불가(佛家)의 가르침을 행하는 것은 수신(修身)의 근본이요 유가의 가르침을 행하는 것은 나라를 다스리는 근원이니 수신은 내생(來生)의 밑천이요 나라를 다스림은 오늘의 할 일이니 오늘은 가깝고 내생은 먼데 가까운 것을 버리고 먼 것을 구함은 잘못이 아니겠습니까? '라고 성종에게 상소하였습니다.

임금은 언제나 근신하여 교만하지 말아야 하며 또한 임금으로서는 불법을 신앙하는 것이 부당함을 조리 있게 지적하였습니다. 고려 성종조만 하더라도 유학이 별로 진흥하지 못하고 불교가 성행하던 형편이었기 때문에 불법을 신앙하는 것이 당연하게 인정되는데도 불구하고 군주의 경우는 사서인과 다르다는 점을 지적한 것은 놀라운 일입니다. 사서인은 직접적으로 자기의 유익을 추구하여도 어쩔 수 없지만 군주는 자기의 유익보다는 백성의 유익을 추구해야만 하기 때문입니다.

조선조의 송시열(宋時烈)은 그의 기축봉사(己丑封事)에서 '배우기를 힘써서 마음을 바르게 하소서.……재주에 치우친 사람들을 멀리하고 충직한 사람들을 가까이 하소서'라고 상소하였습니다. (《송자대전》권 5참조).

임금이 배우기를 힘써서 마음을 바르게 하지 않으면 나라의 정사(政事)가 모두 그릇되기 쉽기 때문이며 재주에 치우친 사람보다는 충직한 사람이 나라를 위하여 더욱 필요하기 때문입니다.

7. 선비정신

김상헌(金尙憲)은 병자호란을 당하여 청나라에 항복하자는 주화론이 대두하자 '사람치고 죽지 않는 사람은 없고 나라치고 망하지 않는 나라는 없다. 청컨대 일사전(一死戰)으로 결단하여 사직을 위해 죽을지언정 어찌 가히 견양(犬羊)의 뜰에 무릎을 꿇어 만고의 욕을 스스로 취하리오'(《대동기문》권3참조)라고 주장하면서 청(淸)나라와의 강화(講和)를 반대하였습니다. 청나라는 본디 여진(女眞)족이요 여진족은 한민족과 비교할 때 문화적으로 뒤떨어진 형편이었기 때문에 그들에게 항복하는 것은 만고의 치욕이 된다는 것이었습니다.

병자호란은 본디 청나라와의 관계에서 형제의 의리를 벗어나 군신의 의리로 강요되자 이를 조정에서 거부하므로써 청나라가 침략해 온 것인데 강화도의 함락에 이어 남한산성에서도 지여해(池汝海) 등의 전사를 최후로 저항력을 상실하므로써 청나라에 대하여 군신(君臣)의 예(禮)를 행할 것과 소현세자(昭顯世子)와 봉림대군(鳳林大君)을 인질로 할 것 등, 많은 조건으로 항복하고 말았던 것입니다. 이 때 척화(斥和)를 반대한 이유로 청나라에 잡혀가 희생된 홍익한(洪翼漢) 윤집(尹集) 오달제(吳達濟)도 반만년 역사에 길이 빛나는 선비들입니다.

세상에서는 흔히 척화론자들이 강상(綱常)을 중시한 데 대하여 주화론자들은 권변(權變)을 중시하였다고 합니다. 임금과 신하가 모두 적군과 싸우다가 죽는 것도 중요하지만 한편으로는 일시적인 방편으로 항복하여 훗일을 도모하는 것도 묘책이 될 수 있기 때문입니다. 강상이 정칙(正則)이라면 권변은 변칙(變則)이기 때문에 변칙은 항상 정칙의 근본정신에 위배되지 않는 한계 내에서 주어진 특수상황에 적응하는 제2 또는 제3의 대책입니다.

따라서 강상을 고수하기도 어려운 일이지만 권변을 행사하는 것은 더욱 어려운 일입니다. 전통시대의 선비들이 권변을 삼간 까닭이 여기에 있습니다. 권변은 성인(聖人)도 그르치기 쉬운 것입니다. 최명길(崔鳴吉)은 권변의 묘용으로 임금과 신하와 백성을 살리기 위하여 신명을 바친 대표적인 인물에 속한다고 생각합니다.

한민족의 선비사상은 신라의 강수(强首) 부처에서도 찾아볼 수 있습니다. 강수는 이미 부곡(釜谷)의 야가지녀(冶家之女)와 야합하여 애정이 두터웠음에도 불구하고 규수의 가문이 빈천하다는 이유로 부모가 다른 곳에 혼인하도록 강요하자 '빈한하고 미천한 것은 부끄러운 일이 아니요 도를 배우고도 행하지 않는 것이 진실로 부끄러운 일입니다. 일찍이 고인의 말씀에 조강지처(糟糠之妻)는 내보내지 않으며 빈천할 때의 교우는 잊지 않는다고 하였으니 천첩도 차마 버리지 못할 처지입니다'라고 부모에게 간쟁하였습니다. (《삼국사기》권46참조).

흔히 남자는 혼인한 후에 출세하게 되고, 출세하기까지는 처의 도움을 많이 받게 됩니다. 여자는 혼인한 후에 남편과 그 권속을 위하여 희생하게 되고, 남자는 사회적으로 점점 우세한 지위에 놓이게 되지만 여자는 점점 열세한 지위에 놓이게 됩니다. 여기서 남자는 자칫하면 조강지처를 멸시하게 되고 심지어는 배신하는 수도 있습니다. 그러나 이러한 남자들의 자기도취와 배신행위는 선비정신에 크게 어긋나는 것이며 진정한 부부윤리를 파괴하는 이른 바 패륜행위(悖倫行爲)에 지나지 않습니다.

강수가 벼슬하다 죽은 후에 그 처가 굶주리게 되자 조정에서는 벼 1백석을 하사하였다고 합니다. 그러자 강수의 처는 '첩은 천한 사람입니다. 그러나 옷과 밥을 지아비에 따라 흡족히 하였으니 나라의 은혜를 많이 입었습니다. 이제는 지아비가 죽고 홀로 살고 있는데 어찌 감히 두터운 하사를 받아 다시 욕되게 할 수 있겠습니까' 하고 사양하였다고 합니다.

남편이 벼슬하여 받는 국록(國祿)이 넉넉하면 부인도 따라서 넉넉한 삶을 꾸리게 됩니다. 남편이 빈천할 때는 남편을 돕다가 남편이 부귀해지면 부인이 남편의 덕을 입는 것은 너무나 당연한 일입니다. 그러나 남편이 살아서 벼슬하는 동안에 국록의 혜택을 함께 누린 것도 과분하고 황송하고 염치없는 일이거늘 하물며 남편이 죽은 후에도 국가의 도움을 받는 것은 부당하다고 생각하고 강수의 부인은 단호히 거절하였던 것입니다.

오늘날 우리 사회에는 남편의 덕으로 갖은 혜택을 다 누리는 것으로도 부족하여 남편의 부정과 부패를 조장하며, 남편의 권세를 빌어 갖은 사회악을 조성하는 일부의 몰지각한 여성들이 있음을 볼 때 강수의 부인은 만세(萬世)의 귀감임에 틀림이 없습니다. 흔히 말하는 요조숙녀(窈窕淑女)는 강수의 부인과 같은 현숙한 여자를 가리키는 것입니다. 신사(紳士)가 인격적으로 훌륭한 남자를 가리키는 것과 마찬가지로 숙녀도 인격적으로 훌륭한 여자를 가리키는 것은 말할 것도 없습니다. 사치와 낭비와 허영과 향락에 들뜬 여자들과는 근본적으로 다릅니다. 강수의 부인이야말로 '그 남편의 그 부인'이라고 할 수 있으며 거룩한 선비정신을 엿보게 합니다.

선비정신과 아울러 한 가지 밝힐 것은 한국 여성들의 자랑으로 알려진 이른 바 정신(貞信)입니다. 고대사회로부터 전해 오는 여성들의 정신은 수많은 현모, 양처, 효부, 열녀를 배출하여 세계 어느 민족의 역사에서도 찾아 보기 어려운 여성문화를 창조해 왔던 것입니다.

소나무와 잣나무는 차디찬 엄동설한에 푸른 절개를 드러냅니다. 마찬가지로 사람도 아무런 어려움이 없이 평탄할 때에는 선비정신이 잘 드러나지 않지만 세태가 어지러워 도적이 들끓고 탐관오리가 활개를 치고 패륜이 횡행하게 되면 유속(流俗)에 물들지 않고 비리(非理)와 타협하지 않는 선비정신이 드러나게 됩니다.

흔히 세상 사람들은 권세있는 사람에게 찾아다니며 아첨하고, 권세 없는 사람에게는 멀리 하고 백안시하는 사례가 많습니다. 이러한 사람들은 사사로운 이익을 탐하는 사람들입니다. 그러나 선비정신은 효(孝), 제(悌), 충(忠), 신(信), 예(禮), 의(義), 염(廉), 치(恥)와 같은 높은 도덕의 실천을 본질로 합니다. 선비정신은 국가가 위태롭고 백성이 불안한 시대에 드러나기 쉽고, 더욱 절실히 요청되는 정신입니다.

8. 청백리정신

청백리(淸白吏)정신이란 공직자가 청렴하게 공무를 수행하는 정신이라고 할 수 있습니다. 그리고 우리가 혼히 부르는 청백리라는 칭호는 조선조에 생긴 것이고 고려조에서는 양리(良吏)라고 불렀으며 염리(廉吏) 또는 염직리(廉直吏)라고도 불렀습니다.

고려조에는 청백리(양리)를 선정할 때 반드시 지방관(수령)을 역임한 사람으로서, 청신(淸愼)과 인후(仁厚)로 백성을 잘 기르고, 옛날의 청백리와 비교하여 부끄럽지 않은 사람인지를 기준으로 하였습니다.

그리고 고려조 지방관의 임무는 주로 ①토지를 개간하여 넓히고 ②호구(戶口)를 늘리고 ③부역(賦役)을 고르게 하고 ④소송(訴訟)을 간결히 하고 ⑤도둑을 없애는 일이었으며, 조선조에는 ①농사와 누에치기 장려 ②호구(戶口)증가 ③학교 일으키기 ④군정(軍政)강화 ⑤부역을 고르게 하기 ⑥소송을 간결히 하기 ⑦간활(奸猾)불식 등이었는데 모두 백성을 잘 기르는 일이므로 양민(養民)이라고 할 수 있습니다.

지방의 관리로서 백성을 잘 기르려면 우선 그 정신이 청렴하고 강직해야 합니다. 그럼에도 불구하고 관리가 부당한 재물이나 사치나 허영을 탐내고 강직하지 않으면 백성을 잘 기를 수가 없을 뿐만 아니라 오히려 백성을 괴롭히고 해롭게 하는 수가 많게 되고 이러한 관리는 오리(汚吏)니 혹리(酷吏)니 악리(惡吏)니 장리(贓吏)니 탐관오리(貪官汚吏)라고 불렀습니다.

따라서 예나 이제나 청백리가 얼마나 많으냐에 따라 민생(民生)문제가 좌우되었고 민생문제는 곧 사회와 국가의 발전을 좌우하였습니다. 그러므로 청백리를 많이 발굴하여 표창하고 승신도 시키고 심지어는 그 자손에게도 관리로 임용되는 특전을 베풀어서 크게 장려하게 되었으며 오리는 적발하여 엄격히 처벌하였던 것입니다.

전통사회에서 드높이 추앙을 받던 청백리는 오늘날의 모범공무원이라고 할 수 있습니다. 현대국가에서도 공무원이 얼마나 청렴하고 강직하냐에 따라 민생의 안정과 국가사회의 발전이 좌우된다는 것은 엄연한 사실입니다. 그러므로 세계 어느 나라에서나 모범공무원을 발굴하여 표창하는 동시에 부정공무원이나 부패공무원을 적발하여 엄벌하고 있는 것입니다.

우리 한민족은 일찍이 한반도(韓半島) 뿐만 아니라 넓은 중국 대륙의 일부를 지배하고 서해(西海), 남해(南海), 동해(東海)와 멀리는 남지나해(南支那海)와 인도양(印度洋)과 태평양(太平洋)의 일부 연안까지 진출하면서 활동하였고 일본을 비롯한 부속 도서(島嶼)에 문화를 전달하면서 반만년의 역사를 이어 왔으며, 오늘날에는 세계 제11위라는 거대한 경제규모를 이룩하고 국제연합(UN)의 떳떳한 회원국으로 사명을 수행하고 있습니다.

우리가 지금 이처럼 유구한 역사와 찬란한 문화를 자랑할 수 있는 것은 청백리정신에 힘입은 바가 컸던 것입니다. 만일 그 수많은 공직자들이 청백리정신을 발휘하지 않았더라면 결코 오늘날의 국가

를 건설하지 못하였을 것입니다. 일찍이 신라시대의 화랑도정신이
나 고려시대의 북진정책과 대몽항쟁(對蒙抗爭)이나 조선시대의 구
국항쟁으로 나타났던 의병정신이나 일제강점하의 항일독립정신이
모두 청백리정신의 발로라고도 볼 수 있습니다.

따라서 청백리정신은 한민족의 저력을 이루는 많은 정신(홍익인
간사상, 상조정신, 국난극복정신, 독립정신 등)과 그대로 부합하고
상통하는 것이며 특히 선비정신과는 그 범주의 차이가 있을 뿐 완
전히 일치하는 정신이라고 할 수 있습니다.

여기서 말하는 범주의 차이라고 하는 것은 청백리정신이 주로 지
방관리의 경력을 중심으로 규정하는 데 반하여 선비정신은 관리의
경력이 어떠하냐에 구애되지 않고 모든 공직자나 지도층이나 지성
인에게 적용되는 개념임을 말하는 것입니다.

따라서 청백리정신을 말하는 것은 곧 선비정신을 말하는 것이나
다름없는 것입니다. 조선시대의 청백리는 모두 218명(≪전고대방≫
에 기록된 자료)인데 전기(선조25년 임진왜란 발발 이전)에 162명
이나 배출되고 후기에는 56명 밖에 되지 않는 것은 전기에 국력이
크게 신장하고 후기에 국력이 쇠퇴한 역사적 사실과 관계가 깊은
것으로 보입니다.

국제적으로 분쟁이 일어날 때에는 국가 안전보장을 좌우하고 국
내적으로 어려움이 있을 때에는 사회의 안녕과 질서와 국민의 생존
을 좌우하는 것이 곧 청백리정신입니다.

오늘날 우리 사회는 그 어느 때보다도 청백리정신이 요구되고 있
습니다. 유사이래 가장 심각한 경제위기를 맞게 된 원인은 공직자
의 윤리가 위기에 처하고 청백리정신이 사라졌기 때문입니다.

이제 역대(歷代) 청백리 가운데서 몇 사람을 가리어 간략히 소개
하고자 합니다.

① 검군(劍君)

검군은 신라 사람인데 사량궁(沙梁宮)의 사인(舍人)으로 군무하고 있었습니다. 진평왕 44년(627년) 8월에는 예년보다 일찍 서리가 내려서 곡식이 제대로 익지 못한 까닭에 다음해 봄부터 기근(饑饉)이 심하여지자 궁중에서 근무하는 사인들마저 창고의 곡식을 도둑질하여 서로 나누어 먹었습니다. 그러나 검군만은 나누어 주는 쌀이 훔친 물건이므로 결코 받지 않았습니다.

그러자 다른 사인들이 여러 가지로 그를 종용하였지만 끝까지 쌀도 받지 않고 도둑질에도 가담하지 아니 하였으므로 검군은 자신의 생명이 위태로운 것을 알았으나 자기가 살기 위하여 동료들을 고발할 수는 없었고 또한 잘못이 없으면서 비겁하게 피할 수도 없어서 담담히 죽음을 택하고 말았습니다. 그는 아무리 굶주려 죽더라도 정당하지 않은 재물은 취할 수 없다는 견리사의(見利思義)의 정신을 실천하였습니다.

② 노극청(盧克淸)과 현덕수(玄德秀)

노극청은 고려 명종 때의 산원동정(散員同正)이었는데 살림이 가난하여 그 부인이 백금 12근을 받고 현덕수에게 가옥을 매도하였습니다. 이를 안 노극청은 현덕수의 집으로 찾아가서 본디 9근에 샀던 집을 3근이나 더 받은 것은 잘못된 일이라고 3근을 되돌려 주었습니다. 현덕수는 완강히 거절하였지만 만일 받지 않으면 12근을 모두 되돌려 주고 매매를 취소하겠다고 강력히 주장하는 바람에 현덕수는 하는 수 없이 3근을 받아 그것을 불교사찰에 시주하였다고 합니다.

부동산 시세라는 것은 항상 고정된 것이 아니어서 애초에 자기가 샀던 값보다는 더 받고 팔 수 있는 것이며 더구나 가정 형편이 어려워서 집을 팔게 된 처지에 살 때의 값보다 더 받은 돈을 기어이 되돌려 주고 만다는 것은 참으로 상상하기 어려운 일입니다. 물욕을 벗어난 노극청의 맑은 마음씨를 짐작케 합니다.

8. 청백리정신
•
183

③ 최석(崔碩)

최석은 고려 충렬왕 때 승평부사(昇平府使)로 있었는데 임기를 마치고 비서랑(秘書郎)으로 승진하여 승평을 떠나게 되자 관례대로 백성들이 말 8필을 주었으나 짐을 싣고 서울에 도착하자마자 도중에 낳은 망아지까지 합하여 9필을 승평부로 돌려 보냈습니다.

체환하는 부사에게 말을 주는 것은 당연한 관례로 알았던 백성들은 너무나 감격하여 팔마비(八馬碑)와 선정비(善政碑)를 세웠다고 합니다. 전임자들이 받는 말이니 자기가 받는 것은 당연한 일이라고 생각하는 것이 오리(汚吏)가 되는 시초임을 깨닫고 최석은 그것을 물리친 것입니다.

다른 사람들이 받는 물건은 자기도 받을 수 있다고 생각하는 것이 부패의 원인입니다. 남이야 어떻게 하든지 자기의 확고한 소명의식(召命意識)을 깨달아 어떠한 유혹에도 기울어지지 않는 것이 청백리정신이라고 할 수 있습니다.

④ 황희(黃喜)

황희는 조선조의 육조판서를 거쳐 강원관찰사, 평안도 도순문사(都巡問使), 한성판사(漢城判事), 영의정 등 수많은 관직을 역임한 유명한 관료이었습니다.

그가 영의정으로 있을 때 영의정을 비롯한 모든 판서들이 모여 회의를 열었는데 당시 공조판서(工曹判書)로 있던 김종서(金宗瑞)가 공조로 하여금 약간의 술과 다과를 준비하여 참석자들을 대접하였습니다.

그러나 음식을 대접하는 일은 예빈사(禮賓寺)에서 할 일인데 공조에서 그 일을 한다면 그것은 분명히 변칙적인 것이어서 국고(國庫)의 지출이 문란해지는 것이었습니다. 아무리 적은 지출이라도 명목(관항목)에 없는 것이니 이런 일이 각 부서에서 행해지면 예산 집행의 문란이 초래된다는 사실을 황희는 지적하고 김종서를 준엄하게 문책하였다고 합니다.

황희는 김종서에 대하여 특히 엄격히게 대하고 그 하인들을 매질하기도 하여 말이 많았는데 그것은 김종서라는 인물을 크게 기르기 위한 것이었고 실제로 자기가 물러나면서 김종서를 추천하였다고 합니다.

그의 집에는 사내 종이 있었는데 그 종은 다른 아이들이 글 읽는 것을 어깨 너머로 보고서도 모두 터득하였기 때문에 그 재주가 기특하고 아까워서 그를 은밀히 불러서 돈을 넉넉히 주고 아무도 모르는 곳으로 가서 종이라는 신분을 숨기고 열심히 공부하여 부디 성공하라고 풀어주었습니다.

몇 년 후에 종은 과거시험에 합격하고 황희에게 지난 일을 밝히고자 하므로 황희는 그의 말을 가로 막고 아무에게도 절대로 밝혀서는 안 된다고 타일렀다고 합니다.

하루는 황희가 집에서 하관(下官)들과 함께 서류를 정리하고 있었는데 하인의 아이들이 들어와 오줌을 싸는 바람에 서류가 젖게 되었답니다. 그러나 황희는 꾸짖지도 않고 손수 오줌을 닦아 내고 서류를 말려서 썼다고 합니다. 조정의 고급관리로서 종이 한 장이 궁색하기 때문이 아니라 될 수 있는 대로 한 장의 종이라도 아끼고자 하는 검약정신을 실천한 것입니다.

⑤ 맹사성(孟思誠)

맹사성은 고려조 말엽에 문과(文科)에 급제하여 조선조에 이르러 대사헌, 우의정, 좌의정을 역임한 분으로 청렴하고 결백하기로 유명한 분입니다. 그는 정승의 자리에 있으면서도 소를 타고 고향엘 다녔다고 하며 가옥은 너무나 허름하여 비바람을 막기에도 부족하였다고 합니다.

하루는 병조판서가 맹정승의 집을 방문하였다가 마침 소나기가 내리는데 여기 저기 비가 새어 방 안에서도 의관이 젖을 지경이었습니다. 병조판서는 자기의 가옥이 너무나 좋은 것을 부끄럽게 여기고 짓고 있던 행랑채를 헐어버렸다고 합니다.

또 하루는 부인이 햅쌀밥을 지어 올리자 어디서 햅쌀이 났는지 맹정승은 그 연유를 묻게 되었습니다. 알고 보니 조정에서 받는 녹미(祿米)가 너무 오래 묵은 쌀이어서 밥맛이 없기 때문에 약간의 햅쌀을 이웃 집에서 꾸어다가 밥을 지었던 것이었습니다.

맹정승은 나라에서 주는 쌀을 먹는 것이 당연한 일임에도 불구하고 그 쌀이 좋지 않다는 핑계로 남의 쌀을 꾸어오는 것을 부당하다고 타일렀다고 합니다.

농민은 해마다 자기가 추수한 햅쌀을 먹을 수 있지만 녹미를 먹는 벼슬아치들은 몇 년씩 묵은 쌀을 먹는 수가 많았을 것이고 보관하는 동안에 변질된 것도 많을 것이니 밥맛이 좋을 리가 없을 것입니다. 그러나 땀흘린 농민을 생각하고 나라의 은혜를 생각하면 그것도 과분하고 감사하다는 것이 맹사성의 뜻이라고 생각됩니다.

⑥ 기건(奇虔)

기건은 조선조 세종조에 관찰사, 대사헌, 판중추부사를 역임한 분인데 일찍이 연안부사(延安府使)로 근무한 일이 있었습니다.

하루는 백성들이 남대지(南大池)라는 연못에서 붕어를 잡아다가 바쳤는데 기건이 가만히 생각해 보니 백성들을 수고롭게 하고 그들에게 폐를 끼치는 일이기 때문에 자기는 본디 붕어를 먹지 못한다고 말하고 3년 간이나 재임하면서 붕어를 먹지 않고 술도 또한 마시지 못한다고 멀리 하였다고 합니다.

그러나 기건이 체임되어 연안을 떠나게 되어 부로(父老)들이 모여 송별연을 열게 되자 그 동안 마시지 않고 참았던 술을 마셨다고 합니다. 그가 제주목사로 근무할 때도 해녀들이 깊고 차가운 바닷물 속에서 고생하는 것을 생각하고 3년간이나 전복을 먹지 않았다고 합니다.

백성의 수고로움을 생각하면 자기가 먹고 싶은 음식도 먹을 수 없는 것이 목민관의 정신입니다.

⑦ 윤석보(尹錫輔)

윤석보는 연산군(燕山君) 때에 문과에 급제하고 벼슬길에 올랐는데 풍기군수(豊基郡守)로 근무한 일이 있었습니다. 그는 남자 종 한 사람과 여자 종 한 사람만을 데리고 풍기로 부임하고 부인 박씨와 아들은 본가에 남겨 두었는데 본가에서는 생활이 매우 곤궁하여 부인이 대대로 전해 오는 비단을 팔아서 땅 한 뙤기를 사게 되었습니다. 농사라도 지어서 생계를 도우려고 한 것입니다.

그러나 이 소식을 들은 윤석보는 즉시 편지를 보내어 새로 산 땅을 빨리 주인에게 돌려주라고 하였습니다. 벼슬살이를 하는 동안에 한 치의 땅이라도 넓히는 것은 임금을 배반하는 일이라고 생각하였던 것입니다.

남편이 군수라는 높은 지위에 있어도 국록(봉급)이 변변치 못하였기 때문에 부인이 저지른 일인데 윤석보는 그것이 임금과 백성을 외면하는 치부(致富)행위라고 생각한 것입니다.

오늘날의 공직자들이 부인이나 자녀나 친인척의 이름을 빌어 부동산 투기를 일삼는 행태가 얼마나 부끄러운 일인지 반성하게 하는 일입니다.

⑧ 박수량(朴守良)

박수량은 명종 때 예조판서, 한성판윤, 공조판서, 형조판서를 두루 역임하였는데 그 자신의 부정이나 부패는 말할 것도 없고, 남의 부정이나 부패도 절대로 용서치 않았다고 합니다. 무려 38년 간이나 벼슬하면서도 너무나 청빈하게 살았기 때문에 모든 사람의 귀감이 되었습니다.

명종은 박수량의 청렴결백을 확인하기 위하여 은밀히 사람을 보내어 알아 보기도 하였는데 그가 죽은 후에는 어명으로 석재(石材)

를 골라 하사하고 비문(碑文)을 새기지 말고 그대로 묘비를 세우게 하였습니다.

박수량은 너무나 결백한 인물이기 때문에 비문을 지어 놓으면 오히려 그의 청렴결백을 훼손할 염려가 있었기 때문입니다. 글은 말을 다 나타내지 못하고 말은 뜻을 다 나타내지 못한다(書不盡言 言不盡意)고 합니다. 청백리정신은 말로 다할 수가 없고 글로 다 할 수 없습니다. 말로 나타내고 글로 나타내면 진정한 청백리정신에서 멀어지고 마는 것입니다.

⑨ 이황(李滉)

이황은 조선조의 중기에 호조좌랑(戶曹佐郞), 군수, 예조판서 등을 역임한 관료이면서 신유학(정주학)의 대가로 추앙을 받는 인물입니다.

그는 서울에 머물고 있을 때 이웃집 밤나무에서 담장을 넘어 밤톨이 떨어진 것을 보고 혹시나 아이들이 그것을 주워서 구워 먹을 것이 두려워 보는 대로 주워서 이웃집으로 집어 던졌다고 합니다. 법으로 따지면 그 밤톨은 이웃집의 소유임에 틀림이 없지만 밤나무 가지가 담장을 넘어 뻗었고 또한 얼마 안 되는 밤톨이니 아이들이 주워서 구워 먹어도 크게 말썽이 되지는 않겠지만 내 것과 남의 것을 분명히 분별하기 위한 것이었습니다.

이황은 자기의 밭 가운데로 사람들이 다니는 길이 나 있어서 일하는 사람들이 길을 막고 돌아서 다니게 하였으나 조금이라도 통행인에게 불편하지 않도록 하기 위하여 종전대로 길을 내 주게 하였다고 합니다.

그리고 가뭄이 심할 때 논에 물을 대는 데도 자기의 논보다 깊은 논에 먼저 대도록 양보하였다고 합니다. 물은 높은 곳에서 낮은 곳으로 흐르는 것으므로 마땅히 먼저 댈 수 있음에도 불구하고 남에게 양보한 것입니다.

그는 벼슬도 하고 제자도 많았지만 좁고 누추한 가옥에서 검소하게 살았기 때문에 손님들이 찾아가서 편히 앉을 자리가 마땅치 않았고, 또한 음식이 너무 초라하여 좌의정으로 있던 권철(權轍)이 찾아 갔다가 수저를 들지 못하고 그대로 돌아 갔다는 일화가 있습니다.

이황은 상처를 당하고 후처를 맞이하였는데 그 후처는 음식솜씨나 바느질솜씨가 매우 좋지 않을 뿐만 아니라 모든 면에서 용렬하기 그지없었지만 결코 불만스럽게 여기지 않고 절대로 그 후처를 소박하거나 흉보지 않았다고 합니다. 그리하여 훌륭한 부인을 소박하던 제자를 무언 중에 감화시켰다는 일화가 전하고 있습니다.

그는 공직 뿐만 아니라 사생활에서도 진정한 인격을 보여 준 선비로 알려지고 있습니다.

⑩ 김수팽(金壽彭)

김수팽은 영조 때 호조(戶曹)의 관리였는데 하루는 혜민국(惠民局)에 근무하는 아우의 집에 가 보니 부업으로 염색업(染色業)을 하고 있는 것이었습니다. 김수팽은 물감이 든 항아리들을 보며 관리는 국록만으로 만족하고 살아야지 더 잘 살겠다고 부업을 해서는 안 되며 자기네보다 더 곤궁한 사람들이 부업을 해야 한다고 타이르고 항아리를 모두 뒤엎어 버렸다고 합니다.

하루는 재상의 자택으로 결재를 받으러 갔는데 재상이 손님과 더불어 바둑을 두느라고 결재를 빨리 하지 않았습니다. 김수팽은 바둑을 휘저어 버리고 뜰 아래로 내려와서 다른 사람을 임명하여 결재하라고 말하고 서류를 놓고 나가려 하였습니다. 재상은 자신의 잘못을 깨닫고 사과하였다고 합니다.

또 하루는 김수팽이 숙직하는 날 밤에 갑자기 임금이 내관을 보내어 돈을 지출하라는 것이었습니다. 그러나 아무리 왕명이라도 자기의 재량으로 처리하지 않고 책임자의 집을 찾아가서 결재를 받고 집행하다 보니 시간이 크게 지연되었다고 합니다.

그리고 어느 대감이 호조에 보관되어 있는 은괴(銀塊)를 딸의 혼사에 쓰려고 집어드는 것을 보고 김수팽은 '자기는 딸이 더 많다'고 짐짓 말하고 훨씬 더 많은 은괴를 집어들어서 대감의 욕심을 견제하였다고 합니다. 자기의 분수를 지키고 권력 앞에서 비굴하지 않은 대장부의 기상을 엿볼 수 있습니다.

이 밖에 이원익(李元翼), 이이(李珥), 김장생(金長生), 김상헌(金尙憲), 송시열(宋時烈) 등을 비롯한 수많은 청백리가 있지만 여기서는 모두 생략하기로 합니다. (청백리에 관한 내용은 이현종 지음《청백리정신과 열전》을 참조하였음).

9. 존덕 · 숭례 · 상조정신

　우리 나라에는 예로부터 덕(德)과 예(禮)를 높이는 정신이 계승
되어 왔습니다. 이러한 전통은 고대의 부족국가시대로부터 이어져
오는 것으로 보이는데 가장 구체적인 것은 조선왕조 때에 전국적으
로 실시되었던 향약(鄕約)에서 그 자취를 찾아볼 수 있습니다.

　우리는 신라시대의 화랑도(花郞道)에서도 그 모습을 발견할 수
있으니 화랑도는 고신도(古神道)가 발전한 것으로 보입니다. 삼국시
대의 문화를 이해하는 데 중요한 자료가 되고 있는《삼국유사》(三
國遺事) 권 3에 '왕은 또 나라를 일으키고자 하면 모름지기 풍월도
(風月道)를 먼저 해야 한다고 생각하고, 다시 명령을 내려 양가(良
家)의 남자 중에 덕행(德行)이 있는 사람을 뽑아 화랑이라 고치
고……'라고 한 기록을 통하여 풍월도가 화랑도로 변모하였음을 알
수 있습니다. 그리고《삼국사기》신라본기 진흥왕 37년조에 있는
최치원(崔致遠)의 「난낭비서」(鸞郞碑序)에서 볼 수 있는 '풍류'라는
말은 고신도와 관련이 있다고 이해됩니다. 화랑도나 풍월도라는 말

이 나오기 전에는 '왕은 크게 신선을 숭상하여 민가의 처녀들 중에서 아름다운 사람들을 뽑아서 원화(原花)를 삼고 무리를 모아서 그들에게 효제(孝悌)와 충신(忠信)을 가르치려 하였다'는 기록도 보입니다. 따라서 화랑도나 풍월도는 그 내용이 같은 것이고 화랑과 원화도 성별(性別)의 차이만이 인정될 뿐이며, 그들은 신선을 숭상하고 효제충신을 배웠다고 할 수 있습니다.

화랑도는 대체로 신선을 숭상하고 덕행을 기르기 위한 일종의 교육제도에서 출발한 것이며 그들은 공동생활에서 요구되는 화충협동(和衷協同)을 체험하고 간난신고(艱難辛苦)와 희로애락(喜怒哀樂)을 통하여 인정(人情)의 기미(幾微)를 체험하고 도의(道義)를 연마하되 고독하고 힘겨울 때 서로 동정하며 부조하는 미덕을 배우며, 특히 화랑오계로 알려진 사군이충(事君以忠), 사친이효(事親以孝), 교우이신(交友以信), 임전무퇴(臨戰無退), 살생유택(殺生有擇)의 정신을 존중하였습니다.

이러한 신라시대의 집합적 조직체에서 중시한 존덕과 숭례는 고려조로 이어지고 또한 협동생활의 관념이 한층 발달하여 도(徒)와 계(契)의 형식을 갖추게 되었습니다. 도는 낭도(郎徒), 향도(香徒), 십이공도(十二公徒)와 같은 조직을 보였으며, 계는 유자양(庾資諒)이 나이 열 여섯에 유가의 자제들과 더불어 맹세하여 조직한 계의 조직을 보였습니다. (《고려사》권99참조).

유자양을 비롯한 유가의 자제들은 계를 통하여 학문과 무예를 익히며 서로 어려운 일을 도왔던 것입니다. 그리고 《고려사》(高麗史) 식화편(食貨篇)에는 돈이나 곡식을 시납하여 본살(원금)은 보존하고 이식(利息)을 취하여 서로 돕는 제위보(濟危寶)와 학자금으로 이용하도록 돕는 학보(學寶)라는 것이 있었습니다. 모두 환난을 당하여 고통 받는 사람을 돕고 공부하는 사람들에게 학자금을 주어 돕는 구제기금과 장학기금의 기능을 발휘한 것입니다.

Ⅲ. 한민족의 저력
•

이와 같이 신라시대와 고려시대의 역사적 배경을 가지고 있는 협동적 조직체는 조선왕조에 들어오면서 송(宋)나라의 「남전여씨향약」(藍田呂氏鄕約)을 모태로 하는 「주자증손여씨향약」(朱子增損呂氏鄕約)의 영향을 받아 태조(太祖)에 의하여 「풍패향헌목」(豊沛鄕憲目)이 제정되어 실시되었고 이태조의 향헌은 다시 효녕대군 보(孝寧大君 補)에 의하여 56개조목에 달하는 「증제향헌」(增製鄕憲)으로 발전했던 바 이 두 가지의 향헌이야말로 조선조 향약의 기본적인 요소와 정신을 갖춘 것이었습니다.

조선조의 향약은 대체로 「남전여씨향약」이나 「주자증손여씨향약」과 같이, 덕업을 서로 권하고 과실(過失)을 서로 규제하며 예속(禮俗)을 서로 교환하며 환난(患難)을 서로 구휼하는 네 개의 강령에 따라 구성되어 있으며, 조선조의 수많은 관료와 학자들이 당시의 여러 가지 사회적, 지역적 여건에 따라 알맞도록 증손(가감)하여 입안(立案)하므로써 전국적으로 시행하는 데 공헌하였습니다. 여기서는 이이(李珥)의 「사창계약속」(社倉契約束)과 「대성원신증향약」(大聖院新增鄕約)을 중심으로 간략히 그 내용을 소개하겠습니다.

우선 덕업을 서로 권하는 내용(德業相勸)은 부모에 대한 효도, 국가에 대한 충성, 형제간의 우애, 연장자에 대한 공손, 남녀간의 예절, 언어의 충신(忠信), 엄격한 자녀교육, 예하(隷下)의 통솔, 능근사공(能勤事功), 약신(約信)의 실천 등입니다.

과실을 서로 규제하는 내용(過失相規)은 가정생활이나 사회생활에서 비난 받을 만한 과실이나 악행(惡行)이나 범법행위가 있을 때 자치적으로 규제하는 것인데 가정에서 지켜야 할 도리를 어기거나, 어른들에게 예의를 지키지 않거나, 이웃사람들에게 고의로 피해를 주거나, 불의의 화재나 수재를 당하는 사람을 돕지 않고 방관하거나, 국법을 어기거나 하는 행위를 자치적으로 규제하는 것이었습니다.

9. 존덕 · 숭례 · 상조정신
•
193

예속을 서로 교환하는 내용(禮俗相交)은 존자(尊者)·장자(長者)
·덕위자(德位者) 등에 대한 예우와, 매년 정초에 행하는 호례(互
禮)와, 혼가(婚家)에 대한 예절, 상가(喪家)에 대한 예절 등을 실천
하는 일입니다. 혼상제례에 대한 예절은 당사자에게 정중히 인사하
는 것은 말할 것도 없고 자기의 형편대로 도와주는 것입니다. 육체
적인 노력으로 돕거나 물자를 돕거나 금전으로 돕는 것인데 특히
상례에는 절대로 폐가 되지 않도록 음식을 대접받지 않는 것이 원
칙이었습니다.

환난을 서로 구휼하는 내용(患難相恤)은 급난(急難)의 구제, 질병
의 구조, 형사(刑事)사건의 구조, 가자(嫁資)의 보급, 빈궁의 진휼,
고약(孤弱)의 부양, 사장(死葬)의 조위, 사창(社倉)의 경영, 산업상조
(産業相助), 위생상호(衛生相護) 등과 같습니다.

사람이 모여 사는 공동체는 그 규모가 크던 작던 반드시 일정한
질서가 있어야 하고 상부상조가 이루어져야 합니다. 나로부터 비롯
한 일이 남에게 영향을 미치고 남으로부터 비롯한 일이 나에게 영
향을 미치는 일이 너무나 많고, 서로 도움을 주고 받지 않으면 살
수 없습니다. 이를테면 어느 마을에 길을 닦아야 할 경우에도 그
길을 누가 얼마나 많이 이용하느냐에 관계없이 서로 협동하여 닦으
므로써 직접적으로 또는 간접적으로 혜택을 받게 됩니다.

특히 농로를 닦고 관개수로(灌漑水路)를 뚫는 일에 모두 협력하
지 않으면 아니 되었고 만일 어느 집에 화재가 발생하더라도 서로
도와 화재를 진압하지 않으면 안 되고 모를 심고 벼를 베는 일에도
서로 두레나 품앗이로 돕지 않으면 안 되었던 것입니다. 우리 조상
들은 이러한 공동생활에서 요청되는 윤리와 협동을 바탕으로 존덕
과 숭례와 상부상조를 실천한 것입니다.

요컨대 덕행을 높이고 의례를 숭상하며 서로 돕는 정신을 원만히
발휘하기 위하여 여러 가지 조직체가 발달해 온 것인데 전국적으로

가장 널리 시행된 것이 조선조의 향약입니다. 이러한 조직체는 일제의 강점기에도 동계(洞契)나 종계(宗契)나 친목계(親睦契)를 비롯한 여러 가지 형태의 계로 존속되어 왔습니다. 서구문명의 급격한 수용과 더불어 금전만능주의와 도덕심의 퇴폐로 말미암아 금전의 이익만을 목적으로 하는 계가 성행하여 사회적으로 물의를 일으킨 것은 전통적인 계의 정신에 위배되는 변형된 모습이었습니다. 향약(사창계)의 참된 윤리정신과 상부상조정신은 공동체의 유지와 발전을 위하여 매우 중요한 기능을 발휘하였던 것입니다.

10. 창조정신

우리의 빛나는 민족정신 가운데 빼어놓을 수 없는 또 하나의 정신은 창조정신입니다. 우리 조상이 이룩한 문화적 창조는 철학사상을 비롯하여 문학, 무예, 음악, 무용, 연극, 의상, 미술, 서예, 공예, 건축, 활자, 무기, 종교 등과 정치, 경제, 사회에 걸친 훌륭한 제도가 있으며 많은 과학적 발명이 헤아릴 수 없이 많습니다.

그러나 이렇게 많은 창조 가운데서도 특히 뛰어난 것 중의 하나는 훈민정음(訓民正音)이라고 생각됩니다. 「훈민정음해례제자해」(訓民正音解例制字解)에 의하면 훈민정음이 역학(易學)의 원리에 근거하여 창제되었음이 분명합니다. '천지의 도는 하나의 음양오행일 따름이다. 곤괘(坤卦)와 복괘(復卦) 사이가 태극이 되고, 움직이고 고요한 다음에 음양이 되니, 무릇 천지 사이에 있는 생류로서 음양을 버린다면 어디로 가리오. 그러므로 사람의 성음(聲音)도 모두 음양의 이치를 가지고 있으니 돌아보건대 사람이 살피지 아니할 뿐이다. 이제 정음을 지음에 있어서 처음부터 지영(智營)하여 힘써 탐구하지 않고 다만 그 성음에 좇아 그 이치를 극진히 하였을 뿐이다.……정음 28자는 각기 그 형체를 본떠서 만들었으니 초성(初聲)은 17자인데 아음(牙音) ㄱ은 설근(舌根)이 목구멍을 막은 형체이고…… 초성은 피어나 움직이는 뜻이 있으니 하늘의 일이요 종성(終聲)은 그치어 정해지는 뜻이 있으니 땅의 일이요 중성(中聲)은 초성이 생하는 것을 받아서 종성의 이루는 데에 접하니 사람의 일이다.……'라고 하였으니 말입니다.

현상(現象)을 관찰하고 이치를 궁구하여 얻은 훈민정음의 원리는 바로 역학(易學)에서 천지자연을 있는 그대로 관찰하는 상수(象數)의 학(學)과 그 안에 내재하는 이치를 궁구하는 의리(義理)의 학으로 더불어 그 길을 전적으로 같이하는 것이며, 28자도 거의 모두가 그 소리나는 형상을 본떠서 만들었다고 할 수 있고, 그 중에는 소리의 여약(厲弱)에 따라 약간의 획을 더하여 만든 글자가 있지만 그 밑바닥과 줄기에는 상형(象形)의 원리가 깔려 있으며 그 모양은 한자(漢字)의 고전체(古篆体)와 비슷하여 한자와 아울러 쓰기에 편리합니다. (이정호《훈민정음의 구조원리, 그 역학적 연구》참조).

훈민정음 연구의 태두로 알려진 학산(鶴山) 이정호에 따르면, 훈민정음은 문자로서도 지극히 우수할 뿐만 아니라 거룩한 이용후생(利用厚生)의 자주적 정신이 깃들어 있고, 그 정신적 배경에는 제세안민(濟世安民)을 목표로 하는 보편적인 진리로서의 성리학적 궁극원리가 역력히 관조되어 있는 것으로《성리대전》(性理大全)이 훈민정음 창제에 결정적으로 기여했다고 합니다.

사람이 읽고 쓰는 능력을 갖는다는 것은 대단히 중요한 일이고 사람다운 구실을 하는 필수조건입니다. 왜냐하면 인간생활의 많은 영역이 읽고 쓰는 능력에 따라 지배되기 때문입니다.

사람은 자신의 의사를 밖으로 표현할 때 말이라는 수단을 사용하지만, 말이란 대체로 소리라는 매개물에 의존하지 않으면 안 되기

10. 창조정신
•
197

때문에 듣는 사람과의 공간적 거리가 충족되거나 아니면 특수한 기술적 장치가 마련되지 않으면 안 됩니다.

그러나 글이란 것은 글자를 통하여 만들어지는 것으로 비록 의사를 전달하는 사람과 받는 사람이 한 자리에 동시에 있지 않아도 서로 소용될 수가 있습니다. 오늘날 수백 년 또는 수천 년 전에 살던 사람들이 무슨 생각을 하고 있었는지를 잘 알 수 있는 것은 글자가 남아 있고 글이 남아 있기 때문입니다. 우리는 지금도 옛 어른들이 남겨 놓은 귀한 글자와 글을 통하여 귀한 사상(생각)을 공부하기도 하고 본받을 수도 있습니다.

글이란 것은 단순히 의사만 전달하는 수단에 지나지 않는 것은 아닙니다. 우리는 남의 글을 읽어서 그 뜻을 이해할 뿐만 아니라 한 걸음 더 나아가서 또 다시 새로운 생각(사고)과 행동을 낳게 되고 그것은 다시 다른 사람에게 전달되어 다시 새로운 생각과 행동을 낳게 합니다. 이처럼 글을 통한 의사의 전달은 파급에 파급을 거듭하면서 전통문화가 창조되고 인류문화가 발전하는 것입니다.

이렇게 본다면 글을 읽고 글을 쓴다는 것은 개인에게만 중요한 것이 아니라 가정, 사회, 국가, 인류에게 없어서는 안 될 중요한 생존과 문화창조의 수단이요 매체라고 할 수 있습니다. 인류가 만일 문자(글자)를 발명하지 못하고 글을 쓰지 못하였다면 오늘날과 같은 찬란한 문화를 이룩하지는 못하였을 것입니다.

따라서 우리들 한민족이 한글(훈민정음)을 창조한 것은 한민족의 영원한 운명을 지배하는 열쇠를 발명한 것이나 다름이 없습니다. 한민족은 한글이 창조되므로써 읽고 쓰는 능력을 급격히 성장시킬 수가 있었고, 정치, 경제, 사회, 문화, 예술, 과학 등 모든 분야를 한층 풍부한 기록으로 남기고 전달할 수 있었으며, 그것을 종횡으로 파급시키므로써 새로운 문화의 창조에 끊임없이 기여할 수 있었던 것입니다.

Ⅲ. 한민족의 저력
·

한민족의 창조정신은 한글의 창조 외에도 헤아릴 수 없이 많다는 것은 앞에서 지적한 바와 같습니다. 그러나 일부의 지식인들은 우리의 과학이나 기술에 대하여 매우 회의적인 태도를 보이는 것 같습니다. 그 까닭은 서구(西歐)의 과학과 기술이 우리의 과학과 기술을 너무나 압도하고 능가하기 때문인 것으로 보입니다. 본디 과학이나 기술 뿐만 아니라 인류문화의 모든 분야가 항상 일정한 수준을 유지하는 것이 아니고 때에 따라 융성기와 쇠퇴기를 나타내는 것이며, 어떤 특수한 분야가 다른 분야보다 먼저 뛰어나게 발달할 수도 있습니다.

　따라서 우리에게 훌륭한 문화의 창조가 이루어져 있어도 어떤 특수분야에서 외래문화에 압도되면 마치 남에게만 훌륭한 창조가 있고 우리에게는 아무 것도 없는 것처럼 느껴지는 수가 있습니다. 특히 우리에게는 과학·기술 분야에서 매우 빈곤한 것처럼 느끼고 있지만 우리의 과학사를 통하여 고찰해 보면 세계의 어느 민족에게도 떳떳이 내어 놓을 만한 것이 많다는 것을 깨닫게 됩니다.

　이제 20세기를 보내고 21세기를 맞이하면서 한민족의 과학·기술은 문자 그대로 중흥기의 영광을 꽃피우고 있습니다. 오늘날 우리 국민이 생활하는 데 필요한 모든 과학·기술이 우리의 머리와 손으로 활용되고 있을 뿐만 아니라 세계 도처에서 우리의 과학·기술로 이룩된 제품과 건조물이 매우 높이 평가되고 있습니다. 문화·예술도 마찬가지입니다. 우리의 문화와 예술은 세계 어느 나라 어느 민족에게도 뒤떨어지지 않을 뿐만 아니라 한층 능가하는 높은 수준에 있습니다.

　세계적으로 높이 인정되고 평가되는 우리의 모든 정신문화와 물질문명은 우리 민족의 창조정신을 바탕으로 이룩된 것입니다.

　우리의 민족정신은 위대합니다. 그러나 아무리 위대한 민족정신이라 할지라도 지금 이 자리에서 되살리고 갈고 다듬고 빛내지 않으면 그 값어치를 드러내지 못합니다. 우리의 민족정신은 우리가 이어 받고 우리가 발전시키고 우리가 빛내야 합니다.

이 글을 쓰는 나나 이 글을 읽는 나는 우리 중의 한 사람이며, 나 없이 우리가 있을 수 없고, 내가 행하지 않고 우리가 행할 수는 없습니다. 나와 우리는 한민족의 정신을 이어받고 빛내는 주인공입니다.

11. 국난극복정신

　돌이켜 보면 4천 3백여 년이나 되는 기나긴 역사를 이어 온 우리 한민족은 주변에 있는 여러 민족들의 크고 작은 도전을 끊임없이 받아 온 것이 사실입니다. 그러나 그때마다 온 민족이 일어나 이민족의 침략을 물리쳤고 부득이하여 화친한 후에는 쉬지 않고 국력을 길러 설욕할 기회를 엿보았습니다. 이제 이민족과의 군사적 갈등으로 나타났던 우리 민족의 국난극복정신을 간략히 살펴보기로 하겠습니다.

　우선 고구려는 313년에 한(漢)나라가 설치한 낙랑군(樂浪郡)을 물리치고 612년에는 을지문덕이 100여 만의 수(隋)나라 군사를 살수(薩水)에서 물리치는가 하면 645년에는 당(唐)나라의 군사를 안시성(安市城)에서 패주시켰습니다. 한나라나 수나라나 당나라는 모두 중국대륙을 석권한 강대국이고 엄청난 대군을 동원하여 고구려를 침략하였지만 여지없이 패주하고 말았습니다.

　신라는 당나라의 군사적 지원을 받아 백제를 무너뜨리고 뒤이어

고구려를 병합하여 통일하였으나 당나라의 세력이 통일신라를 지배하려 하였기 때문에 670년부터 7년 간에 걸쳐 치열한 전투를 벌여 당군을 섬멸하고 676년에는 당나라의 공략을 완전히 분쇄하였습니다. 당나라는 신라의 외교전략에 따라 신라를 도왔지만 한반도를 모두 지배하려는 야욕을 노골화하므로써 신라군의 공격을 받게 되고 그들의 야욕은 완전히 좌절되고 만 것입니다.

고려는 1010년과 1018년에 각각 거란군(契丹軍)을 크게 격멸하고 1231년 이후에는 40년 간에 걸쳐 몽고족(蒙古族, 원나라)에게 항전한 바 있습니다. 이때 고려조는 조정을 강화(江華)로 옮기고 팔만대장경(八萬大藏經)을 판각하면서 피나는 항전을 계속하다가 1259년에 이르러 두 나라 사이에 강화조약(講和條約)이 체결되자 삼별초군(三別抄軍)은 강화를 반대하고 진도(珍島)와 제주도(濟州道)에서 1273년까지 저항하였습니다. 삼별초군은 최후의 한 사람까지 목숨을 바쳐 외적을 물리친 것입니다.

조선왕조는 1592년에 왜군(倭軍)의 대침략을 받아 7년 간이나 격전하면서 진주(晋州), 행주(幸州), 한산도(閑山島)에서 대첩하고 곽재우(郭再祐), 고경명(高敬命), 김면(金沔), 조헌(趙憲), 영규대사(靈圭大師), 서산대사(西山大師)를 비롯한 유명한 의병(義兵)들이 전국 각지에서 일어나 목숨을 바쳐 나라를 지켰습니다.

그 후 1636년에는 여진족(女眞族, 청나라)의 침략을 받아 부득이 하여 강화하였으나 김상헌(金尙憲)과 삼학사(三學士) 등에 의하여 척화의리정신이 드높이 불타올랐습니다.

1866년에는 병인양요(丙寅洋擾)가 1871년에는 신미양요(辛未洋擾)가 각각 일어나고 1876년에는 일본의 무력적 강제에 따른 병자수호조약(丙子修護條約)이 체결되는가 하면 1910년에는 일본의 강점으로 국가의 주권을 잃게 되었습니다. 이러한 민족적 대수난을 겪으면서 성리학(性理學)사상을 바탕으로 한 위정척사(衛正斥邪)사상이 일어났으며, 민족의 주체성을 고수하려는 척화비가 방방곡곡에 세워지고 니이가 의병창전(義兵抗戰)을 거쳐 독립운동으로 계승되어 헤아릴 수 없는 피와 눈물을 흘린 끝에 드디어 1945년에는 국가의 주권을 회복하게 되었습니다.

아시아 뿐만 아니라 세계에서도 가장 거대한 한족(漢族)은 몽고족이나 여진족에 의하여 400년 간이나 지배를 받았고, 또한 많은 민족들이 국권을 상실하기도 하고 멸망해 없어져 버리기도 하였으나 우리 민족은 반만년에 가까운 유구한 역사를 지켜 왔고 세계의 어느 민족에게도 뒤지지 않는 고유 문화를 창조해 온 것은 우리 민족의 맥박 속에 고동치는 국난극복정신(호국사상)을 원동력으로 한 것입니다.

어느 민족이나 어려움을 겪는 데는 내부적 어려움과 외부적 어려움이 있겠습니다마는 우리 민족이 겪은 어려움은 외부로부터 오는 어려움이 많았고 그것은 이민족의 무력침략이었습니다. 여기서 말하는 국난도 주로 이민족의 침략을 가리키는 것입니다.

우리 나라의 국토를 여행하노라면 삼천리 방방곡곡에 크고 작은 석성(石城)과 토성(土城)이 무수히 흩어져 있음을 발견할 수 있습니다. 이들 성곽들은 국토와 민족이 통일되기 이전에 축조되어 사용된 것이 많이 있지만, 대륙과 해양도서 지방으로부터 오는 이민족의 침략에 대비하는 동시에 백성을 보호하는 시설로 사용되었던 것입니다. 우리 나라의 성곽들은 우선 수효가 많은데 놀라움을 금할 수 없고, 그 구조와 규모가 특수한 계층만을 보호하기 위한 것이 아니고, 빈부귀천의 차별없이 외부의 침략으로부터 보호받는 동시에 일단 유사시에는 무인(武人)들 뿐만 아니라 남녀노소가 모두 나서서 전투에 참여할 수 있었습니다.

우리 민족이 국난을 극복할 수 있었던 민족정신은 한 마디로 표현할 수 없는 복합적인 요소가 응집되어 형성되었을 것입니다. 따

11. 국난극복정신
·

라서 우리 민족의 국난극복정신은 쉽사리 설명할 수도 없고 또한 해석하는 데도 일정한 한계를 벗어나기 어렵고 매우 단편적일 수밖에 없습니다. 이러한 한계나 제약을 무릅쓰고 여기서는 이순신(李舜臣)의 국난극복정신을 간략히 살펴 보기로 하겠습니다.

잘 알고 있는 바와 같이 이순신은 16세기 말에 일어났던 임진왜란(壬辰倭亂)을 당하여 여러 차례에 걸쳐 왜군을 물리치고 격파하므로써 온 세계의 해전사(海戰史)를 통하여 최고의 영웅으로 부각된 인물입니다. 그는 거북선이라는 일종의 철갑선을 이용하여 적군에 대항하므로써 크게 전과를 올린 것도 매우 놀라운 사실입니다.

무릇 전쟁의 목적은 여러 가지가 있을 수 있고 그것은 공격전이냐 방어전이냐에 따라 크게 다를 수 있습니다. 그런데 임진왜란이 발발한 후 7년 간이나 지속된 왜군과의 전쟁은 분명히 공격전이 아닌 방어전이요, 적의 격멸이 아닌 백성의 보호였던 것입니다. 우리의 전쟁목적과는 달리 공격과 파괴와 약탈을 목적으로 하였던 왜군은 닥치는 대로 공격하고 파괴하고 살육하고 약탈하였지만 조선군(朝鮮軍)은 사직(社稷)과 종묘(宗廟)와 백성을 지키고 보호하는 데 그쳤던 것입니다.

이순신의 전략과 전술도 위와 같은 조선군의 전쟁목적에 따라 수립되고 전개된 것이었습니다. 이순신은 적을 무찌르고 우리의 영토 밖으로 축출하기 위하여 군비를 확보하는 동시에 전략과 전술을 깊이 연구하고 혼신의 역량을 기울여 싸웠습니다. 이순신의 수군과 접전한 왜의 수군은 수많은 배를 격침 당하고 파괴당하고 병력을 잃었기 때문에 감히 대적하지 못하고 도망치는 무리가 많았습니다. 도망치는 왜적 가운데는 계속하여 바다로 도망치지 못하고 황급히 배를 버리고 육지로 달아나는 무리도 적지 않았습니다.

그런데 이순신은 적군이 육지로 도망칠 때 버린 배를 노획하거나 파괴하므로써 적에게 손해를 입힐 수도 있고, 전리품을 얻을 수도

III. 한민족의 저력
·
204

있으며 그로 말미암아 전과(戰果)를 올리게 되고 포상도 받고 승진할 수도 있습니다. 그러나 이순신은 적이 육지로 도망치면서 버린 배를 좀처럼 노획하지 않았습니다. 노획하기는 고사하고 그대로 두고 오히려 멀리 피하여 왜군으로 하여금 안심하고 다시 바다로 나올 수 있도록 유인하였습니다.

당시에 온 백성이 나서서 왜군과 싸운 것은 우선 짐승만도 못한 왜군을 밖으로 멀리 몰아내는 데 목적을 둘 수밖에 없었습니다. 왜냐하면 왜군이 우리 땅 안에 있으면 있을수록 백성은 약탈당하고 살육 당할 수밖에 없었기 때문입니다. 바다에서 육지로 달아나면서 버린 배를 노획해 버리면 적이 바다로 다시 나올 수 없게 되고 백성들의 피해는 그만큼 더 커지기 때문입니다. 따라서 왜군이 버린 배를 그대로 두어 바다로 쉽사리 나오게 하는 것이 백성을 보호하는 하나의 방편이 되고 전쟁의 목적에도 부합하는 것입니다. 비록 외관상의 전과는 올리지 못할 망정 조금이라도 백성의 고통을 덜어 주기 위하여 냉정히 참고 기다리는 이순신의 지략(智略)은 유사이래 그 어느 누구도 추종하기 어려운 전략이었던 것입니다. 일본의 도오고오(東鄕平八郞)제독이 자신을 영국의 넬슨제독에 견줄 수는 있어도 이순신제독에 견줄 수는 없다고 고백할 만큼 이순신은 위대한 제독이었으며 전략가이었으며 애국자이었습니다.

이순신이 진(陣)을 치는 곳마다 백성들이 저자처럼 모여들었다니 그가 얼마나 백성을 사랑하고 보호하고 돌보아 주었는지를 웅변해 줍니다. 그가 임전(臨戰)태세에서 보여 준 인격과 지략은 무인의 차원을 넘어서 진정한 한국인이요, 군자요, 선비요, 성인임을 보여 주는 것입니다.

12. 독립정신

　독립정신은 자립하는 정신이고, 국가가 독립하는 것은 남의 나라의 식민지나 속령(屬領)의 위치에서 벗어나 구속을 받지 않고 자주적인 주권을 확보하는 것입니다. 나라가 독립하기 위해서는 남의 나라의 억압을 받는 민족이 스스로 군대를 조직하거나 기타 저항세력을 조직하고 구성하여 투쟁을 전개하지 않으면 안 되며 이러한 투쟁을 효과적으로 수행하기 위해서는 피압박민족의 절대적인 단결과 결사(決死)의 의지가 먼저 필요하고 강력한 무력이 필요합니다.

　세계의 모든 국가가 처음부터 주권을 행사하는 독립국가로 존재하는 것이 바람직하지만 역사적으로 고찰해 보면 그렇지 못한 경우도 많습니다. 따라서 국력의 쇠퇴나 외국의 강점으로 부득이 하게 주권을 잃고 식민지나 속령이 되어 억압과 약탈을 받는 수가 있고 특히 국제적인 외교관계가 작용하여 독립이 어렵거나 불가능한 경우도 있기 때문에 한 나라의 독립에는 외국의 지원이 요청되는 수도 많습니다.

우리 나라에서는 19세기 중엽에 해당하는 개항(開港) 전후부터 1945년 광복까지 일본제국주의를 주축으로 하는 제국주의의 침략에 대항하여 나라의 주권을 수호하려는 운동이 치열하게 전개되었습니다.

우리 민족은 1876년에 체결된 강화도조약과 1905년에 체결된 을사조약을 전후하여 형성된 배일운동(排日運動)과 의병항쟁(義兵抗爭)과 그 후로부터 1919년 3·1운동에 이르는 사이에 있었던 의병의 재기(再起)와 애국계몽운동을 통하여 독립운동의 방향과 이념을 정립하였으며, 특히 3·1운동을 계기로 1945년까지 국내외에서 거족적인 독립운동을 줄기차게 전개하여 왔습니다.

학자들의 견해에 따르면 개항 전후로부터 임오군란(1882년), 갑신정변(1884년), 청일전쟁(1894년)과 갑오경장(1894년)에 이어지는 시기에 전개된 척사위정운동과, 동학농민운동(1894년)에서 시작된 농민군의 항일전쟁과, 을미사변(1895년)과 단발령(1895년)을 계기로 하여 1896년 초부터 전개된 의병항쟁, 1896년부터 1899년에 이르는 시기에 독립협회 등이 집중적으로 전개한 애국계몽운동을 한국 민족주의의 형성기에 나타난 항일운동이라고 합니다. (한국정신문화연구원 《한국민족문화대백과사전》8「민족독립운동」윤병석 집필 참조).

1905년 을사조약이 강제로 채결된 시기를 전후하여 1919년의 3·1운동에 이르는 기간의 독립운동은 의병의 항일전쟁과 애국계몽운동이 주류를 이루었습니다. 의병의 항일전쟁은 을사조약 직후 지방에 머물면서 을미의병을 일으켰던 유생(儒生)들과 전직 관리(官吏)와 강제로 해산된 군인들에 의하여 주도되었습니다. 이처럼 재기한 의병의 항일전쟁은 1914년 경까지 계속되었으며 경기도, 충청도, 강원도, 황해도 뿐만 아니라 경상도, 전라도, 함경도, 평안도까지 확대되어 전국 각처에서 전개되었으며 심지어는 북간도(北間島)와 시베

리아에서도 전개되었습니다. 그러나 일본군의 강력한 진압작전으로 불리한 형편에 이르게 되고 1914년 경에는 독립군으로 개편되어 갔습니다.

당시의 의병항전은 민족의식을 고취하고 독립전쟁론의 바탕이 되었습니다.

애국계몽운동의 이념은 그 중요한 근간이 민족주의 교육에 있었습니다. 당시의 지도자들은 민족주의 교육을 실시하기 위한 학교를 많이 설립하여 인재를 양성하고 민족의 역량을 배양하는 데 심혈을 기울였습니다. 여기서 주목할 만한 사실은 그들이 청소년의 군사교육을 실시한 것입니다. 청소년의 군사교육은 독립전쟁론의 기초이자 실현이기도 하였습니다. 독립전쟁론은 일본군국주의의 침략과 강점으로부터 조국의 주권을 회복하는 가장 확실하고 효과적인 논리였습니다.

우리 민족의 독립정신은 1919년의 3·1운동에서 크게 부각되었습니다. 3·1운동은 신분, 직업, 빈부, 지역, 종교, 성별, 연령을 초월한 전민족의 일치된 독립정신을 행동으로 표현한 것입니다. 이 때부터 민족 독립운동의 사상적 주류는 주로 독립전쟁론과 문화주의론과 외교주의론과 민중투쟁론으로 요약됩니다. 우리의 독립운동은 무력투쟁과, 정치, 경제, 사회, 교육, 언론 등과 같은 문화적 역량의 배양과, 동양평화와 세계평화를 위한 국제적 후원 및 지지와 우리 겨레의 온 민중이 다 함께 항일투쟁에 나선다는 것을 말하는 것입니다. 3·1운동은 우리 나라의 독립을 선언하고 독립만세를 부르며 시위하므로써 우리의 독립정신을 밝혔으나 일제의 군대와 경찰은 방방곡곡에서 총격을 일삼고 무차별하게 체포하고 감금하였기 때문에 우리의 희생은 매우 컸습니다.

당시(3월 1일부터 5월 31일까지)의 피해상황을 보면 만세시위를 위하여 모인 집회수는 1542회에 2,023,089명이 참가하여 7,509명이 사망하고 15,961명이 부상하였으며 46,948명이 체포되었습니다. 일본의 만행(蠻行) 가운데서 가장 대표적인 것은 수원(水原) 제암리(堤岩里)의 양민을 학살한 사건인데 기독교인을 포함하여 적어도 수 십명이나 죽이고, 30여호의 민가를 불태운 것입니다. 그리고 이 밖에도 화수리(花樹里), 정주(定州), 맹산(孟山), 강서(江西), 대구, 밀양, 합천 등지에서 자행한 집단학살과 유관순(柳寬順)참살(慘殺) 사건 등은 인류역사에서 영원히 지워질 수 없는 비인도적 범죄로 기록되었습니다.

제국주의자들의 식민지정책(政策)은 여러 가지 유형을 보이고 있으나 그 중에서 일본이 우리 나라를 통치한 것은 강대한 군사력으로 급격히 지배하므로써 한민족의 자유와 권리를 완전히 유린할 뿐만 아니라, 잔혹한 억압과 약탈에 대한 우리의 저항에 대하여 무자비하게 학살과 투옥을 감행한 것이며 다른 한편으로는 이른 바 동화(同化)정책으로 한민족의 말과 글과 모든 문화를 말살하여 완전한 일본의 국민(신민)을 만들고자 한 것입니다.

일본의 동화정책은 우리 민족의 문화를 완전히 말살하는 황민화(皇民化)정책이었으며 이러한 식민정책은 세계역사상 가장 잔인하고 비인도적인 것이었습니다. 공출(供出)이라는 이름으로 농산물을 모두 약탈당하여 굶주리게 되고 병나게 되어 죽는 사람이 헤아릴 수 없이 많았으며, 우리의 말과 글을 두고도 쓰지 못하였으며, 창씨개명(創氏改名)으로 성(姓)과 이름조차 빼앗겼으니 한국 역사상 영원히 지울 수 없는 암흑시대였습니다.

우리의 독립전쟁은 서북간도지방을 중심으로 하는 만주일대와 연해주에서 활발하게 진행되었으며 하와이와 사할린에서도 호응하였습니다. 만주와 연해주는 우리 동포가 많이 사는 곳이고 을사조약과 경술국치를 전후하여 해외독립운동의 기지가 되었던 곳입니다. 이 때 독립전쟁에 나섰던 군대는 대한독립군, 대한독립단의용군, 광복군총영 등으로 부르는 수 만명에 달하는 무장독립군이었으며 1920년에는 봉오동대첩(鳳梧洞大捷)이나 청산리대첩(靑山里大捷)과 같은 커다란 전과를 올리기도 하였습니다. 이와 같은 독립전쟁은 1930년까지 계속되었으며, 1940년에는 중국 중경(重慶)에서 대한민국임시정부가 중국 국민당정부의 지원을 받아 광복군을 편성하여 연합군과 공동으로 참전할 준비를 갖추게 하였습니다.

우리 민족의 독립운동은 국제연맹·태평양회의와 같은 국제회의에서도 꾸준히 전개되었으며 3·1운동 이후에는 의열단과 애국단 등이 조직되어 총탄과 폭탄으로 저항하였으며, 독립운동의 민중화를 위한 농민운동과 노동운동을 전개하기도 하였습니다. 뿐만 아니라 6·10만세운동, 광주학생운동을 비롯한 여러 가지 형태의 항일운동이 일어났습니다. 항일운동에 참여하였던 애국지사들은 각자의 사회적, 경제적 처지와 지역적 조건에 따라 심혈을 기울였습니다.

3·1운동 이후 애국지사들은 독립군의 자금을 지원하기도 하고, 독립군에 입대하여 직접적으로 전쟁에 참여하기도 하고, 폭탄을 던지기도 하고, 총격을 감행하기도 하고, 임시정부나 기타 항일단체에 참여하여 활동하기도 하고, 산업진흥이나 교육, 문화, 언론, 사회 등 각 분야에서 근대 민족의식의 선양과 진작에 공헌하기도 하였습니다.

한민족의 독립전쟁은 필사(必死)의 전쟁이었습니다. 우리는 일본제국주의의 강점으로 생명과 재산과 자유와 권리를 너무나 많이 빼앗기고 짓밟혔으며, 그들을 격퇴하고 민족의 주권을 회복하기 위하여 죽음을 기필하고 싸웠던 것입니다.

이제 조국이 광복을 맞이한 지 반세기(半世紀)가 흘렀습니다. 그러나 우리 나라와 중국을 비롯한 동양의 평화를 깨뜨리고 씻을 수 없는 범죄를 저질렀던 일본은 아직도 충분한 반성을 보이지 않고 오직 경제 동물의 파렴치한 행위를 자행하고 있을 뿐입니다. 일제의 만행을 목격하고 알고 있는 우리는 아직 그들을 온전히 용서할 수 없습니다. 다만 그들이 진정으로 스스로의 범죄를 반성하고 진정한 이웃이 되기를 기다리면서 지켜 볼 수밖에 없는 형편입니다.

우리의 독립정신은 일제 뿐만 아니라 세계의 모든 침략자들을 경계하는 횃불이며 세계평화를 지키는 수호신입니다.

13. 민주수호정신

앞에서 나는 국난극복정신과 독립정신을 소개하였습니다만 이제 학생의 민주수호정신을 말하고자 합니다. 왜냐하면 한국의 학생들은 한국사회를 이끌어 나가는 중요한 역할을 수행하였고 선구자적 정신을 발휘하였기 때문입니다.

우리 나라의 학생운동은 일찍이 조선조의 성균관에서 공부하던 유생(儒生)들이 조정의 잘못된 처사에 대한 시정을 요구하기 위하여 일으켰던 파학(罷學)에서 그 연원을 찾아볼 수 있습니다.

유생들은 국가에 대한 집단적 의사표시로 유소(儒疏)를 올리게 되는데 사전에 모든 유생에게 알려서 일단 공론(公論)으로 결정되면 모든 유생이 연서(連署)날인하여 소장(疏狀)을 작성하고 함에 넣어 붉은 보자기로 싸서 명륜당에 모여 낭독하고 소장이 대궐로 옮겨지는 길은 깨끗이 청소하고 거리의 상가(商街)는 철시케 하였습니다. 유생들이 행렬을 지어 대궐로 가서는 정원(政院)을 통하여 소장을 왕에게 올리고 만족할 만한 비답(批答)을 받기 전에는 해산하지 않고 기다렸습니다.

만일 이러한 방법으로 목적을 이루지 못할 때는 식사를 거부히는 권당(捲堂)으로 들어가고 그래두 뜻을 이루지 못할 때에는 숙소(남재와 북재)를 퇴거하는 공재(空齋)로 들어가고 그래도 안 되면 성균관을 비우고 각자 집으로 돌아가는 공관(空館)을 감행하였습니다.

유생들의 권당이나 공재나 공관은 일종의 동맹휴학이었고 이를 파학(罷學)이라고 불렀는데 조선조의 파학은 모두 96차례나 있었습니다. 그리고 파학의 동기나 목적은 때에 따라 다르게 나타났으나, 전기에는 주로 국왕이나 왕실의 불교숭배를 반대하는 것이 많았고 유학자의 문묘배향문제나 유생 처벌의 가혹성이나 부당성을 항의하는 사례가 있었으며, 후기에는 당쟁(黨爭)의 영향으로 유생들의 처지도 서로 달랐기 때문에 전기처럼 단합된 집단행동이 어려웠다는 비판도 있습니다. (한국정신문화연구원《한국민족문화대백과사전》2p '공관' 이원호 이희권 집필 참조).

조선조 유생들의 파학행위는 민주수호의 발로라고 평가될 수 있으며 우리 나라 학생운동의 출발점이라고 할 수 있습니다.

우리 나라의 학생들은 일제의 강점으로부터 조국을 광복하기 위한 항일운동과 광복후의 자유민주주의 수호운동을 줄기차게 전개하여 왔습니다. 1919년에 일본 동경에서 일어났던 2·8독립선언, 같은 해에 서울에서 일어난 3·1학생독립운동, 1926년에 일어난 6·10만세운동, 1929년 11월 3일에 광주에서 일어난 광주학생운동은 모두 조국의 광복을 위한 항일운동이고 1946년부터 서울에서 일어난 반탁(反託)학생운동, 1960년에 마산과 전국 각지에서 일어난 4·19학생운동, 1961년 5·16군사혁명 후에 일어난 한일회담반대운동과 유신체제 반대운동, 1979년 10월 이른 바 부마사태(釜馬事態)로 유신독재정권이 몰락한 후 등장한 신군부세력에 대한 저항으로 나타난 광주항쟁, 1987년에 일어난 6·10평화대행진 등은 자유민주주의수호운동이고 이러한 일련의 학생운동을 통하여 나타난 정신은 하나의 민주수호정신이라고 할 수 있습니다.

우리 나라의 학생운동은 일본제국주의의 식민통치와, 연합국의 신탁통치와, 광복 후 수립된 대한민국 정부의 헌정사(憲政史)에서 나타난 반민주적 독재에 대한 항쟁이라고 요약됩니다. 그러나 일제의 식민통치나 연합국의 신탁통치나 모두 자유민주주의를 파괴하거나 크게 위협하는 정치행태이기 때문에 학생운동의 근본정신은 민주수호정신에 다름없는 것입니다.

1919년 이후부터 1988년 제6공화국이 수립되기까지 약 70년 간에 걸쳐 끊임없이 일어난 우리 나라의 학생운동은 모두 한국의 역사에 길이 빛나는 민족운동이었습니다. 특히 2·8독립선언에서는 민족을 강조하고, 일본이 우리의 독립을 거부할 때는 영원한 혈전(血戰)을 전개하겠다는 결의가 강렬하게 났습니다. 3·1정신이 비폭력적이었다면 2·8정신은 한층 적극적이고 폭력적이고 투쟁적이었음을 알 수 있습니다. 그러나 여기서는 민주수호정신을 살피기 위하여 4·19학생운동에 관하여 언급하기로 하겠습니다.

4·19학생운동은 1960년 3월 15일에 있었던 자유당정권의 부정선거에 대한 항거운동이었는데 처음에는 경남 마산에서 일어난 시민과 학생의 부정선거 규탄시위가 대구를 거쳐 서울로 파급되므로써 전국에 확산되었습니다. 서울에서는 4월 18일 정오에 고려대학교 학생이 3·15부정선거와 부정부패와 독재정치를 규탄하는 시위를 시작하여 광화문에 있는 국회의사당까지 진출하였다가 날이 어두워질 무렵 학교로 돌아가는 도중에 정치깡패들의 총격을 받아 중경상을 입은 학생이 많았습니다.

다음 날엔 서울시내의 많은 대학생들이 시위대가 되어 경무대 앞으로 몰려 들자 경찰이 발포하므로써 사상자(死傷者)가 속출하고 경찰의 발포는 시내 도처에서 일어나 사상자는 늘어났습니다. 정부는 계엄령을 선포하였으나 시민이 호응한 학생시위는 그치지 않았습니다. 당시 대학교수단은 학생들의 피에 보답한다는 대의명분을 내세워 4월 25일엔 공명선거로 대통령과 부통령을 선거할 것과 발포경찰을 엄벌하고 학원에 대한 간섭을 배격하며 곡학아세(曲學阿世)하는 학자와 정치적 도구로 전락한 문화인과 예술인을 배격한다는 선언문을 발표하고 가두시위에 나섰습니다.

　계엄사령부는 탱크를 앞세운 무장군대를 투입하였으나 다행히 발포는 없었고 4월 26일에는 이승만대통령이 하야한다고 발표하였습니다. 이에 앞서 대통령은 부상하여 입원한 학생들을 병원으로 찾아가 '젊은 세대가 살아 있다는 증거'라고 위문하였으며 학생들은 빗자루를 들고 시위로 어질러진 광화문 네거리를 말끔히 청소하였으며 한국 학생들의 청소하는 모습은 해외기자들에게 크게 보도되었습니다. (한국정신문화연구원《한국민족문화대백과사전》23p 김성식 집필 참조).

　온 국민이 널리 알고 있는 바와 같이 이승만대통령은 조국의 광복을 위하여 신명을 바친 독립운동가였으며 해방 후의 혼란기를 극복하고 대한민국정부를 수립하여 자유민주주의의 기초를 닦는 지도적 위치에 있었으며 또한 1950년 6월 25일에 발발한 한국전쟁을 유엔의 협조로 극복한 지도자였습니다. 그러나 자유당정부는 자유민주주의에 역행하는 부정선거를 자행한 결정적인 실정(失政)으로 이승만의 정치적 카리스마는 여지없이 무너지고 해외로 망명하는 극한상황에 떨어지고 말았습니다.

　또한 박정희대통령은, 사회적 혼란이 극도에 달하고 국가의 안정보장은 지극히 위태로우며 국민은 기아(饑餓)로 신음하는 극한상황에서 목숨을 걸고 혁명을 단행하여 조국의 근대화과업을 수행하므로써 단군 이래의 빈곤을 타파한 영웅이었지만 장기집권을 위한 유신체제로 말미암아 자유민주주의의 기본원리를 위협하는 독재로 낙인되어 학생들의 규탄을 받게 되었습니다.

이승만이나 박정희는 국가의 건설과 발전에 참으로 지대한 공로를 세운 분들입니다. 지금도 그분들을 존경하는 사람은 상당히 많은 것으로 압니다. 그러나 아무리 민족과 국가를 위하여 희생하고 봉사하였다고 하더라도 자유민주주의의 기본되는 철학을 위협하는 정치는 용납될 수가 없었습니다. 그들은 자신을 과신하고 자신에 대하여 온 국민이 감격하고 맹종해 주기를 바라는 일종의 나르시스틱 퍼스낼리티를 가지고 군림하다가 비극을 자초하고 말았습니다. 학생들의 민주수호정신은 냉혹하면서도 불처럼 뜨거웠습니다. 독선은 국민 앞에서 심판을 받을 수 밖에 없었습니다.

국민의 양심과 정의가 살아있고 젊은이의 우렁찬 구호와 불타는 횃불이 살아 있기 때문입니다. 우리의 민주수호정신은 한민족의 영원한 희망이요 영광입니다.

Ⅲ. 한민족의 저력

14. 효(孝)사상

　　우리의 전통사회에서 가장 핵심을 이루는 윤리는 효라고 말할 수
있습니다. 그러나 많은 사람들이 이와 같은 견해를 시인하기는 하
지만 효에 대한 이해(理解)는 충분하지 않은 것 같습니다.

　　어떤 사람은 효의 윤리를 긍정적으로 평가하는가 하면 어떤 사람
은 부정적으로 평가하기도 하는데 전자는 효가 전통사회의 질서를
바르게 유지하고 국가와 사회에 공헌하였고 앞으로도 효의 정신이
계승되어야 한다는 견해인데 반하여 후자는 이에 상반되는 견해를
보이는 것입니다.

　　우리 나라의 고대사회로부터 전해 오는 효에 관한 설화 가운데는
부모를 위하여 자식이 스스로 희생하거나 아니면 자기의 자식을 희
생케 하는 사례를 발견하게 되는데, 늙어서 아무런 희망도 없고 생
산적인 역할을 담당할 수 없는 부모를 위하여 자식이나 손자가 희
생한다는 것은 매우 불합리하게 보일 수도 있습니다.

　　그러나 이러한 설화는 좀 더 깊이 있게 성찰하지 않으면 그 참뜻

을 이해하기 어렵습니다.

예로부터 어버이는 사랑하고 자녀는 효도한다(父慈子孝)는 말이 있습니다만 부모가 자녀를 사랑하는 마음은 도저히 말이나 글로 표현할 수 없으리 만큼 크고 넓고 깊고 뜨거운 것입니다. 그렇기 때문에 부모의 마음을 만분의 일이라도 알면 효자라는 말이 있는 것입니다. 자녀를 위해서라면 땀흘리고 수고하고 헐벗고 굶주리는 것은 말할 것도 없고 목숨이라도 바치려는 것이 부모의 마음입니다.

그러므로 자녀의 효도는 부모의 사랑에 대한 일종의 보답에 지나지 않는 것이며 부모의 사랑을 결코 능가할 수가 없습니다. 따라서 전통사회에서 중시된 효사상이 일방적으로 자식의 희생을 요구하는 것이 아니고 부모의 사랑을 깨우치도록 이끌어 주는 당위적 기능을 발휘한 것입니다.

유교의 경전(經典)에는 효의 윤리가 많이 포함되어 있는데 《효경》(孝經)은 가장 대표적인 효의 경전입니다. 《효경》에서는 효는 덕(德)의 근본이다, 사람의 행실 중에는 효보다 더 큰 것이 없다, 효는 어버이를 섬기는 데로 나아가고 입신(立身)으로 끝난다고 하였습니다.

덕은 사람의 사람다움이고 자연계의 동물과 비교하여 나타나는 커다란 차이입니다. 따라서 사람이 덕을 갖추지 못하면 '사람'이라고 자처할 수도 없고 남으로부터 인정 받을 수도 없습니다. 그러므로 덕의 근본이 되는 효는 다른 어떤 행실보다도 큰 것이며 단순히 부모를 섬기는 데 그치지 않고 임금을 섬기고 입신하고 행도(行道)하는 데까지 미치는 것입니다. 임금을 섬기는 것은 국가 사회를 위하여 공헌하는 것이며 입신 행도하는 것은 한층 높은 차원에서 세계를 위하여 진리를 행하는 것입니다.

따라서 효사상이 단순히 하나의 가정에만 국한하는 협소하고 폐쇄적인 윤리가 아니고 이웃과 나라와 세계에 미치는 것이며, 가정윤리로서의 특성을 지니면서도 사회윤리나 국가윤리나 세계윤리로서의 성격도 갖추고 있는 것입니다.

《효경(孝經)》에서는 천자(天子)의 효, 제후(諸侯)의 효, 경대부(卿大夫)의 효, 선비의 효, 백성의 효가 각각 어떻게 다른지 밝히고 있습니다. 그것을 요약하면 사람은 어떠한 신분(身分)에 있든지 부모를 공경하는 기본정신에 따라 자신의 사명을 충실히 수행해야 한다는 것입니다.

효는 한 마디로 정의하여 부모를 잘 섬기고 계승하는 것입니다. 부모를 섬기는 데는 물질적으로 섬기는 방법과 정신적으로 섬기는 방법이 있고, 부모를 계승하는 데도 육신으로 계승하는 것과 정신으로 계승하는 것이 있습니다.

그런데 사람은 누구나 물질적이고 육신적인 측면과 영적(靈的)이고 정신적인 측면을 아울러 갖추고 그에 따라 가치를 추구하는 존재이므로 부모를 섬기고 계승하는 일도 두 가지 측면에서 모두 이루어지는 것이 바람직한 것입니다.

자녀를 낳고 기른 부모는 누구나를 막론하고 자녀가 건강하고 성실하고 사회적으로 쓸모 있고 존경받는 인재가 되기를 바랍니다. 다시 말하면 훌륭한 인재가 되어 가정을 빛내고 사회와 국가에 봉사하며 남에게 존경 받는 자녀를 자랑스럽게 생각하고 자녀의 출세를 자신의 출세에 못지 않게 기뻐하고 보람을 느끼는 것이 부모의 마음입니다.

한호(韓濩)의 어머니가 자식의 성공을 위하여 희생한 정신은 모든 부모의 공통되는 정신입니다. 이러한 부모의 마음과 정신을 이해하고 실천하고 계승하려면 건강을 유지하고 짧은 시간이나마 허랑하게 보내지 말아야 하며 간난신고를 극복하여 남에게 존경 받는 사람이 되지 않으면 안 됩니다.

공자의 언행을 기록한 《논어》(論語)는 유교경전 중에서도 매우

14.효(孝) 사상
●

중요한 비중을 차지하는데 《효경》도 바로 《논어》의 내용과 다름없는 공자의 말씀을 증자(曾子)가 기록한 것이고, 《소학》(小學)도 효를 포함하는 유교의 윤리를 동몽(어린이)들의 수준에 알맞도록 후세에 편찬한 책입니다. 효사상은 유교의 많은 경전에 여기 저기 흩어져 기록되어 있습니다.

불교경전은 매우 방대하고 효에 관한 내용이 이 책 저 책에 산재하고 있으나 《육방예경》(六方禮經)과 《불설대보부모은중경》(佛說大報父母恩重經)에는 집약적으로 서술되어 있습니다.

《육방예경》에서는 살생, 도둑질, 간음, 거짓 등 네 가지 나쁜 행실과 탐욕, 분노, 어리석음, 공포 등 네 가지 악한 마음을 경계하고 있으며, 집안 살림을 기울게 하는 행위로서 술에 취하여 어리석은 짓을 하는 것, 밤늦도록 놀러 다니는 것, 노래나 연극에 빠지는 것, 노름하는 것, 나쁜 친구 사귀는 것, 자기가 할 일을 게을리 하는 것 등을 지적하고 있습니다.

여기서 지적하고 있는 네 가지 행실과 네 가지 악한 마음과 집안 살림을 기울게 하는 행위는 직접 또는 간접으로 효도와 관련되고 있습니다. 그리고 《육방예경》에서 특별히 밝히고 있는 자식의 도리는 부모에 대한 봉사, 가업에 대한 협조, 가계(家系)존중, 가산(家産)보존, 부모가 돌아가신 후의 공경 등인데 이러한 자식의 도리는 현실적으로 필요한 효의 실천덕목입니다.

《불설대보부모은중경》은 조선조 성종조에 간행된 안동 용정사판(龍井寺版)을 비롯하여 여러 차례의 언해본(한글판)이 출간되어 많은 국민들이 읽었을 것으로 보입니다.

이 경전에서는 부모의 10가지 은혜로 ①임신하여 지켜주신 은혜 ②해산할 때 고생하신 은혜 ③자식을 낳고 모든 근심을 잊은 은혜 ④쓴 것은 삼키고 단 것은 뱉아 먹여주신 은혜 ⑤마른 자리에 아기를 눕히고 젖은 자리에 누우시는 은혜 ⑥젖을 먹여 기르신 은혜 ⑦

더러운 것을 씻어주신 은혜 ⑧자식이 멀리 떠났을 때 걱정하시는 은혜 ⑨자식을 위해 힘드는 일(악업)을 하는 은혜 ⑩자식을 끝까지 사랑해 주시는 은혜 등을 열거하고 있습니다.

효는 본디 부모를 잘 섬기는 것이고 그것은 일종의 보은(報恩)입니다. 그런데 보은의 동기는 무엇일까요? 그것은 바로 부모의 은혜가 얼마나 지극한 것인지를 깨닫는 것입니다. 진심으로 은혜를 깨달으면 보은의 의지와 지혜가 생동하게 됩니다.

《불설대부모은중경》은 자녀들로 하여금 보은의 의지와 지혜를 가지고 크게 분발할 수 있도록 고무해 주는 기폭제의 힘을 발휘하고 있습니다.

우리 나라에는 유교와 불교의 경전 외에도 천도교, 도교, 관성교(觀聖教), 원불교, 대종교와 같은 종교의 경전에서 효사상을 발견할 수 있으며, 더욱이 특기할 만한 것은 지금으로부터 200여년 전에 들어온 서양의 기독교 경전에서도 효사상이 매우 중요하게 여겨지고 있다는 사실입니다.

자녀로서 부모의 은혜를 알고 그 은혜를 갚고자 하는 것은 사람이 사람다워지는 지름길이라고 할 수 있습니다. 동서고금의 모든 종교가 반드시 효사상을 포함하고 있는 것은 효가 결코 어느 특정 종교의 전유물이 아니며 인류의 보편적 가치임을 가리키는 것입니다. 효는 단순한 가정윤리에 그치지 않고 사회와 국가와 인류에 공헌하는 보편적인 윤리입니다.

우리 나라에는 각종 종교의 경전 뿐만 아니라 사기류(史記類), 삼강행실류(三綱行實類), 향약류(鄉約類), 고전시가류(古典詩歌類), 어제윤음류(御製綸音類) 등에도 효사상이 많이 나타나고 있습니다.

향약류에서 효를 규정한 내용은 대체로 부모에게 불효하거나, 부모를 때리거나 떠밀어 넘어뜨리거나, 부모에게 얼굴을 붉히고 힐책하거나, 부모의 가르침이나 명령을 따르지 않거나, 어버이는 가난하

14. 효(孝) 사상
•
221

고 자식은 부유함에도 불구하고 부모를 봉양하지 않거나, 부모가 돌아가셨는데도 슬퍼하지 않고 한 달 안에 음주하는 행위에 대하여 관청에 고발하거나 향약(사창계, 동계)내에서 처벌하는 것인데 반드시 부모에게만 국한하지 않고 삼촌 백숙부모나 친형에 대한 불손한 행위도 처벌하도록 규정하고 있습니다.

고전시가류에서는 시조(時調)에서 효사상을 많이 발견할 수 있는데 대체로 효를 권면하는 것, 부모를 그리워하는 것, 부모의 은혜를 나타낸 것, 부모의 장수를 비는 것, 부모의 별세 후에 효심을 나타낸 것 등입니다.

모두가 백행(百行)의 근원은 효라는 것, 유명한 효자를 본받으라는 것, 좋은 음식을 먹을 때마다 부모님 생각에 목이 메인다는 것, 반포효양(反哺孝養)하는 까마귀가 부럽다는 것, 삼신산 불로초를 구하여 부모님께 드리고 싶다는 것, 부모가 돌아가신 후에야 불효를 뉘우친다는 것, 제사를 잘 지내야 한다는 것들입니다.

그리고 이이(李珥)는 《자경별곡》(自警別曲)에서 상례(喪禮)와 장례(葬禮)를 엄격하고 절도에 맞게 행하여야 한다고 강조하였습니다.

우리 나라의 구비문학(설화)에는 효에 관한 내용이 매우 다양하게 나타나고 있는데, 효성이 지극하면 하늘이 감동한다는 것, 짐승이 도와준다는 것, 신명(神明)이 도와준다는 것, 조정에서 도와준다는 것이 많고, 부모를 위해서는 모든 것을 희생하고, 명령에 순종하고, 홀로 된 부모를 특별히 잘 모시고, 부모의 실수를 너그럽게 이해하고, 음식물이나 약을 극진히 구해 드려야 한다는 것도 많이 있습니다.

효에 관한 설화 가운데는 부모의 질병이 차도가 있는지 없는지를 알아보기 위하여 대변을 맛보았다는 것(嘗糞診之)이 있습니다. 오늘날과 같이 과학기술과 의술이 보급된 시점에서 볼 때는 좀처럼 이해하기 어려운 일입니다.

Ⅲ. 한민족의 저력
·

그러나 전근대사회에서는 과학적인 의료의 혜택이 없는 형편이고 부모의 질병은 심상치 않아 초조한 나머지 질병의 차도가 있는지 없는지 알아보기 위하여 부득이 부모의 대변을 혀로 맛보았던 것입니다. 아마도 대변의 맛이 쓰냐 다냐에 따라 질병의 차도를 추측한 것으로 압니다.

이 밖에 부모의 종기(腫氣)를 입으로 빨아 드린 일도 설화에 전해 오고 있습니다.

우리의 구비문학에 나타난 효도설화에는 ①부모의 은혜는 한없이 넓고 크다는 것 ②부모의 은혜는 반드시 갚아야 한다는 것 ③효성에는 하늘이 감응한다는 것 ④효도하면 복을 받는다는 사상이 있습니다.

효는 자식이 부모를 잘 섬기는 것입니다. 그러나 맹목적으로 섬기는 것은 아닙니다. 그러므로 부모가 불의(不義)에 빠지지 않도록 간쟁(諫爭)해야 할 때도 있습니다.

부모가 불의한 일을 저지를 때는 간쟁하여 불의를 막는 것이 진정한 효도이기 때문입니다. 부모가 도둑질을 하려고 하면 간곡히 말려야 하고 부모가 몽둥이로 때리려 하면 달아나는 것이 효도라는 말입니다. 부모의 몽둥이에 맞아 죽으면 부모를 살인자로 만드는 것이니 불효일 수밖에 없습니다.

부모들은 자녀를 희생으로 삼아 자신의 향락을 추구하지 않습니다. 오히려 그와는 반대로 생각과 가치관으로 즐거움과 기쁨을 느끼는 수가 많습니다. 그러나 다만 늙었다는 이유나, 활동력이 적고 돈을 벌지 못한다는 이유나, 또는 자식들보다 학력이나 전문지식이 부족하다는 이유로 자녀에게 무시되거나 소외되는 것만은 견디기 어려운 것입니다.

갖은 어려움을 참고 견디며 보람과 희망을 걸고 길러 놓은 자녀로부터 배신을 당한 노인들은 슬픔과 절망과 허무를 느끼게 되고

14. 효(孝) 사상
·
223

심한 경우에는 스스로 목숨을 버리기까지 합니다.

나는 우리 나라의 노인문제를 해결할 수 있는 효과적인 방안을 우리의 전통 윤리 속에 깊이 뿌리 박고 있는 효사상에서 찾아볼 수 있다고 생각합니다. 한국인의 효사상은 어떤 위대한 신앙에도 못지 않는 뿌리 깊고 견고한 신앙이라고 생각되기 때문입니다.

한국인의 효사상은 단순히 노인문제를 해결할 수 있는 효과적인 방안을 제시할 뿐만 아니라 청소년의 윤리교육을 포함하는 모든 사회윤리교육과 국민윤리교육을 효과적으로 추진하기 위한 방안을 제시할 수 있는 원천이라고 보아도 좋을 것입니다.

Ⅳ. 우리의 나아갈 길

1. 알기와 행하기

　사람은 항상 알기(知)를 좋아하고 알기를 좋아하기에 남의 이야기에 귀를 기울이고, 신문과 잡지를 읽으며, 방송을 청취하고 전문서적을 읽기도 합니다. 그러나 그것만으로는 알기를 좋아하는 욕구를 근본적으로 충족할 수가 없기 때문에 어려서부터 학교에 입학하여 공부하고, 학교를 졸업한 후에는 여러 가지 학원을 찾아다니며 공부하기도 합니다. 공부하는 동안에는 제대로 먹지도 못하고 쉬지도 못하여 건강을 해치기도 하고 여러 가지 일을 희생시키는 수가 많습니다.

　사람이 많이 알면 알수록 세상을 살아가기가 쉽고 유리할 때가 많습니다. 다시 말하면 직장을 구하기도 쉽고 돈도 벌기가 쉽습니다. 고학력시대니 정보(지식)화 시대니 하는 말이 생겨날 만큼 많이 알면 알수록 유리한 것이 현대사회의 특징입니다. 알기에 게으르고 뒤떨어진 사람은 그만큼 생존경쟁에서 불리하고 낙오하기 쉽고 타인의 존경을 받기도 어렵습니다.

중국과 한국에서 크게 발달한 성리학(性理學)에서는 격물치지(格物致知)를 매우 중시하였습니다. 격물치지라는 말은 '사물(事物)을 연구하여 이치를 깨닫는다'는 뜻으로, 또는 '사물을 바르게 하여 타고난 지혜를 닦는다'는 뜻으로 해석되었습니다. 격물치지가 바탕이 되어 성의(誠意)가, 성의가 바탕이 되어 정심(正心)이, 정심이 바탕이 되어 수신(修身)이, 수신이 바탕이 되어 제가(齊家)가, 제가가 바탕이 되어 치국(治國)이, 치국이 바탕이 되어 평천하(平天下)가 가능하다고 보았기 때문입니다. 격물치지는 한 사람의 문제로 그치지 않고 가정과 나라와 겨레와 세계의 문제로 확대되는 것입니다.

격물치지라는 말에서 가리키는 사물은 우주에 존재하는 모든 생물과 무생물과 일(事, 事件)들을 포함하는 동시에 인간관계의 윤리도 당연히 포함됩니다. 그리고 많은 성리학자들은 자연계의 사물보다 더욱 중요한 것은 인간관계의 윤리라고 생각하였습니다. 따라서 임금과 신하, 부모와 자녀, 남편과 아내, 형제와 자매, 친구와 친구 등과 같은 인간관계의 윤리를 잘 깨우치고 잘못된 것을 바로잡는 것이 중요한 격물치지라고 보았습니다.

인간관계의 윤리를 바르게 하기 위하여는 먼저 바람직한 인간관계의 윤리를 알아야 합니다. 바람직한 인간관계의 윤리를 알지 못하고 바람직한 인간관계를 확립할 수는 없기 때문입니다. 즉, 알기가 행하기에 앞선다는 것입니다. 흔히 세상 사람들은 알면서 행하지 않는 수가 많습니다.

이를테면 직장에서는 자기의 맡은 바 사명을 수행하기 위하여 최선을 다해야 하고, 상사(上司)에게는 직언(直言)해야 한다는 것을 알면서도 상사의 부정부패행위나 직권남용이나 직무유기를 알면서도 직언하지 않고, 바로잡으려 하지 않으며, 한 걸음 더 나아가서는 그릇된 상사의 명령에 복종하거나 그릇된 일을 방조하고 자신도 똑같은 일을 저지르기도 합니다. 이런 경우에는 아는 것이 차라리 알

1. 알기와 행하기
•
227

지 못하는 것만도 못한 것입니다. 그러므로 아는 것이 중요한 것이 아니라 행하는 것이 중요하다는 주장이 나오게 됩니다. 그러나 행하기는 반드시 알기를 바탕으로 이루어진다는 사실을 부인하기 어렵습니다.

중국 송나라 때의 주희(朱熹)는 알기와 행하기의 관계를 눈(目)과 발(足)에 비유하여 설명하였습니다. 사람이 만일 길을 간다고 하면 눈으로 먼저 길을 찾아야 하고 발은 눈이 찾은 길을 따라가야 목적지에 도달할 수 있습니다. 그런데 만일 눈과 발 중에서 하나가 불인(不仁)하여 제 기능을 발휘하지 못하면 사람이 목적지에 도달할 수 없게 되므로 결국 눈과 발은 다같이 없어서는 안 될 중요한 것입니다. 다만 선후관계를 따진다면 눈이 먼저이고 발이 그 다음이라고 할 수 있으나 중요하기는 마찬가지일 것입니다.

실제로 사람이 길을 갈 경우에는 눈과 발이 각기 완전무결하게 제 구실을 발휘하기는 쉽지 않습니다. 눈은 길을 부정확하게 보는 수가 많고 발은 안전하지 못하고 빠르지도 못하게 걷는 수가 많습니다. 이와 마찬가지로 사람이 인간관계의 윤리를 정확하게 고찰하고 판단하기는 매우 어렵고 또한 타당하고 완벽하게 행하기도 어려운 것입니다.

행하기는 알기를 바탕으로 하는 것이지만 다른 한편에서 보면 잘 알지 못하면서도 행하다 보면 더 명확하게 알게 되는 경우도 있습니다. 이런 까닭에 알기 때문에 행하고 행하기 때문에 안다고 할 수 있고 알기와 행하기는 상보관계(相補關係)가 성립됩니다. 이리하여 알기는 행하기의 실마리요, 행하기는 알기의 완성(知行之端 行知之成)이라고 말한 왕양명(王陽明)의 말과 같이 알기와 행하기는 엄밀하게 따로 떼어서 생각하기 어려울 만큼 합일된 관계에 있습니다. 행하기가 없는 알기는 참된 알기가 될 수 없고, 알기가 없는 행하기는 참된 행하기가 될 수 없습니다. 알기는 행하기를 위한 것이

Ⅳ.우리의 나아갈 길
·

고 알기를 바탕으로 하지 않는 행하기는 윤리적으로 값어치를 지니지 못합니다.

우리의 주변에는 알기에 급급하여 최고의 학교교육을 받은 사람들이 무수하고 그들 가운데는 국민의 지도자층에 속하는 사람들이 대단히 많습니다. 그러나 그들은 알기와 행하기가 걸맞지 않는 반윤리(反倫理)적인 행위를 저지르는 수가 너무나 많습니다. 학식(알기)이 많은 사람이 학식이 적은 사람에 비하여 많은 사회악을 조성하고 있다고도 합니다. 그것은 무엇 때문일까요? 그들의 학식은 진정한 가치관이나 인간관계의 윤리가 아니고 사리사욕의 방법론이거나 모략이나 음해의 기술이기 때문입니다. 참된 알기(학식, 격물치지)는 개인윤리와 가정윤리와 사회윤리와 국가윤리와 세계윤리에 위배될 수가 없고 떨어질 수도 없습니다.

사람은 사람을 사랑해야 합니다. 사랑하기 위하여는 사랑의 값어치와 방법론을 알아야 하고 그것을 알았으면 그것을 실천으로 옮겨야 합니다. 알면서도 실천하지 않으면 아는 보람이 없고 차라리 모르는 것보다 나을 것이 없습니다.

사람은 사람을 사랑해야 한다는 것을 알아야 하는 동시에 사랑하는 감정을 가져야 합니다. 사랑하는 감정으로 그치지 말고 사랑을 실천해야 합니다. 사랑을 실천하다 보면 사랑하는 감정이 더욱 뜨거워지고 사랑하는 값어치와 방법도 더욱 합리적으로 깨우치게 됩니다. 공자가 일찍이 '아는 것은 좋아하는 것만 같지 못하고 좋아하는 것은 즐기는 것만 같지 못하다'(知之者 不如好之者 好之者 不如樂之者)고 한 것은 사랑의 지적(知的) 단계가 정의적(情意的) 단계만 못하고 정의적 단계가 실천적 단계만 못하다는 사실을 깨닫게 하는 명언입니다. 사랑을 즐기는 단계는 사랑의 극치입니다.

국민의 지도자들이 국민을 사랑해야 한다는 것을 알면 국민을 사랑하는 정열을 가져야 하고 그것을 실천해야 하고 거기서 희열과

1. 알기와 행하기
•

만족과 보람과 행복을 느껴야 합니다. 이것이 곧 사랑을 즐기는 것입니다. 알면서 행하지 않는 것은 사람의 정상적인 심리기제(心理機制)의 혼란이며 자기기만이며 인격의 파산일 수밖에 없습니다. 알면서 행하지 않는 인격은 정신병자요 이중인격자요 국가와 사회를 혼란케 하는 파괴자가 될 수 있으므로 크게 경계하지 않으면 안됩니다.

Ⅳ. 우리의 나아갈 길

2. 양심 지키기

　사람이 살아가는 데는 많은 세간이 필요합니다. 우선 기본적으로
의생활에 관련된 것도 필요하고, 식생활에 관련된 것도 필요하고,
주생활에 관련된 것도 필요합니다. 그리고 이러한 기본적인 것 말
고도 여러 가지 위생시설과 오락기구와 장식품도 필요하고 교양과
문화생활에 필요한 것과 심지어는 애완을 위한 동물들도 필요하고
유모차나 자전거나 오토바이나 자동차 따위도 주요한 세간의 자리
를 차지합니다. 그리고 이러한 세간들은 가족들의 구성원이나 직업
이나 경제적 수준이나 교양이나 취미에 따라 많은 차이를 나타내기
도 합니다.

　사람들은 쓸모있고 보기 좋고 값나가는 세간을 넉넉히 갖추려 하
고 그것을 매우 아끼고 소중히 다룹니다. 잘못하여 망가지지나 않
을까, 흠집이나 생기지 않을까, 잃어버리지나 않을까 항상 조바심하
기도 합니다. 따라서 남의 손에 함부로 닿지 않도록 은밀한 장소에
특수한 방법으로 보관하기도 하고, 혹시 남이 빌려달랄 것을 염려

하여 자랑하지도 않고 좀처럼 빌려주지도 않으려 합니다.

사람은 세간 없이 살아갈 수가 없습니다. 그리하여 세간을 장만하다 보니 침실, 거실, 객실, 욕실, 다용도실, 베란다, 현관…… 그어디나를 막론하고 세간이 그득하여 한 번 이사를 하게 되면 세간을 정리하기에 몇주일씩이나 소비하게 됩니다.

그러면 사람은 이런 물질적인 세간만 가지면 충분히 세상을 살아나갈 수 있겠습니까? 우리가 세상을 살아나가는 데는 세간만 필요한 것이 아니고 양심(良心)이 필요합니다. 양심은 형체가 없기 때문에 잘 보이지 않지만 물질적인 세간보다 더욱 소중한 정신적인 세간입니다.

사람의 양심은 유학(儒學)에서 흔히 측은지심(惻隱之心), 수오지심(羞惡之心), 사양지심(辭讓之心 또는 恭敬之心), 시비지심(是非之心) 등으로 나누어 설명합니다. 측은지심은 남의 딱한 사정을 동정하는 마음이요, 수오지심은 자신의 잘못을 부끄러워하고 남의 잘못을 미워하는 마음이요, 사양지심은 겸손한 자세로 남을 공경하고 남에게 사양하는 마음이요, 시비지심은 옳고 그름과 선하고 악한 것을 분별하는 마음입니다.

이러한 네 가지 마음으로 집약되는 양심은 외부의 어떤 작용에 따라 내가 가지게 된 것이 아니고 태어날 때부터 본래적으로 가지고 있다는 것이 맹자(孟子)의 주장입니다. 우리는 우리의 이웃들이 양심(네 가지 마음)을 가지고 있다는 사실을 자주 발견하게 됩니다. 그들은 누가 보는 것도 아니고 시키는 것도 아닌데 남의 딱한 사정을 동정할 줄 알며, 자기의 잘못을 부끄러워하는 동시에 남의 잘못을 미워할 줄 알며, 남에게 사양할 줄 알며, 무엇이 옳고 그르며 무엇이 선하고 악한지를 가릴 줄 압니다. 그리고 말로만 나타내는 것이 아니고 행동으로 실천하는 사람이 많습니다.

양심을 행동으로 실천하다 보면 물질적으로 손해를 볼 수가 있고

Ⅳ. 우리의 나아갈 길
·
232

악한 사람에게 미움을 사거나 봉변을 당할 수도 있지만 그런 것을 무릅쓰는 것은 참으로 놀라운 일입니다. 진정한 양심은 물질적인 이해관계나 정신적인 고통이나 피해를 초월하는 위대한 힘을 가지고 있는 것입니다. 그러기에 아무리 포악한 자라도 남의 양심을 빼앗기는 참으로 어려운 일입니다.

그런데 오늘날 우리는 양심을 지키지 못하는 사람을 자주 발견하게 되니 참으로 서글픈 일입니다. 날마다 대중매체를 통하여 보도되는 각종 비리와 범죄가 모두 양심을 지키지 않고 저버리는 행위이니 말입니다. 어떤 비리나 범죄는 도무지 사람으로서는 생각조차 할 수 없을 만큼 교활하고 흉악한 수도 있습니다. 사람들은 그런 교활하고 흉악한 짓을 저지른 사람을 사람으로 인정하지 않고 개나 돼지만도 못한 짐승으로 여기고 마음 속에서 돌팔매질을 서슴지 않습니다.

왜 그럴까요? 양심을 지키지 못하거나 내버리는 사람은 동물만도 못한 악마라고 생각하기 때문입니다. 사실 동물이라고 하여 모든 동물이 악한 것이 아니고 오히려 사람보다도 더 아름다운 행동을 보여주는 수가 많으니 말입니다. 우리의 선현들은 어느 동물이든지 인(仁), 의(義), 예(禮), 지(智) 가운데서 한 가지는 반드시 타고났다고 믿었습니다. 사슴이나 벌이나 개미나 까마귀나 거미 따위는 우리가 쉽사리 발견할 수 있는 대표적인 동물입니다.

특히 까마귀는 어렸을 때 어미가 새끼에게 먹이를 먹여 준 것처럼 어미가 늙으면 새끼가 어미에게 먹이를 먹여 주는 보은의 새로 알려져 있지 않습니까? 양심을 지키지 못하는 사람은 짐승만도 못하다는 말이 어찌 헛될 수 있겠습니까? 양심은 지켜야 하는 것입니다.

나는 어렸을 때 이웃 마을로부터 잃어버린 소를 찾으러 온 사람을 본 일이 있습니다. 울 밖에 매어 두었던 소가 달아났다는 것이

2. 양심 지키기
•
233

었습니다. 소를 잃어버린 주인은 친척과 이웃 사람을 동원하여 이리저리 소를 찾아 헤매는 것이었습니다. 당시는 농촌에서 농우 한 마리는 커다란 살림밑천이요 귀중한 세간이었습니다. 값도 비쌀 뿐만 아니라 농우가 없이는 농사를 지을 수가 없었습니다.

어떤 때는 이웃집 아주머니가 병아리를 찾으러 다니기도 합니다. 닭은 하루 종일 이 곳 저 곳으로 돌아다니며 먹이를 찾다가 해가 지면 홰에 오르는 법인데 해가 져도 이따금 홰에 오르지 않는 놈이 있으면 혹시 이웃집 홰에 오르지 않았는지 찾으러 다니는 것입니다. 닭은 소에 비하여 하찮은 세간에 불과합니다. 수백마리를 잃어버려도 소 한 마리 잃어버리는 것에 비교하면 아무것도 아닌 셈입니다. 그래도 잃어버린 사람은 병아리 한 마리를 찾기 위하여 이집 저 집으로 돌아다니며 기웃거립니다.

사람은 비록 작은 물건이라도 잃어 버린 물건은 일단 찾아보게 마련이고 아무리 찾아도 찾지 못할 때에는 아쉬운 마음을 억누르기 어렵습니다. 남에게 도둑을 맞았을 때는 위험을 무릅쓰고 그 범인을 추격하거나 그 범인을 찾아내어 반환을 요구하거나 아니면 상당한 배상을 청구하게 되고, 심지어는 언쟁도 하고 주먹다짐을 벌이기도 합니다. 이런 점을 미루어 보면 사람들은 세간을 지키기에 얼마나 열심인지 짐작할 수가 있습니다.

그런데 사람들은 주의를 게을리하여 세간을 잃어버리듯이 주의를 게을리하여 양심을 잃어버리는 수가 있습니다. 농우가 달아나고 병아리가 집을 나가는 것처럼 측은지심과 수오지심과 사양지심과 시비지심이 달아나는 것입니다. 우리가 흔히 범하기 쉬운 여러 가지 범죄나 반도덕적인 행위가 그 때문에 일어나는 일입니다. 사람들은 농우나 병아리가 안 보이면 큰 일 난 것처럼 법석을 떨지만 측은지심이나 수오지심이나 사양지심이나 시비지심이 달아나서 안 보이는 것은 아무렇지도 않은 듯이 팔짱을 끼고 바라보기만 하는 수가 많

Ⅳ.우리의 나아갈 길
·

습니다.

사람이 공부한다는 것은 무엇을 말하는 것입니까? 읽기, 쓰기, 말하기, 듣기, 짓기, 셈하기, 만들기, 그리기, 노래부르기…… 등을 배우는 것이라고 할 수 있겠지요. 그러나 맹자는 '달아나려는 양심'을 달아나지 못하게 하고 '달아난 양심'을 도로 불러들이는 것이 곧 공부하는 것이라고 갈파한 바 있습니다.

나의 양심은 지금 얼마나 달아나려고 하는지, 벌써 달아났으면 얼마나 달아났는지 단단히 살펴보고 달아나려는 양심에는 고삐를 매고 달아난 양심에는 그물을 던져서 잡아들이고 불러 들여야 하는 것입니다.

세간을 지키려는 마음으로 양심을 지키기만 한다면 몰인정하고 이기적이고 파렴치하고 교활하고 교만하고 불손하고 무분별한 모든 사악(邪惡)이 발붙이지 못할 것입니다.

2. 양심 지키기
•

3. 경쟁의 원리와 협동

타인에 대한 인식은 자신의 행동을 좌우하는 동기가 됩니다. 타
인이 부모, 형제, 자매, 친척, 친지인 경우 뿐만 아니라 스승이나 제
자나 동료일 때도 마찬가지입니다.

사람은 누구나 한 집에서 함께 사는 가족 외에 특별히 자주 접촉
하는 타인들을 만나게 됩니다. 상인은 수많은 고객을 만나게 되고
민원창구에 근무하는 공무원은 수많은 시민을 만나게 됩니다. 그러
나 이렇게 만나는 사람들은 불특정 다수인이며 일시적인 접촉이 끝
나면 그 뿐인 경우가 많습니다.

일정한 직장에 근무하는 직업인들은 같은 직장의 동료들과 자주
만나게 됩니다. 출근시각부터 퇴근시각까지 직접 간접으로 많은 접
촉을 갖습니다. 동료들 가운데는 비슷한 수준에 있는 또래들도 있
고 선배나 후배들도 있습니다.

우리가 동료를 인식하는 데는 저마다 차이를 나타낼 수 있고 그
차이에 따라 동료에 대한 나의 행동은 다양하게 나타날 수 있습니

다.

첫째 함께 일하는 동료를 동반자로 인식한다면 화목한 분위기가 조성될 수 있습니다. 직장에서 해야 할 공동과제를 함께 해결하고 수행하기 위하여, 힘과 지혜를 모아서 협력하는 사이가 되기 때문입니다. 내가 하는 일을 저 사람이 도와 주고, 저 사람이 하는 일을 내가 도와주며, 나 하나만 잘 해서 되는 것이 아니라 저 사람도 잘 해야만 하기 때문에 나의 일이 곧 저 사람의 일이요 저 사람의 일이 곧 나의 일이라고 생각하는 것입니다. 공동과제를 수행하기 위하여 회의를 열어서 의견을 교환하는 데도 논리적인 차이는 있을지언정 감정의 대립은 일어나지 않습니다.

논리적인 차이가 있을 때는 장시간에 걸친 진지한 토론이 있을지언정 언성이 높아지거나 볼멘 소리나 격음이 튀어나오지는 않으며 서로의 얼굴빛이 변하지 않습니다. 색다르고 상반되는 논리에 오히려 귀를 기울이고 이해하려고 애쓰게 됩니다. 같은 길을 걸으며 같은 과제를 짊어지고 함께 땀흘리고 고민하는 동료이니 상대방을 존중하고 위로하며 격려하지 않을 수 없게 됩니다.

그러나 이와는 반대로 상대방을 동반자가 아닌 경쟁자로 본다면 상황은 매우 달라지게 됩니다. 출근시각부터 퇴근시각까지 결코 부드럽고 반가운 동료가 되기는 어렵습니다. 겉으로는 솔직한 감정을 잘 드러내지 않으려고 하지만 물과 기름처럼 이질감을 느끼게 되고 마음이 편하질 못합니다. 자신의 능력이 뛰어나지 못한 것은 자기보다 유능한 동료의 탓이라고 여겨집니다. 동료가 직무에 성실하고 남다른 연구와 노력을 쌓는 일도 자신의 지위나 영역을 위협하고 침해하는 행위로 여기기 쉽습니다.

평생을 초등교육에 헌신한 어느 교사는 너무 열심히 연구하고 근무한 까닭으로 돌팔매질을 당한 일이 있다고 합니다. 그는 초등교사로서는 상상하기 어려운 여러 가지 연구를 추진하여 교육현장에 직접적으로 활용한 까닭에 그 공로가 인정되어 여러 가지 표창도 많이 받았지만 동료들의 시기심을 유발하고 만 것입니다. 그는 자기가 당연히 해야 할 일을 묵묵히 하였을 뿐, 특별히 두각을 나타내어 동료의 입장을 곤란하게 하거나 선배를 앞질러 승진하고자 한 것이 아니었습니다. 동료교사의 연구는 누군가가 해야 할 연구요, 그것이 축적되어 자기가 근무하는 학교의 교육을 발전시키고 나아가 우리 나라의 교육에 이바지하는 것이기 때문에 동료의 연구를 돕고 찬양하고 자기도 그를 본받아 열심히 연구해야 함에도 불구하고 오히려 그에게 돌을 던지는 행위는 상대방을 동반자(동지)로 인식하는 것이 아니라 경쟁자나 적(敵)으로 인식하는 것입니다.

동료를 동반자로 인식하지 않고 경쟁자(적)로 인식하는 것은 직장의 공동목표를 망각하고 반역하는 행위나 다름이 없습니다. 동료의 업적을 시기하여 방해하는 것은 직장의 공동목표를 배반하는 것이고 파괴하는 행위이기 때문입니다.

동료를 단순한 경쟁자로만 보면 수많은 갈등을 빚어내기 쉽습니다. 동료가 회의석상에서 발언하면 자기의 발언권을 빼앗아 간 것처럼 생각하고, 동료가 인정 받고 중요한 직책을 갖게 되면 자기의 몫을 빼앗아 갔다고 생각하게 됩니다.

자기의 동료를 단순한 경쟁자로 인식하는 사람은 일을 하더라도 직장의 공동목표와 공동과제를 원만히 수행하기 위하여 일하는 것이 아니라 다만 동료에게 뒤떨어지지 않기 위하여, 또는 동료를 앞지르고 동료보다 먼저 승진하기 위하여 일합니다. 그러니 진정으로 달성해야 할 목표와는 거리가 멀어지게 되고 형식적이고 외관상의 업적에 주력하게 됩니다. 그리고 아무리 하여도 정상적인 수단으로는 상대방을 능가할 수 없다는 판단이 내려지면 타인의 힘을 빌어서라도 상대방을 견제하고 억압하려고 합니다.

이 때 흔히 동원되는 것이 지연(地緣)이요 학연(學緣)이요 혈연

Ⅳ. 우리의 나아갈 길
·
238

(血緣)입니다. 무슨 인연이든지 닿기만 하면 그것을 빙자하여 작당을 하고 유능한 상대방을 공격하는 것입니다. 여기서 갖은 횡포가 야기되고 파괴적인 작태가 발생되는 것입니다. 이런 현상은 하나의 편당(偏黨)이요 현대판 당쟁(黨爭)이기도 합니다.

우리는 어느 단체에서나 위와 같은 편당행위를 자주 보기 쉽습니다. 특히 단체의 책임자를 선출할 때는 기어코 지연이나 학연이나 혈연을 따지고 장차 자기에게 혜택을 줄 수 있는 사람이 누구인지를 따져서 그 사람을 지지하여 그와의 경쟁자가 되는 상대방을 모함하기도 하는 것입니다. 이것이 우리 사회의 고질병(痼疾病)이라는 것은 오랜 세월을 두고 지적되어 왔습니다.

각종 선거 뿐만 아니라 관공서의 인사(人事)에서도 비슷한 현상이 너무나 많았습니다. 다수의 횡포로 관철되지 않을 경우에는 상대방의 임용이나 승진을 방해라도 하기 위하여 인사문제 자체를 단행하지 못하게 무산시키기도 합니다. 이러한 결과는 직장의 발전을 크게 방해하고 건전한 사회의 기강을 파괴하며, 국력의 신장을 크게 저해하는 결과를 초래하는 것입니다.

우리 나라의 국회에서 일어나는 여야의 대결은 편당의 전형이라고 할 수 있습니다. 산적한 민생법안(民生法案)을 외면하고 힘겨루기에 열중이고 걸핏하면 몸싸움으로 승부를 내고 있으니 말입니다. 국민의 따가운 눈초리는 안중에 없고 민생도 당리당략 앞에서는 헌 짚신처럼 버려지고 맙니다. 고함과 주먹질이 위력을 발휘하는 곳이 의사당이니 말입니다.

직장의 동료를 경쟁자로 인식하려면 선의의 경쟁자로, 다시 말하면 상호간에 절차탁마(切磋琢磨)하는 우호(友好)의 경쟁자로 삼아야 할 것입니다. 우리의 경쟁자는 조석으로 동료끼리 만나 일하는 직장에 있는 것이 아니라 온 세계의 무대에 있다는 것을 깨우쳐야 합니다. 내가 제품을 생산하고, 고객에게 서비스를 베풀고, 연구하

3. 경쟁의 원리와 협동

고, 공부하고 수련하는 모든 경쟁자는 세계무대에서 인정을 받고 존경을 받는 불특정 다수인임을 깨달아야 합니다. 우리는 우리 곁에 있는 동료를 경쟁의 대상으로 삼아 무슨 수단으로든지 그를 이기기만 하면 되는 것이 아니라 세계무대의 경쟁자를 이기지 않으면 안 됩니다. 오늘날 우리가 '지구촌'이라는 말을 사용하듯이 온 세계가 하나의 지역사회(커뮤니티)처럼 가까운 이웃이 되어 서로 어울려 살면서 협동과 조화를 이루며 인류의 공동목표와 이상을 향하여 살고 있습니다.

우리는 직장의 동료를 시기하기 전에 세계무대의 경쟁자에게 눈을 돌리지 않으면 세계화시대에 대처할 수 없게 되고 민족의 운명은 실로 암담하게 될 뿐입니다. 외국어를 공부하고, 정보를 처리하고, 연구하고, 개발하고, 생산하고, 서비스하는 모든 일을 세계무대에서 인정받고 앞설 수 있도록 경쟁하지 않으면 안 됩니다. 세계무대는 우리의 진정한 경쟁의 무대이면서 또한 협동과 조화의 무대입니다.

우리의 동료는 경쟁자가 아니라 동반자요 동지입니다. 협동과 조화만이 우리의 살 길입니다. 극락과 지옥에는 다 같이 길이가 6자나 되는 긴 수저 밖에 없고 반드시 수저의 끝을 쥐고 밥을 먹어야 하는데 지옥에서는 저 혼자만 먹으려고 하기 때문에 먹을 수가 없지만 극락에서는 서로서로 남에게 먹여주기 때문에 모두가 배불리 먹을 수가 있다고 합니다. 극락은 사랑과 봉사와 협동에서 이루어지는 것입니다.

4. 생명의 존엄성

　지금부터 수년 전 어느날 라디오에서 흘러 나오는 어느 주부의 아름다운 목소리는 지금도 생생하게 나의 귓전을 울리는 것 같습니다. 내용은 결혼한 지 여러 해가 지나서 귀여운 옥동자를 두게 되어 무척이나 행복하다는 것이었습니다. 그런데 그 동안 아기를 갖지 못한 사연이 '유산'이었고 유산의 원인은 '신혼을 즐기기 위하여'라는 이유였습니다.

　이야기의 줄거리를 살펴보니 그 동안 인공임신중절수술을 몇 차례나 받았고 그것이 원인이 되어 난치의 불임증이 초래되어 원하는 시기에 임신할 수가 없어서 수년간 유명한 병원에 다니면서 치료한 끝에 가까스로 아이를 낳게 되었다는 것이었습니다.

　나는 언젠가 어느 잡지에서 여교사가 인공임신중절수술을 받은 체험을 기탄없이 써서 공개한 것을 보고 놀란 일이 있습니다. 인공임신중절이라는 것은 인공낙태이고 인공낙태는 태아를 인위적인 방법에 따라 반자연적으로 살해하는 행위이므로 살인행위와 큰 차이가 없는 것입니다. 병원마다 게시되어 있는 히포크라테스 선서에는 '인간의 생명은 태아로부터 존중된다'고 하였고 선진국의 도처에서 '낙태는 살인'이라는 구호와 시위가 벌어지고 있는데 반하여 우리 나라에서는 낙태행위가 공공연히 행해지고 의사들의 중요한 소득원이 되고 있습니다. 알려진 바에 의하면 결혼한 가임여성(可妊女性)의 대부분이 낙태를 경험하였다고 합니다.

낙태행위가 곧 살인행위라는 것을 생각하면 모골이 송연하지 않을 수 없습니다. 우리는 언제부터 이런 끔찍한 행위를 백일하에 자백할 수 있게 되었으며, '즐기기 위하여'라는 이유가 공인되었는지 모를 일입니다.

우리 나라 형법에는 '부녀가 약물 기타 방법으로 낙태'하는 행위와 '부녀의 촉탁 또는 승낙을 받아 낙태하게' 한 행위도 다 같이 처벌하게 되어 있습니다. 그리고 의사, 한의사, 조산원, 약제사 또는 약종상이 위와 같은 행위를 하였을 때에는 더 무겁게 처벌하며 또한 위와 같은 행위로 부녀를 치상(致傷)한 때와 치사한 때는 더욱 무겁게 처벌하도록 규정되어 있습니다.

이러한 점에 비추어 본다면 낙태행위는 도덕적으로도 용납되지 않을 뿐만 아니라 실정법적으로도 허용되지 않는 범죄행위(위법행위)라는 것을 알 수 있습니다. 낙태한 사람은 형벌을 받아야 하는 것입니다.

형벌의 본질에 대하여는 예로부터 응보형론이나 목적형론으로 기술되어 왔는데 목적형론은 사회방위론이라고 볼 수 있고 이것은 다시 일반예방설과 특별예방설로 나누어 설명됩니다. 그리고 근대에 와서는 목적형론에서 한 걸음 더 나아가 교육형론이 강조되고 있는데 교육형론은 일반인에 대한 경각심을 일깨워 주는 동시에 국가적 법질서를 유지하고 특히 범인(범법자)을 교육하여 개과천선하는 데 주요한 목적을 두는 것입니다.

Ⅳ. 우리의 나아갈 길
·
242

국가에서는 교육을 통하여 일반국민으로 하여금 법을 잘 지키도록 하는 동시에 특히 범죄인으로 하여금 사회적, 국가적, 규범의식을 각성케 하고 법을 잘 지킬 수 있는 냉철한 판단력과 강인한 의지력을 길러 주어야 합니다. 범죄행위는 마땅히 사전에 방지되어야 하고 만일 발생되었을 때에는 국가의 공권력에 의하여 제지되어야 하고 범죄인에게는 범죄행위의 질과 결과에 따라 그 책임을 물어야 합니다. 낙태행위도 마찬가지입니다.

모든 범죄는 그 구성요건이 충족되므로써 성립되는 것이지만 낙태행위에는 예외가 인정되고 있습니다. 우리 나라에는 '모성의 생명과 건강을 보호하고 건전한 자녀의 출산과 양육을 도모함으로써 국민 보건 향상에 이바지 함'을 목적으로 하는 「모자보건법」이 있어서 인공임심중절 수술의 허용과 그 한계를 규정하고 있습니다. 즉 본인 또는 배우자가 대통령령이 정하는 우생학적 또는 유전학적 정신장애나 신체질환이 있는 경우, 본인 또는 배우자가 대통령령이 정하는 전염성 질환이 있는 경우, 강간 또는 준강간에 의하여 임신된 경우, 임신의 지속이 보건의학적으로 모체의 건강을 심히 해하고 있거나 해할 우려가 있는 경우에는, 의사는 본인과 배우자(사실상의 혼인관계에 있는 자를 포함)의 동의를 얻어 인공임신중절 수술을 할 수 있습니다. 그리고 배우자의 동의를 얻는 문제에 있어서는, 만일 배우자가 사망하였거나 실종하였거나 행방불명이나 기타 부득이한 사유로 인하여 동의를 얻을 수 없는 경우에는 본인의 동의만으로 그 수술을 행할 수 있으며, 또한 본인 또는 배우자가 심신장애로 의사표시를 할 수 없는 때에는 그 친권자 또는 후견인의 동의로, 친권자 또는 후견인이 없는 때에는 부양의무자의 동의로 각각 그 동의에 가름할 수 있도록 규정하고 있습니다.

이러한 「모자보건법」의 내용을 살펴 볼 때 모성의 생명과 건강을 보호하고 건전한 자녀의 출산과 양육을 도모함으로써 국민 보건

4. 생명의 존엄성
•

향상에 이바지 될 수 있는 낙태행위는 「형법」의 규정에 구애됨이 없이 광범하게 합법적으로 허용되고 있는 것입니다. '신혼생활을 즐기기 위하여' 유산(낙태)하는 행위는 별도의 위법성 조각 사유가 없이는 낙태행위(낙태죄)의 구성 요건이 충족되므로 본인과 의사가 모두 처벌을 받아야 합니다. 라디오 프로그램에 출연한 주부는 너무나 순진하여 낙태의 이유를 사실대로 폭로하므로써 자신의 범죄행위를 세상에 공개한 결과가 되었습니다. 교도소의 감방을 스스로 노크한 것입니다.

우리 나라는 일제의 수탈과 한국전쟁으로 인하여 극도로 피폐하였던 국가 경제를 발전시키기 위하여 애써 오는 동안에 낙태행위가 묵인됨으로써 그것이 범죄행위라는 인식이 일반적으로 망각되어 왔습니다. 이러한 결과로 낙태는 범죄가 아니며 누구나 당연히 해도 무방한 것처럼 곡해되어 왔으며, 「모자보건법」의 신성한 목적과는 무관하게 낙태행위가 자행되므로써 마침내 인간 생명에 대한 국민의 경외심과 인간에 대한 존엄성을 파괴하고 나아가서는 감각적 향락과 성도덕의 타락을 촉진하기도 하였습니다.

태아의 생명은 우주의 섭리와 천지의 조화와 초월자의 권능에 의하여 창조된 존엄한 실체이며 인간의 사사로운 향락이나 이해관계에 따라 함부로 살해될 수 없는 경외의 대상임을 인식하지 않으면 아니 됩니다.

인류는 예로부터 기근과 질병으로 신음하고 죽어갔으며 현대에 와서는 전쟁과 산업재해와 교통사고와 살인행위로 죽어가고 있습니다. 따라서 인명을 경시하는 풍조도 만연하여 상업적인 안목과 척도로 계산해 버리는 수가 있습니다. 가령 어느 건설 현장에서 근로자가 사고로 사망하더라도 사업주가 얼마 안 되는 금전으로 보상하는데 그칠 뿐 아무도 형사책임을 지는 일이 거의 없습니다. 사업주는 국민의 돈 가지고 얼마든지 사업을 추진할 수 있으니 현장의 근

Ⅳ.우리의 나아갈 길

로자가 아무리 억울하게 생명을 잃어도 자기와는 무관하다는 태도인 섯 같습니다. 안진수칙을 지키지 않은 것은 사업주의 책임이 아니라 다만 피해자의 책임이라는 것입니다.

나는 우리 나라의 인명경시풍조는 생명의 존엄성을 배반하는 것이며 생명의 존엄성을 배반하는 것은 공공연한 낙태행위로 크게 대변된다고 믿습니다. 지금 우리 나라의 고아원에 버려지는 어린이들의 94%는 친권자가 건재하다고 하니 세계적으로 어린이 유기의 대표국가인 셈이고 고아의 해외입양도 또한 세계 제일에 속한다고 하니 참으로 부끄러운 일입니다.

이제부터라도 국민들은 '낙태는 살인'이라는 명제를 바르게 인식하여 생명에 대한 경외심과 인간에 대한 존엄성을 되살려 나가야 할 것입니다. 생명의 존엄은 국가 발전의 원동력이며 척도입니다.

4. 생명의 존엄성
•

5. 우리의 자화상

우리는 지금까지 어떻게 살아 왔을까요? 우리가 살아온 모습을 그림으로 그린다면 어떠한 그림이 그려질까요? 어느 나라 어느 민족이나 그 삶의 모습을 온전히 그림으로 그린다면 밝은 모습과 어두운 모습이 동시에 나타날 수밖에 없겠지요. 만일 밝은 모습만 나타난다면 밝은 모습만을 그렸기 때문이고 어두운 모습만 나타난다면 어두운 모습만 그렸기 때문이지요. 어느 나라 어느 민족의 삶이 결코 순선(純善)이나 순악(純惡)만으로 영위되는 것은 아닐 것입니다. 다만 그림을 그리는 사람은 자기가 그리고 싶은 것을 자유자재로 그릴 수 있는 까닭에 순선이나 순악 만이 하나의 작품으로 나타날 수 있습니다.

그런데 우리의 이상은 순선입니까? 순악입니까? 당연히 순선이 아닙니까? 그러므로 순선을 나타내는 밝은 모습은 너무나 당연하기 때문에 표면적으로 문제 삼을 필요가 없게 됩니다. 그러나 우리의 이상(純善)을 가리우는 어두운 모습은 표면적으로 문제 삼고 그것을 척결하지 않으면 안 됩니다. 이런 이유 때문에 우리의 선각자들은 언제나 우리의 어두운 모습을 찾아내기 위하여 노심초사하고 글을 쓰고 눈물로 호소하였던 것입니다. 우리가 숭배하고 존경하는 인류의 지도자들과 민족의 지도자들과 사회의 지도자들은 누구나 우리의 어두운 모습을 바로잡아 보려고 애쓴 분들입니다.

위에서 말한 바와 같이 우리의 이상은 순선한 모습입니다. 그러나 순선한 모습에 도달한 나라나 민족은 아직 없었을 것입니다. 다만 순선한 모습으로 가까이 다가선 나라나 민족이 있었을 뿐이겠지요. 그것은 우연이기보다는 필연이라고 보아야 할 것입니다. 인간은 본디 불완전한 존재이니까요. 불완전한 존재가 완전함을 이상으로 삼고, 좀 더 가까이 가려고 애쓸 뿐입니다.

지구 위에는 200개가 넘는 나라들이 있고 그보다 훨씬 많은 민족이 있습니다. 그리고 그 중에는 순선한 모습으로 가까이 다가선 나라나 민족이 있는 반면에 순선한 모습에서는 아득히 멀리 떨어져 있는 나라나 민족이 있습니다. 모든 사람이 자유롭고 평등하고 평화롭고 즐겁고 천수(天壽)를 누리며 행복하게 사는 나라나 민족은 순선에 가까이 다가선 것이요, 자유도 없고 평등도 없고 평화도 없고 즐거움도 없고 천수도 누리지 못하고 행복하지 못한 나라나 민족은 순선에서 멀리 떨어져 있는 것입니다. 순선은 우리 민족의 이상인 동시에 세계 모든 민족의 이상이기도 합니다.

불교나 기독교에서 말하는 낙원의 세계나 유교에서 말하는 대동(大同)의 세계나 모두 인류가 꿈꾸는 이상의 세계이지만 그것은 어디까지나 이념으로만 존재할 뿐 현실적으로는 존재하기 어려운 세계입니다. 그러나 이상은 언제나 현실을 이끌어 줍니다. 그것은 마치 북극성이 망망대해를 항해하는 사람에게 방향을 가리켜 주고 나침반이 밀림 속에서 방향을 지시하는 것과도 같습니다.

순선의 세계는 이상의 세계요, 이상의 세계는 흔히 이상향이라고 부릅니다. 이상향(utopia)은 본디 땅 위에는 없는 나라라는 뜻을 지니고 있는 것과 같이 도달하기 어려운 세계입니다. 그러나 모든 건축주들이 전문적인 건축기사의 설계도에 따라 건축하듯이 현실을 살아가는 우리는 이상을 바라보며 살아야 합니다. 우리의 선현과 선각들이 우리에게 간절히 호소한 글들이 모두 우리에게 우원한 것처럼 느껴지는 까닭은 그들이 우리에게 이상을 말한 까닭입니다.

현실은 항상 이상이라는 거울에 비추어 보아야 그 참모습을 알 수 있습니다. 거울을 항상 들여다 보는 사람이 단정한 용모를 유지하는 것처럼 우리의 현실은 이상을 거울로 삼아야 바람직한 현실을 만들 수가 있습니다.

이제 우리의 자화상으로 되돌아 가기 위하여 현실로 나타난 우리의 모습을 살펴 보기로 합니다.

산업사회(또는 후기산업사회)에 진입하고 있는 우리는 다양한 인생관과 가치관과 생활철학을 가지고 살고 있으며 생활양식도 다양하고 직업도 다양하게 선택하고 있습니다. 그리고 우리가 국가와 사회에 기여하고 공헌하는 형식과 내용도 모두 다양하게 나타나고 있습니다.

우리의 주변에는 성실한 공직자와 직장인과 근로자가 있습니다. 그들은 자기에게 주어진 의무를 성실히 이행할 뿐만 아니라 자기가 하는 일이 국가나 사회나 직장이나 가정을 위하여 도움이 될 수 있도록 최선을 다합니다. 그들은 출세나 권력이나 치부(致富)나 영화(榮華)나 향락을 염두에 두지 않고, 오직 자신의 직무와 사명을 위하여 땀 흘리고 봉사할 따름입니다. 근로자들 가운데는 남이 하기 싫어하는 업종에 종사하면서 갖은 어려움을 참아내며, 근검과 절약과 저축을 생활철학으로 삼고 의식주를 해결하고, 만일 여유가 있거나 유산이 있을 때는 교육기관이나 양로원이나 고아원에 기부하여 어려운 처지에 있는 사람들을 돕는 사람들이 있습니다. 어떤 기업인들은 지극히 작은 자본금으로도 주야로 땀흘려 일할 뿐만 아니라 새로운 상품을 개발하여 국내시장에 공급하고 나아가서는 국제시장에 수출하여 외화를 벌어 들이므로써 국가경제에 공헌하고 있습니다. 진정으로 국가 경제발전에 직접적으로 공헌한 사람들은 성실한 근로자와 성실한 중소기업인이라고 믿습니다.

우리의 주변에는 직업을 갖지 않고, 육체적인 노동이나 정신적인 노동이 없이 소일하는 사람들이 많습니다. 이른 바 IMF 긴급구제 금융체제에 의하여 단행된 구조조정이나 개혁에 따라 직장을 잃게 된 사람도 있고, 정년제도에 따라 퇴직한 사람도 있고, 학교를 졸업하고 나서 취직할 곳이 없어서 방황하는 사람도 있습니다.

이들 가운데는 모아 놓은 재산을 가지고 휴식하면서 날마다 건강을 위하여 운동이나 하고 바둑이나 고스톱과 같은 오락으로 소일하는 사람도 있고, 가정을 뛰쳐나와 노숙자가 되거나 수용소에서 생활하는 사람도 있고, 쓸데 없이 거리를 방황하거나 친구들을 찾아다니며 소일하는 사람도 있고, 더러는 취업에 필요한 실력을 기르기 위하여 학원을 찾아가 공부하거나 집에서 열심히 공부하는 사람도 있습니다.

우리 주변에는 부동산 투기자도 많이 있습니다. 1945년 이후 우리 나라의 부동산 시세는 지속적으로 등귀하였기 때문에 부동산 투기는 재산을 증식하는 효과적인 수단이었습니다. 그리하여 웬만큼 여유 자금이 생기면 가옥이나 토지를 매입하였다가 적당한 시기에 매도하여 차익(差益)을 남겼던 것입니다. 이러한 부동산 투기 행위는 개발 예정지역이나 개발 도중에 있는 지역에서 성행하였고, 특히 지역개발과 관련되는 부서에 근무하는 공무원은 정보를 사전에 알기 때문에 자신이나 또는 친인척의 명의를 빌어 투기하고, 일반인들은 관계 공무원과 접촉하여 불법으로 정보를 입수하여 투기하기도 하였습니다. 여기서 공무원의 기밀누설행위가 빚어지고 그에 상응하는 뇌물이나 향응을 받는 것은 다시 말할 필요도 없습니다. 우리 나라에는 이른 바 부동산중개사무소가 어디나 널려 있고, 특히 신개발지역이나 재개발지역에는 촘촘히 밀집되어 있어서 많은 사람이 모여 잡담하거나 고스톱으로 시간을 보내는 모습을 볼 수 있습니다. 도대체 다른 나라에서는 볼 수 없는 특이한 현상입니다. 더구나 노인들도 아닌 젊은 사람들이 떼지어 놀고 있는 모습은 참으로 보기가 민망한 현상입니다.

대만에서는 부동산을 매도하려는 사람이 공공장소의 게시판에 쪽지를 붙여서 널리 알리고 매수하려는 사람은 그것을 보고 연락하여 당사자끼리 거래하는 까닭에 중개인을 통하지 않고도 매매가 이루어지고 있습니다. 따라서 중개사 사무소가 즐비하게 늘어 설 필요가 없는 것입니다. 우리 나라에서는 부동산투기가 성행함에 따라 중개사 사무소가 나타난 것입니다.

부동산 투기행위에 못지 않는 투기행위는 증권투자에서도 나타납니다. 이들은 모두 개인이 소유한 자금을 시장에 내어 놓으므로써 국민경제의 발전에 공헌이 되는 측면도 있지만 지나친 사행심(射倖心)으로 행해지는 것은 건전한 경제생활을 해치기 쉬울 것입니다. 애써 모은 돈을 사행심으로 투자하거나 거래하였다가 손해보는 사람이 매우 많다는 것입니다.

우리 주변에는 음주나 도박으로 시간을 보내는 사람도 적지 않습니다. 사교에 필요한 한도 내에서 적절히 음주하는 것이 아니고 하루에 수십만원 이상이나 지불해야 하는 술판을 벌이고 갖은 향락을 일삼는 사람들이 있는 것입니다. 그들은 대개 부동산투기로 졸부가 되었거나 그 졸부의 자식으로 태어났거나 부당한 향응을 받는 사람들입니다. 그리고 반드시 값비싼 술집은 아니더라도 날마다 술을 마시고 취하고 실수하는 사람도 있습니다. 우리 나라처럼 술집이 많은 나라는 없을 것이며 미성년자에게도 함부로 술을 파는

Ⅳ.우리의 나아갈 길

나라는 더구나 없을 것입니다.

도박행위도 음주행위에 못지 않게 유행하고 있습니다. 그들은 대개 오락이라고 말하지만 오락으로 보기에는 지나칠 정도에 이르는 수가 많습니다. 그것도 일정한 오락 장소에서 벌어지는 것이 아니고 가정이나 음식점이나 복덕방이나 심지어는 직장에서도 함부로 벌어지고 있어서 청소년교육에도 해로운 수가 많습니다.

음주행위와 도박행위는 사회의 불건전한 폐습이므로 온 국민이 삼가야 할 것입니다. 정치인들의 이른 바 폭탄주사건이나 주부들의 집단 도박행위가 건전한 사회의 기풍을 크게 해친다는 것은 다시 말할 나위가 없습니다. 대학생들이 강제 음주로 사망하고 도박행위로 등록금을 탕진하는 수도 있다고 하니 참으로 놀라운 일입니다. 의원회관에서 벌어지는 고스톱판은 국민들로 하여금 망연자실하게 합니다.

우리 나라에는 불성실한 기업인들이 말썽을 일으켜 왔습니다. 이른 바 정경유착이나 여러 가지 불법(위법)한 수단으로 빚어지는 사고가 불성실한 기업인의 작태를 보여 주는 것이며, 그들의 작태는 국가경제에 악영향을 미치고 사회의 기강을 문란케 하기도 합니다. 그들은 권력과 야합하여 금융특혜나 기타의 행정적 특혜를 받으면서 본래의 사업은 외면하고 위장수출이나 부동산투기나 재산의 해외유출이나 사사로운 치부와 향락을 일삼다가 기업이 도산하게 되면 해외로 도피하여 불법하게 빼돌린 재산으로 향락하다가 종당에는 패가망신으로 끝나고 그 여파로 선량한 주주(株主)들이나 종업원들을 크게 해치기도 하는 것입니다.

이런 불성실한 기업인의 작태는 사기업 뿐만 아니라 공기업에서도 나타나고 정부의 감독을 받고 보증을 받는 금융기관에서도 비슷한 형태로 나타나 크게 물의를 일으키고 혼란을 빚기도 합니다. 특히 재벌을 이루는 대기업은 이른 바 문어발식 그룹을 형성하여 재벌 산하의 기업끼리 상호지불보증을 체결하여 막대한 금융혜택을 받으면서 방만한 경영을 일삼다가 파산을 당하면서 중소기업을 파멸케 하고 국민경제를 혼란케 하는 수가 비일비재하였습니다. IMF 긴급구제금융체제로 단행된 구조조정과 개혁에 따라 불성실한 기업이 정리되고 불성실한 기업인도 도태되고 있어서 다행한 일이지만 앞으로도 크게 경계해야 할 일입니다.

우리의 주변에는 국가 사회에 별로 공헌하지 않으면서 특별예우를 받는 사람도 많습니다. 이것은 정치권력을 잡은 사람들이 여러 가지 기관이나 단체를 만들어 요직을 주므로써 특혜를 받는 전직 고관이나 그에 유사한 사람들입니다. 그들은 비상근으로 근무하는 형식적인 임직원에 지나지 않지만 물질적 대우는 파격적이라고 합니다. 최근의 보도와 같이 과학기술연구기관에서 수년 전부터 연구 분야와는 아무런 관계도 없는 전직고관들에게 주당 1~2시간의 특강을 의뢰하고 월수당 2백50만원씩을 지급하므로써 수억원의 재정을 낭비해 왔다는 사실은 참으로 충격적입니다.

지금 우리 나라에는 국내 또는 해외에서 연구하여 박사학위를 취득한 젊은 인재들이 일자리가 없어 놀고 있거나, 전공과는 전혀 관계가 없는 일에 종사하거나, 아니면 주당 5~6시간의 강의를 담당하는 시간강사로 그치는 사람이 부지기수입니다. 그들은 1일 3식도 해결하기 어려울 정도의 수입으로 견디지 않으면 안 됩니다. 그들의 기본적인 호구지책도 문제이려니와 연구시설을 비롯한 제반 여건의 불비로 그들의 전문지식과 연구능력이 사장되고 만다는 사실은 국력의 커다란 손실이 아닐 수 없습니다. 아무런 관계도 없는 전직고관에게 부당한 특혜를 줄 만한 예산이 있다면 젊은 인재들을 어떠한 방법으로든지 활용해야 할 것입니다. 그들은 다만 최소한도의 생계만 유지되면 기꺼이 봉사할 처지인 것입니다.

나는 서울에서 외곽도시로 나가는 열차에서 등산을 다녀오는 백

Ⅳ. 우리의 나아갈 길

발의 퇴역군인을 만난 일이 있습니다. 그는 초면임에도 불구하고 나에게 말하였습니다. 공직자들의 상습적인 부정, 부패, 횡령, 배임, 직권남용, 기밀누설…… 등을 도무지 눈을 뜨고 볼 수가 없다는 것입니다. 특히 정치인들이 벌이는 정쟁(政爭)은 그들이 정치를 하는 것이 아니고 정치를 파괴하는 것이라고 규탄하면서 모두 ○○버리고 싶다고 하였습니다. 그는 일생을 군인으로 복무하면서 나라를 지킨 노병이었습니다. 그는 영하 10℃의 추운 날씨에 산행을 마치고 돌아오면서 울분을 터뜨렸습니다.

공직자들이여, 정치인들이여! 노병의 울분이 결코 노병 한 사람만의 울분이 아니고 나라를 사랑하는 모든 국민의 울분이라는 것을 설마 모르진 않겠지요? 당신네들이 앉은 자리가 도대체 무엇하는 자리인지 정말 모르겠단 말입니까? 노병의 울분이 폭력이 되어 날아가야 비로소 정신을 차리겠습니까? 당신네들의 그릇된 짓들이 얼마나 국군의 사기를 떨어뜨리고 국민의 의욕을 짓밟는지 한 번 생각해 보아야 하지 않겠습니까? 노병은 먼저 자리를 뜨는 나에게 자기의 실언(失言)을 용서하라고 말하였습니다. 사람이 화가 나면 무슨 말은 못하겠습니까? 그는 홧김에 저지른 실수를 부끄러워 하고 뉘우치고 있었습니다. 그러나 절대로 당신네들의 못된 짓을 용서하는 것은 아니었습니다. 노병의 분노는 공직자에게만 그치는 것이 아닙니다. 모든 지성인에게 향한 것입니다. 심신모약자나 물불을 가리지 못하는 삼척동자들에게 향한 분노가 아니고 공직을 맡고 나라를 알고 사회를 알고 국민을 안다는 지성인에 대한 분노입니다.

모든 지성인은 국민을 두려워 할 줄 알아야 합니다. 국민을 두려워 할 줄 모르는 지성인은 지성인이 아닙니다. 국민을 두려워 할 줄 모르는 지성인은 국민을 분노하게 합니다. 국민의 분노는 화산보다 뜨겁고 해일보다 사납고 벼락보다 용감합니다.

5. 우리의 자화상
•
253

6. 《민족개조론》의 재음미

이광수(李光洙)는 1922년에 《민족개조론》(民族改造論)을 발표하였습니다. 그는 우리 민족의 장래가 어떠할까, 어찌하면 이 민족을 현재의 쇠퇴에서 건져 행복과 번영의 장래로 인도할까 생각하는 형제와 자매에게 많은 희망과 끓는 정성으로 《민족개조론》을 드린다고 하였습니다. 1922년은 우리 나라가 일본제국주의의 강점으로 주권을 상실한 상태였고, 당시의 국민들은 누구나 우리 민족의 장래를 걱정하고 어찌하면 민족적 비극을 극복할 수 있을지 고심하였을 것입니다. 따라서 이광수의 《민족개조론》은 많은 국민의 관심을 끌 수 있었고, 그 결과는 지지론과 반대론으로 나타났습니다.

이광수가 주장한 《민족개조론》은 민족성을 개조하자는 것이요, 민족성을 개조하자는 것은 일종의 민족중흥을 주장한 것이므로 당연히 지지를 받아야 함에도 불구하고 일부의 독자들에게 오해(?)를 일으키고, 글을 게재하였던 개벽사(開闢社)와 이광수의 자택이 습격 당하는 사태가 발생하였습니다. 일부의 독자들은 《민족개조론》

이 우리 나라의 민족성을 열등하게 본다는 것이요, 또한 민족개조 운동은 항일독립투쟁에 찬물을 끼얹는 것이라고 보았던 것입니다.

이광수의 《민족개조론》을 읽어보면 민족성에는 근본적 성격과 부속적 성격이 있다는 학설을 원용하여 우리 민족의 근본적 성격은 매우 훌륭하지만 부속적 성격은 매우 좋지 않다는 점을 지적하고 전자는 비교적 고치기가 어렵지만 후자는 능히 고칠 수 있기 때문에 후자를 개조하여 전자로 돌아가게 해야 한다고 하였습니다.

우리 민족은 본디 군자(君子)의 인격을 갖추고 있었으며, 그것은 한문식 관념으로는 인(仁), 의(義), 예(禮), 용(勇)이고 현대식 용어로는 관대, 박애, 예의, 금욕, 자존, 무용, 쾌활이라고 지적하였습니다. 그러나 위와 같은 훌륭한 근본적 성격의 반면에는 많은 결점이 있어서 그것이 부속적 성격으로 나타났다고 주장하고 우리가 개조해야 할 구체적인 내용을 ①거짓말과 속이는 행실 ②공상과 공론 ③표리부동과 반복(反覆) ④고식·준순(浚巡) 등과 같은 겁나(怯懦) ⑤사리사욕 ⑥전문 학술이나 기예를 기르지 않는 것 ⑦근검과 저축의 부진 ⑧비위생적인 생활(가옥, 의식, 도로, 건강) 등을 지적하고 있습니다.

여기서 열거된 개조의 내용은 국내적으로 또는 국제적으로 우리 민족의 단점으로 드러나 민족의 번영과 국가의 발전에 커다란 장애가 되는 것들입니다. 우리는 한국인끼리도 서로 신용이 없고 서로 의심하고 투쟁하며, 이러한 현상은 단체에서도 나타나고, 국제적으로도 중국인에게나 미국인에게도 믿을 수 없는 한국인으로 보인다는 것입니다. 그리고 위와 같은 민족(성)개조의 구체적인 내용을 실천하는 것은 곧 무실역행(務實力行)의 철학을 실천하는 것이라고 하였습니다.

이광수는 민족개조의 방법으로 뜻을 가진 사람들이 모여 동맹을 결성하여 개조운동을 전개해야 한다고 주장하였습니다. 어떤 사회

6. 《민족개조론》의 재음미
•

운동이고 한 사람 한 사람의 운동으로는 그 힘이 미약하여 소기의 성과를 거두기 어렵기 때문입니다. 아무리 훌륭한 사상(생각·이상)을 가지고 있다고 하더라도 실천에 옮기지 않으면 소용이 없고 또한 실천에 옮기더라고 그 성과를 거두기 위하여서는 반드시 동맹(단체조직)을 통해야 한다는 것입니다. 그는 실지로 민족 개조운동을 실천하기 위하여 '수양동맹회'를 조직하였고, 그 때문에 일제치하에서 7년 징역을 선고 받았습니다. 예로부터 전해 오는 '독불장군'이라는 말과 같이 무슨 일을 추진할 때는 마음을 합하여 일할 수 있는 동지가 규합되지 않으면 안 된다는 것입니다.

이광수는 《민족개조론》의 자매편을 이루는 〈소년에게〉(1921)라는 글을 통하여 우리 나라의 경제적 파산과 도덕적 파산과 지식적 파산을 지적하였습니다. 당시의 우리 민족은 금융업이나 상업이나 공업이나 농업이나 모든 분야에서 파산한 상태이고 우리의 경제적 생활수준은 도저히 말로 표현하기 어려울 만큼 피폐하였으며, 도덕적으로는 허위(거짓)와 나태(게으름)가 만연하였으며, 지식의 측면으로는 적어도 관공직(官公職), 농·공·상·교통의 전문직, 교육자, 종교가, 학자, 예술가, 의사 등과 같은 전문가가 너무나 없다는 것입니다.

이러한 파산은 어떻게 극복할 수 있습니까? '소년동맹'을 통하여 ①무실역행하기 ②신의를 지키고 용기를 가지기 ③단체생활의 훈련 받기 ④ 상식을 갖추고 1가지 이상의 학술이나 기술 배우기 ⑤ 위생과 운동 계속하기 ⑥일정한 직업과 일정한 노동으로 경제적 기초를 확립하기를 동맹하고 실천하므로써 자신의 개조와 민족의 개조에 필요한 사업을 추진하여 민족개조의 목표를 달성할 수 있다고 주장하였습니다.

이광수는 〈소년에게〉의 말미에서 소년이야말로 우리의 유일한 희망이라고 말하고 '나의 이 가슴의 피를 찍어 쓴 편지에 공명(공감)하심이 있거든 그날부터 그 자각대로 실행하기를 결심해 주십시오'라고 호소하였습니다. (이광수 《민족개조론》 우신사 1981 〈민족개조론〉 〈소년에게〉 〈작품해설〉 등 참조).

지금까지 이광수의 글 가운데서 두 편을 골라 그 내용을 소개하였습니다. 그의 글은 직접적인 항일투쟁을 주장하지 않고 이삼십년씩이나 걸려야 겨우 성과를 거둘 수 있을 법한 민족운동의 방법을 제시하였습니다. 그러나 일제의 무자비한 총칼 앞에 모든 겨레가 동시에 봉기하여 무력항쟁을 전개할 수도 없었던 형편이니 국외에서 전개하고 있는 독립운동(항일 무력투쟁, 외교전략 등)에 못지 않게 국내적으로는 민족의 역량을 기르는 운동이 요구되었던 만큼 이광수의 주장이 비록 우회적이고 소극적인 방법론이라 할지라도 그 때문에 폄하되고 비난을 받을 수는 없을 것입니다.

그는 동경 유학생들이 주도한 2·8 독립운동의 독립선언서를 기초하였던 정신으로 한민족의 자주적인 역량을 기르기 위하여 일제의 총칼 앞에서 가장 현실적이고 실천가능성 있는 방법론을 제시한 것입니다.

그는 민족 개조운동은 반드시 동맹(수양동맹·소년동맹과 같은 단체조직)을 통한 운동이라야 함을 역설하고 동맹운동에 필요한 요건을 제시하였는데 그 요건 가운데는 단체(동맹)의 법을 엄수할 것이 포함되어 있습니다.

우리는 지금 국가의 공공기관에 속하는 여러 가지 단체나, 사회의 공공단체나, 사사로운 개인단체나 할 것 없이 이중 삼중으로 단체(동맹)에 가입하여 생활하고 있습니다. 그리고 이러한 단체는 법률이나 정관이나 여러 가지 규정(회칙, 규칙)에 따라 운영되고, 회원으로서의 권리를 행사하는 동시에 의무를 이행하고 있습니다. 따라서 회원들이 소속된 단체의 법을 얼마나 성실히 준수하느냐에 따라 그 단체의 목적이 좌우되게 마련입니다. 만일 회원들이 단체

6. 《민족개조론》의 재음미
•
257

의 목적에 위배되는 방향으로 행동하거나 단체의 사업에 협조하지 않으면 그 단체는 와해되거나 엉뚱한 방향으로 운영될 수밖에 없습니다.

지금 우리는 이따금 자기의 소속단체의 목적에 위배되는 행위를 저지르거나 단체의 목적사업에 협조하지 않는 회원(구성원)을 빈번히 발견하게 됩니다. 이를테면 국가의 공공기관에 근무하는 사람이 공공기관의 존재 이유를 망각하고 부정이나 부패를 일삼거나 직무를 유기하거나 직장 이기주의에 사로잡혀 행동하는 경우가 그것입니다.

국가나 사회의 공공기관이 아닌 사사로운 단체에서도 자기의 의무는 성실히 이행하지 않고 불평이나 비난이나 회의불참이나 회비미납을 부끄러워하지 않는 사람들이 많고, 회장이나 기타 요직을 맡으면 참가하다가 법에 따라 임원이 개선되어 그 자리에서 물러나게 되면 참여하지 않거나 심지어는 기왕의 단체에서 이탈하여 새로운 유사 단체를 만들어 기왕의 단체를 와해시키기도 하는 사례가 있음은 참으로 애석한 일입니다. 단체의 구성원이 되면 항상 봉사하는 정신으로 묵묵히 일해야 함에도 불구하고 오히려 단체에 피해를 주는 사람이 건전한 인격자가 될 수 없고 지성인이 될 수도 없습니다.

이광수가 두 가지 글을 쓴지 벌써 80년에 가까운 세월이 흘렀습니다. 그러나 이처럼 오래 전에 쓴 글이지만 오늘날에 와서 다시 한 번 되새기지 않을 수 없는 까닭이 무엇입니까? 우리는 불행하게도 80년 전에 개조해야 할 것으로 지적된 민족성의 검은 그림자를 지금도 떨구어내지 못하고 끌고 다니고 있으며 심지어는 그 검은 그림자에게0 끌려 다니고 있기 때문입니다.

일제의 강점에서 벗어나 독립국가로서의 주권은 회복하였으나 일제의 약탈로 빚어진 피폐를 회복하기도 전에 한국 전쟁이라는 동족

Ⅳ. 우리의 나아갈 길
·
258

상잔을 겪게 되고 전쟁의 폐허에서 겨우 살아나서 혁명과 재건운동(새마을운동·새마음운동)으로 경제 발전의 발판을 마련하여 한강의 기적을 이루는가 하였더니 경제 위기를 맞이하여 국제금융기금(IMF)의 긴급구제금융체제로 들어가 200만명에 가까운 실업자를 양산하고 1인당 국민소득은 절반에 가까운 수준으로 곤두박질하는가 하면 사회적 혼란이 매우 심각한 형편에 있습니다. 이러한 우리의 현실은 이광수의 《민족개조론》을 다시 되새기지 않을 수 없는 충분한 이유를 제공하고 있는 것입니다.

대체 우리 국민은 언제나 철이 들 것입니까? 날마다 보도되는 대중매체에 따르면 너무나 어처구니 없는 공직자의 부정부패와 국민들의 파렴치하고 몰지각하고 비합리적이고 우매한 행위가 우리를 아연하게 하고 분노와 슬픔을 일으키게 하는 수가 너무나 많습니다.

우리 민족의 근본적인 성격이 아무리 훌륭하면 무슨 소용이 있습니까? 부속적인 성격이 타락하고 피폐하여 근본적인 성격을 뒤덮어버린 채 좀처럼 개조되지 않는다면 우리의 현실은 어두운 그림자를 불식할 수가 없고 민족의 장래는 암담할 수밖에 없기 때문입니다.

이광수는 민족개조론을 주장하다가 테러를 당하기도 하였지만 그의 주장은 민족의 장래를 광명으로 이끌고 싶은 애국애족의 충정을 발휘한 것이었습니다. 그의 언행 가운데 친일적인 일면이 나타났던 것은 매우 유감스런 일입니다마는 《민족개조론》의 값어치는 재평가 할 만하다고 생각됩니다. 오늘날 우리의 현실은 수많은 새로운 민족개조론이 싹터서 고개를 쳐들고 나타날 온상이 되고 있으니 말입니다.

7. 《조선민족 갱생의 도》의 재음미

최현배는 1926년에 《조선민족 갱생의 도》를 발표하였습니다. 그는 10년 동안 일본에 유학한 후 우리 민족에게 주는 선물로 이 책을 지었습니다. 그는 생기(生氣)가 왕성한 민족은 흥하고 생기가 미약한 민족은 망한다는 소신을 우리 민족에게 외치고 싶었고, 우리 민족의 수난기에 살고 있는 한 사람으로서 자신의 정성과 견식(見識)을 다하여 민족적 갱생의 근본되는 도를 제시하기 위하여 글을 썼습니다. 그는 자신의 글을 단순한 관념의 유희로 돌리지 말 것을 당부하고 독자는 말보다 뜻을 읽어 달라고 호소하였습니다.

우리는 세계 어느 나라 사람보다도 우리의 산하(山河)를 사랑하며, 우리 민족을 사랑하며, 우리의 역사를 사랑하며, 우리(조선)의 흥성과 영예를 가장 기뻐하고 우리의 위미(萎靡)와 모욕을 가장 슬퍼한다고 하였습니다. 그리고 우리는 세계를 구하기 전에 먼저 우리를 구하고자 하며, 우리를 구함으로 말미암아 세계를 구하고자 하며, 우리 민족을 구함으로 말미암아 세계 전 인류를 구하고자 한

Ⅳ. 우리의 나아갈 길

다는 것을 말하고, 우리의 번영을 도모하고 우리 민족의 갱생 발전을 도모함이 곧 세계인이 우리에게 위임한 독특한 임무라고 지적하고 우리는 무엇보다도 먼저 이 독특한 임무를 수행해야 한다고 하였습니다.

최현배는 먼저 우리 민족의 질병(병폐)으로 10가지를 지적하였습니다.

첫째로 의지가 박약하다는 것인데, 이를테면 금주, 금연 운동을 시작하였다가 초지를 관철하지 아니하고 슬며시 포기한다는 것입니다.

둘째로 용기가 없다는 것인데, 이를테면 난리가 나면 자기 고장을 지키려 하지 않고 피난만 간다는 것입니다.

셋째로 활동력이 결핍하다는 것인데 이를테면 우리는 게으르고 노동을 싫어하고 신문명을 수입하기에 둔하다는 것입니다.

넷째로 의뢰심이 많다는 것인데 이를테면 자신이 노력은 하지 않고 남에게 기식(寄食)하려 하며 친척이나 인척 중에 잘 사는 사람이 있으면 그에게 의지하려 하며 허황한 미신으로 덕을 보려 한다는 것입니다.

다섯째로 저축심이 부족하여 다소의 수입이 있으면 유흥비로 많이 지출하고 사치품을 구입한다는 것입니다.

여섯째로 성질이 음울하고 쾌활치 못하며 장래의 희망에 약희(躍喜)하지 아니하고 과거의 회억에 침통(沈痛)을 맛본다는 것인데 젊었던 시절이나 자랑삼아 이야기하고 조상숭배에 재물을 허비한다는 것입니다.

일곱째로 믿음(信念)이 부족하여 자신도 잘 믿지 않을 뿐만 아니라 남도 잘 믿지 않고 남을 시기하고 음해하는 수가 많다는 것입니다.

여덟째로 자존심(自尊心)이 부족하다는 것인데 이를테면 남의 앞

7. 《조선민족 갱생의 도》의 재음미

에서 낯을 버젓이 들지 못하고, 사리사욕으로 염치와 체면을 잘 지키지 못한다는 것입니다.

아홉째로 도덕심이 타락하였다는 것인데 이기심이 많아서 사기한, 변절한(變節漢), 음탕한 사람들, 표리부동자, 빙공영사배(憑公營私輩), 매관자(賣官者), 매국노(賣國奴)등이 많다는 것입니다. 구한말에 일어났던 국채보상운동에서도 애국심에 호소하여 모은 돈을 횡령하여 사복(私腹)을 채운 사례가 있었다고 합니다.

열째로 정치적, 경제적 파멸인데 이를테면 국가의 주권을 빼앗겼으니 정치적 파멸은 다시 말할 나위가 없거니와 경제적으로도 무수한 빈민이 가정을 유지하지 못하고 이리 저리 유랑하다가 남의 나라로 떠난다는 것입니다. 그리고 서울(京城)시내의 토지는 전체의 절반이 넘는 면적을 일본인이 소유하고 기타 전국의 경작지도 마찬가지로 일본인에게 소유권이 넘어갔다는 것입니다.

위에서 살펴 본 바와 같이 최현배는 우리의 민족적 질병을 매우 냉철하고도 혹독하리 만큼 지적하였습니다. 따라서 독자에 따라서는 민족적 질병을 너무 가혹하게 지적하는 것은 오히려 민족적 원기(元氣)와 자존심을 훼상하여 설상가상으로 넘어지는 놈을 발로 밀어 차는 것과 다름이 없지 않으냐고 비난할런지도 모르지만 그것은 마치 애정이 깊은 부모가 자녀의 질병을 철저히 찾아내고, 효성이 지극한 자녀가 부모의 질병을 정성껏 찾아내는 것과 같다는 것입니다. 의사가 환자의 질병을 치료하려면 먼저 그 질병의 증상을 파악하고 약물로 치료할 것인지, 물리요법으로 치료할 것인지, 아니면 메스로 절개하여 병균이나 환부를 제거할 것인지를 판단하는 것과 같아서 우리 민족의 병폐를 진찰하는 것은 민족의 병폐를 치료하기 위한 것이므로 절대로 오해해서는 안 된다는 것입니다.

그런데 최현배가 진단한 우리의 민족적 병폐는 다 곪은 종기(腫氣)와 같아서 메스로 피부를 절개하여 내부의 병균을 소독수로 씻

Ⅳ.우리의 나아갈 길
•

어버리고 그 속에서 새 살이 올라오기를 조장하지 않으면 안 된다고 하였습니다. 그러므로 병폐를 진단하여 백일하에 드러내는 것은 결코 넘어지는 놈을 발로 밀어 차는 것이 아니라는 것입니다.

최현배는 이광수와 마찬가지로 우리 민족의 병폐(단점)를 신랄히 비판한 셈입니다. 어떤 면에서는 너무 심하고 억설(臆說)로 보이기도 합니다. 그들은 또한 전통적인 유교적 가치관에 대하여 무자비할 정도로 비난하고 있습니다. 그러나 그들이 비난하는 유교적 가치관은 유교의 본질이 아니고 지엽적이고 말단적인 왜곡된 현상들이라는 점에 유의할 필요가 있습니다.

우리는 불교적 가치관이 지배하던 시대에서도 갖은 병폐를 발견할 수 있었던 것처럼 유교적 가치관이 지배하던 시대에도 갖은 병폐를 발견할 수 있었던 것입니다. 앞으로 만일 기독교적 가치관이 지배하는 시대가 되어도 사정은 비슷할 것입니다. 기독교적 가치관이 지배하던 시대의 여러 가지 병폐는 이미 서구문화에서 명명백백하게 나타났었다는 사실을 모르는 사람은 없을 것입니다.

그리고 불교나 유교나 기독교의 가치관에서 빚어졌던 병폐는 오늘날에도 지속되고 있습니다. 앞으로 어떠한 종교나 사상이나, 이데올로기(이념)나 가치관이나 세계관이 지배하더라도 그로부터 연원되고 파생되는 병폐가 없을 것이라는 판단은 유보될 수 밖에 없습니다. 아무리 완전무결한 철학(원리)이라도 그것이 이론적으로는 성립될 수 있을지언정 현실적으로 실현되기는 어렵기 때문입니다. 그것은 철학 자체의 한계성 때문이기도 하지만 인간 능력의 한계성 때문이기도 합니다.

도(道: 철학, 이념)가 인간을 넓히는 것이 아니라 사람이 도를 넓히는 것(人能弘道 非道弘人)이기 때문에 더욱 그렇습니다. 문제는 개인에 있어서나 민족에 있어서나 고의로 병폐를 외면하거나 은폐하느냐, 아니면 정성을 다하여 그것을 찾아 내어 치료하고 예방하느냐에 있습니다.

최현배는 우리의 민족적 질병의 원인으로 ①조선조의 악정 ②사상자유의 속박 ③자각없는 교육 ④한자(漢字)의 해독 ⑤양반계급의 횡포 ⑥번문욕례(繁文縟禮) ⑦합리·불경제의 일상 생활 방식 ⑧조혼(早婚) ⑨나이 자랑하기 ⑩미신의 성행을 지적하였습니다.

그리고 민족적 갱생의 원리로는 첫째 민족적 생기의 진작, 둘째 민족적 이상(理想)수립, 셋째 시대적 이상 파악을 말하고 있습니다. 여기서 말하는 민족적 생기의 진작이라는 것은 우리 민족이 살아야겠다는 의지, 다른 민족처럼 번영하고 잘 살겠다는 의지를 크게 떨치자는 것입니다. 우리 민족의 운명은 우리 민족만이 개척할 수 있고 우리 민족의 병폐는 우리만이 고칠 수 있고, 우리는 오직 우리만을 믿을 수밖에 없다는 신념을 공고히 다지자는 것입니다.

우리 민족은 범의 등에 얹힌 것 같고 급류에 휘말려 떠내려 가는 것처럼 위급하지만, 그것은 하늘이 우리를 속죄하게 하고 최선의 분작(奮作)을 최촉하기 위하여 내려주신 엄중한 단련으로 알고 자강(自强)의 노력과 자활의 분투로 떨쳐 일어서자는 것입니다.

민족적 이상을 수립하자는 것은 우리들 한민족 전체가 동일한 대이상(大理想)을 품자는 것입니다. 민족적 이상의 내용은 우리 민족의 고유한 특질과 특장(特長)을 자유로 충분히 발휘하여 항상 부단의 창조와 불휴의 개조로써, 인류의 영원한 진보와 문화의 항구한 발달에 기여하고 보비하여, 세계 진화의 기운에 참여하는 것입니다. 여기서 우리는 우리 민족의 이상이 결코 우리 민족만의 이상이 아니고 인류의 이상과도 부합한다는 것을 알 수 있습니다. 따라서 우리 민족의 이상을 실현하기 위하여 다른 민족을 배격하거나 침해하거나 방해하지 않을 뿐만 아니라 오히려 다른 민족의 번영과 발전에도 기여할 수 있는 것입니다.

우리 민족의 시대적 이상을 파악한다는 것은 우리 민족이 놓여진

시간적, 공간적, 특수성이 요구하는 이상을 정확히 파악해야 한다는 것입니다. 하나의 가정이 지향하는 이상이 있으면 그것을 실현하기 위하여 한 사람 한 사람의 가족이 자기의 처지와 능력에 따라 가질 수 있는 이상이 있듯이, 하나의 민족이 지향하는 이상이 있으면 그것을 실현하기 위하여 한 사람 한 사람의 국민이 자기의 처지와 능력에 따라 가질 수 있는 이상이 있습니다.

뿐만 아니라 하나의 민족이 지향하는 이상이 있다고 하더라도 그 이상을 실현하기 위해서는 그 민족이 처한 시간적, 공간적 여건에 따라 실현해야 할 이상이 있는 것입니다. 다시 말하면 어느 민족이나를 막론하고 융성기와 쇠퇴기가 있을 수 있고, 내우(内憂)나 외환(外患)을 겪을 수도 있으며, 국제정세의 변화에 따라 특수한 문제가 발생할 수도 있으며, 천재지변에 따라 뜻하지 않은 재앙을 만날 수도 있기 때문에 그 주어진 여건에 따라 수행해야 할 과제가 있고 상황에 따라 수립되어야 할 이상이 있을 수 있습니다.

따라서 우리 민족이 파악해야할 시대적 이상이란 것은 민족적 대이상을 실현하고 도달하기 위한 수단적 이상이라고 할 수 있습니다. 이것은 일상 생활의 모든 목표가 종국적인 목표에 도달하기 위한 수단적 목표가 될 수 있음과 같습니다. 어떤 목표이든지 그보다 높거나 큰 목표를 설정하면 당초의 목표는 수단적 목표가 되고 그보다 높거나 큰 목표는 종국적 목표가 되는 것입니다.

따라서 여기서 말하는 시대적 이상은 우리 민족의 대이상이라는 최고의 범주에 속하는 하나의 항목이라고도 할 수 있습니다. 여러 개의 항목이 하나의 범주를 이루듯이 시대적 이상은 여러 개일 수도 있고 가변적일 수도 있고 한시적(限時的)일 수도 있어서 이를 다른 말로 바꾸면 상황적 이상이라고 불러도 좋을 것입니다. 우리 민족이 시대적 이상을 파악하는 것은 긴급한 당면과제를 파악하고 그것을 처리하고 해결하는 것입니다.

7. 《조선민족 갱생의 도》의 재음미
•

최현배는 당시의 시대적 이상을 구체적으로 명시하지 않고 다만 민족적 총력양의 통일과 집중을 이야기하고 고루한 가족주의의 해독에서 벗어날 것을 말하고 있으나 그의 말대로 '말보다 뜻을' 읽어 볼 때 많은 뜻이 숨어 있으리라고 짐작됩니다.

그가 민족적 갱생의 노력으로 제시한 신교육(갱생에 필요한 교육)의 추진, 계몽운동의 확산, 체육장려, 도덕의 경장(진실하기, 신의 지키기, 용기함양, 독립심과 자존심 함양, 사회적 의무 이행, 부지런하기), 경제의 진흥, 생활 방식의 개선, 민족 고유문화의 발양 등도 우리 민족의 시대적 이상에 속한다고 이해됩니다.

그가 《조선민족 갱생의 도》를 집필할 당시는 우리 민족이 일제의 질곡에서 신음하는지 벌써 16년이 흘렀고 일제의 탄압이 가혹하면 할수록 우리 민족의 항일투쟁도 완강하게 전개되고 있었습니다. 그는 이광수와 비슷한 평화적 민족운동을 주장하였지만 무력투쟁의 전개를 주장할 수 없는 처지에서는 최선의 전략이었다고 생각됩니다.

그는 자기의 주장이 세상에서 어떻게 평가되든지 자기의 주장을 착실히 실천할 의무를 진다고 하였습니다. 그리고 자신의 전지(全知)와 전애(全愛)와 전성(全誠)과 전사(全思)를 다하여 반석 같은 신념으로 우리의 형제, 자매에게 절규하였습니다. (최현배《조선민족 갱생의 도》정음사 1926 참조).

IV. 우리의 나아갈 길

8. 《한국, 한국인 비판》의 재음미

한국에서 26년 동안 살아온 일본인 이케하라마모루(池原衛)는 1999년 1월 한국에서 한국어로《맞아 죽을 각오를 하고 쓴 한국, 한국인 비판》을 출판하였습니다.

그는 어찌하여 '맞아 죽을 각오'로 글을 쓰게 되었는지, 한국과 한국인을 어떻게 비판하였길래 맞아 죽을런지도 모른다는 각오를 하게 되었는지 궁금한 일입니다.

그의 책을 직접 읽어보지 않아도 우선 한국이나 한국인에 대하여 매우 신랄히 비판하므로써 한국인의 감정을 몹시 상하게 하거나 분노하게 할 것이라는 것을 짐작할 수 있습니다. 한국인에게 맞아 죽을 각오로 썼다니 말입니다.

우리들 한국인들은 일본이나 일본인에 대하여 좋은 감정을 가진 사람이 많지 않은 것으로 압니다. 일본과 일본인들은 너무나 엄청난 침략전쟁을 저질렀고 죄 없는 사람들을 죽이고 고통을 주고도 그것을 진심으로 회개하지 않고 국제사회에서 '경제동물'이라는 낙인을 받고 있기 때문입니다. 나도 일제의 강점기에 그들의 가혹한 통치를 받은 체험이 있기 때문에 일본과 일본인에 대한 감정이 매우 좋지 않은 것이 사실입니다.

그러나 일본을 여행하고 돌아온 한국인들은 일본과 일본인에 대한 감정이 매우 착잡해지고 심지어는 존경스러움을 느낄 만큼 일본에 대한 감정이 달라진다는 사실을 발견하게 됩니다. 일본을 여행한 한국인들은 이구동성으로 '일본은 참 깨끗하더라. 질서를 잘 지키더라. 친절하더라. 미국은 혹시 따라 잡을 수 있을망정 일본은 따라잡기 어렵겠더라……' 라는 예찬을 서슴지 않는 것을 보았습니다. 여기서 일본제국주의가 저지른 죄악은 거의 모두 불문에 붙여지고 마는 것입니다.

일본은 여러 가지 면에서 훌륭한 점이 많습니다. 그렇다고 이케하라마모루가 일본과 한국을 비교하면서 '일본은 이러한데 한국은 이렇더라'고 일일이 비교하여 한국과 한국인을 비판하지는 않았습니다. 일본이든 한국이든 사람 사는 곳이면 어디나 착한 사람과 나쁜 사람이 있고, 사기꾼이나 살인자도 있으며, 뇌물을 받고 부정 축재하는 사람도 있다는 것이며, 다만 한국이 올바른 길을 가기 위해서는 무엇을 어떻게 하면 좋을까만을 생각하면 되는 것이고, 남이야 어떻든 사람이 똑바로 살아가는 길은 한 가지라고 하였습니다. 그리고 자기의 책을 읽는 한국인들은 다시 한 번 스스로의 모습을 돌아보는 조그만 계기가 되기를 바란다고 하였습니다.

나는 이케하라의 책을 펼치고 목차를 훑어 보면서 얼굴이 붉어지고 숨이 가빠오르는 것을 억누를 수가 없었습니다. 우리의 모든 치부(恥部)를 그대로 들여다 본 것 같아 마음이 불안하였습니다. 동시에 내가 쓰고 싶었던 이야기를 어쩌면 그대로 나를 대신하여 썼을까 하고 신기한 생각마저 들었습니다.

한국과 한국인에 대하여 비판적인 글을 쓴 사람은 많은 것으로

Ⅳ. 우리의 나아갈 길

268

압니다. 외교관계로 또는 사업으로 한국에 와서 장기간 체류하거나 또는 관광하기 위하여 왔다가 본 대로 느낀 대로 적어서 대중매체를 통하여 소개하기도 하고 저서로 발표하기도 합니다. 최근에 어느 교수가 네 권의 책을 읽고 말하는 것을 보면 모두 수긍할 만한 내용이었기 때문에 이의를 제기할 수가 없었고 다만 미국인이 쓴 책 속에서 사실을 잘 모르고 쓴 것이 한 가지 발견되었다고 하였습니다. 이케하라의 글도 전면적으로 타당하게 받아들여진 것이었습니다. 이 책은 언론계에서도 매우 관심을 가지고 다루는 것을 볼 수 있고 많은 한국인들이 구독하여 읽는 것으로 압니다.

사람은 흔히 자기 자신에 대하여 잘 모르는 경우가 많으며 자기의 가족이나 자기의 민족이나 국가에 대하여도 마찬가지로 잘 모르는 경우가 많습니다. 나름대로의 편견에 사로잡혀 있거나 외부의 세계에 대하여 잘 모르기 때문에 객관적으로 분석하거나 비판하거나 비교하지 못하는 까닭이라고 생각합니다. 따라서 우리는 우리를 좀더 분명히 분석하고 비판하고 자각하기 위하여는 다른 사람들의 비판을 받는 것이 매우 효과적이고 유익한 것입니다. 사람이 무슨 일을 하던지 항상 다른 사람과 상의하고 의견을 교환하는 까닭이 여기에 있는 것이며, 학자들이 연구논문을 써서 서로 공개적으로 토론회를 개최하면서 비평을 받는 까닭도 여기에 있는 것입니다.

이케하라의 주장은 한국에서 비즈니스에 종사하면서 체험한 것을 청탁에 따라 쓴 것에 지나지 않습니다. 따라서 한국이나 한국인에 대한 과학적인 접근방법에 따라 연구하여 실증적인 근거를 객관적으로 제시하고 학문적인 결론을 이끌어 낸 것이 아니기 때문에 결코 학술적인 논문이 아니라는 사실은 저자(이케하라) 자신이 밝힌 바와 같습니다. 그는 한국에 적어도 26년이라는 기나긴 세월을 체류하면서 한국의 이 구석 저 구석을 돌아보고 관찰하고 느끼고 체험한 풍부한 자료와 식견에 따라 문자 그대로 솔직하고 기탄없이 한국과 한국인을 비판하였습니다.

나는 이케하라의 비판에 귀를 기울이므로써 우리의 진정한 모습을 인식하고 자각하는 데 도움이 될 것이라는 생각에서 그의 비판을 잠시 소개하고 재음미하고자 합니다.

그는 '내 앞에 가는 꼴, 절대 못 본다'고 우리를 비판하였습니다. 자기보다 먼저 인정을 받거나 먼저 승진할 만한 친구가 있으면 미리부터 훼방할 뿐만 아니라 그 친구가 자기보다 앞서지 못하도록 헐뜯고 모함하기도 한다는 것입니다. 다시 말하면 부당한 시기심을 가지고 친구를 해친다는 것입니다.

그러나 일본에서는 어려운 처지에 있는 친구를 적극적으로 도울 뿐만 아니라 만일 동창생들 가운데 유달리 우수한 친구가 나타나면 많은 친구들이 모여 서로서로 도와서 그 친구가 장관급까지 승진하도록 돕고 나서는 나머지 친구들은 적당한 시기에 모두 사직원을 제출한다고 합니다. 혹시 출세한 친구가 은혜를 갚기 위하여 신경을 쓰게 될런지도 모르기 때문입니다. 말하자면 일본인들은 서로서로 자기보다 우수한 사람에게는 그 능력과 권위를 인정하고 존경하고 그를 성원하여 훌륭한 인재가 되도록 키워 준다는 것입니다.

한국인들은 자기보다 앞서 가는 친구는 무슨 수단으로든지 방해하여 중간에 좌절하게 만들고 그것을 즐거워한다는 것입니다. 앞서 가는 친구보다 더욱 훌륭한 인격을 수련하고 능력을 길러서 진정한 절차탁마를 거쳐 성장하고 출세하려는 것이 아니라는 것입니다.

다시 말하면 한국인은 진정한 우정도 모르고 진정한 경쟁도 모른다는 것입니다. 나보다 출세하고 잘 사는 친구와는 만나기도 싫어하고 그 집에도 가기 싫어하는 사람이 우리의 주변에는 너무나 많다는 사실을 부정할 수 없습니다.

선거철이 되어 입후보자들끼리 경쟁을 하게 되면 유능한 후보 두 사람이 이전투구(泥田鬪狗)식으로 서로 헐뜯고 흠집을 내기 시작하여 종당에는 두 사람만 못한 엉뚱한 사람이 당선되는 결과가 허다합니다. 뿐만 아니라 동일 업종의 실업인끼리도 서로 상식에 벗어나는 경쟁을 벌이고 심지어는 출혈경쟁을 벌이다가 함께 손해를 보는 수가 비일비재한 것은 다시 말할 나위가 없습니다. 제가 눈 똥에 제가 주저앉는 격으로 손해만 보고 망신만 당하는 꼴입니다.

이케하라는 한국 사회에서 차지하는 여성의 지위에 관하여 지적하고 있습니다. 정계나 재계나 문화계나 교육계나 할 것 없이 모든 분야에서 한국의 여성들은 선진국에 비교할 때 터무니 없이 낮고 차별도 받는다는 것입니다. 그럼에도 불구하고 그는 한국의 여성들을 불쌍하게 여기지 않을 뿐만 아니라 오히려 한국의 남성들이 불쌍하게 보인다고 합니다.

그는 한국사회를 여성이 남성을 압도하는 사회라고 생각합니다. 큰 손, 작은 손 할 것 없이 사채(私債)시장에는 여자가 많고, 온라인으로 입금된 남자의 봉급은 여자의 수중으로 완전히 들어가 남자는 겨우 몇푼의 용돈을 타서 쓰는 사람이 태반이며, 모든 집안 일은 여자들이 처리하는 것이 일반적이며, 남자들이 '가정의 평화'를 위하여 양보하고 간섭하지 않는 것을 기화로 여자들은 자기가 하는 일이 모두 올바르다고 착각한다는 것입니다.

한국 여성들은 옷이나 화장이나 자기에게 어울리는지 아니 하는지 잘 판단하지 못하고 아무 생각없이 타인을 모방하여 옷이나 머리 모양이나 입술연지나 신발이나 모두 개성이 보이지 않는다고 합니다. 그리고 여성들은 일반적인 경제원리를 비웃기라도 하듯이 값이 비싸면 비쌀수록 사고 싶어한다는 것입니다. 미적 안목이 없는, 다시 말하면 패션이나 멋내기에 대한 무식이 물건값의 고하에 기준을 둘 수밖에 없는 소치라고 합니다. 전세계적으로 유명한 의상 디자이너나 헤어 디자이너를 보면 남성의 비중이 점점 무거워지는데

8. 《한국, 한국인 비판》의 재음미

도 불구하고 남자들(남편들)의 말에는 귀를 기울이지 않고 오히려 면박하기를 서슴지 않는다는 것입니다.

그러나 위와 같은 문제들은 그렇다고 하더라도 자녀 교육 문제만은 지금처럼 남편들이 아내에게 전적으로 일임해서는 안 된다고 지적합니다. 한국의 여자들이 자식을 교육하는 것은 일종의 유행의 심리가 그대로 나타나는 것이고 옆집 아이가 피아노를 배우느냐 태권도를 배우느냐에 따라 그대로 흉내를 낼 뿐만 아니라 궁극적으로는 자녀를 명문대학에 진학시키는 것이 지상과제라고 합니다. 한국의 가정교육은 철저하게 입시교육의 보충일 뿐이어서 진정한 가정교육은 전혀 존재하지 않는다는 것입니다. 한국이라는 나라가 온통 무질서하고 몰염치한 것도 여자들이 잘못하고 있기 때문이라고 합니다.

이케하라는 한국 여성들의 몰지각한 면모를 여실히 지적하였습니다. 그리고 남자들은 가장(家長)으로서의 직무를 결코 유기하지 말라고 당부합니다. 이대로 가다가는 교육 뿐만 아니라 전체가 망한다고 경고합니다. 한국의 남자들은 제발 힘을 내라고, 한국의 여자들은 제발 남자의 뒤를 따르라고 간곡히 충고합니다.

하나의 가정이 번영하고 하나의 민족이나 국가가 발전하기 위하여는 여자들의 역할이 매우 중요한 것은 다시 말할 나위가 없습니다. 근대화 과정에서 여자의 사회 진출이 증가한 까닭도 있지만 그보다도 중요한 것은 여자들이 자녀를 낳아서 기를 뿐만 아니라 가정경제의 운영에도 중요한 역할을 담당하기 때문입니다.

이케하라 마모루는 한국의 어머니들이 자녀들을 망나니로 기른다고 뼈아프게 꼬집었습니다. 자녀가 남에게 폐를 끼치고 못되게 굴어서 남에게 꾸중(충고)을 들으면 달려가서 사과하기는커녕 자녀를 대신하여 따지고 싸운다는 것입니다. 한국인들이 공중도덕을 잘 지키지 않고 교통법규를 준수하지 않는 것도 가정교육의 빈곤 때문

Ⅳ. 우리의 나아갈 길

이라는 것입니다.

우리 나라에서는 잠잘 때나 식사할 때나 놀이할 때나 자녀들을 잘 가르치려는 주부가 매우 적은 것으로 보입니다. 음식을 흘리고 가려 먹거나, 자세가 바르지 못하거나, 잠자리를 어질러 놓고, 노리개를 함부로 흩어 놓거나 도무지 상관하지 않으려 하고, 어떻게 하는 것이 공중도덕을 지키는 것인지, 어른에게는 어떻게 인사하고 어떤 말씨를 써야 하는지 도무지 가르치려 하지 아니 하고, 그저 학교에서 교과성적이나 뒤떨어지지 않기를 원하여 가계를 위협하는 과다한 사교육비를 지출하고 외제상표가 붙은 값비싼 의류나 학용품으로 사치와 낭비만을 조장하고 이른 바 치맛바람(?)이나 일으키는 것이 주부들의 일반적인 작태라고 보이는 것입니다.

우리 나라의 주부들은 흔히 아이들이 어리다는 이유로 엄격히 가르치는 것을 포기하고 스스로 합리화하는데 '세 살 적 버릇이 여든까지 간다'는 속담이 세계의 많은 교육학자들의 인성교육이론과 완전히 부합한다는 사실을 모르는 것 같습니다. 세속적인 방송프로그램에는 현혹되어도 교육방송프로그램에는 좀처럼 관심을 기울이지 않는 어머니들이 너무나 많다고 생각됩니다.

자녀의 가정교육은 자녀의 인성과 가정의 화목과 도덕의식과 준법정신을 완전히 좌우하는 것인데 이것을 우리 나라의 어머니들이 외면하고 있으니 가정과 사회와 국가가 어떻게 희망을 가질 수 있겠습니까? 불효자와 패륜아와 범법자가 쏟아져 나오고 파렴치한 공직자가 활개치는 이유를 능히 짐작하고도 남음이 있는 것입니다. 남편들의 비리와 자녀들의 비행 속에는 주부들의 무분별이 커다란 원인으로 도사리고 있습니다.

이케하라가 지적한 가운데 주목할 만한 또 하나의 사실은 '전과자가 떵떵거리는 나라'가 곧 우리 나라라는 것입니다. 전세계를 통틀어 국회의원 가운데 전과자가 차지하는 비중이 우리 나라만큼 높

8. 《한국, 한국인 비판》의 재음미

273

은 나라는 어디에도 없을 것이라고 하였습니다. 뇌물을 받아 교도소에 갔다 온 사람들이 버젓이 국회의원이나 지방자치단체장으로 당선되는 나라가 한국이라고 지적하고 이것은 국민들의 애국심이 투철하지 않기 때문이라고 하였습니다. 만일 나라를 사랑하는 마음이 있다면 어떻게 부정과 비리를 저지른 사람에게 나라 일을 맡길 수 있느냐고 다그칩니다.

그에게는 이따금 부정 시비에 휘말린 정치인이나 공직자가 찾아와 일본으로 도망갈 방법이 없겠느냐고 묻는 경우가 있다고 하니 참으로 기가 막히는 일입니다. 자기의 잘못을 뉘우치고 법의 심판을 받아야 할 뿐만 아니라, 만일 억울한 누명을 썼다면 끝까지 누명을 벗으려고 노력하지 않고 국외로 도망치다니? 이런 정치인과 공직자를 믿고 세금을 바쳐가며 사는 국민이 얼마나 가련합니까? 참으로 억장이 무너지는 아픔과 슬픔을 억제할 수 없습니다.

그는 고위층이나 부유층의 자녀들이 병역을 기피하는 것도 도저히 용납할 수 없는 일이라고 지적하였습니다. 권력과 재물을 가진 사람들이 자신의 권익을 지키기 위하여 스스로 앞장서야 함에도 불구하고 권력과 돈으로 병역을 기피하다니? 그리고 권력도 재물도 없이 먹고 살기가 어려운 사람들이 싸움터에 나가서 가진 자를 위하여 나라를 지켜야 한다는 것이 말이나 될 법한 일이냐고 하였습니다. 들리는 바에 따르면 우리 나라의 국회의원 가운데 병역을 이행하지 않은 사람이 매우 많다고 하는데 우연이라고 단정하기는 어려운 일이 아닙니까?

가진 자들은 나라를 좀 먹고 가지지 못한 자들은 나라를 좀 먹는 자들을 위하여 생명이나 재산이나 자유를 모두 희생해야 한다면 어찌 그 나라가 자유민주주의를 통치이념으로 하는 근대적 민주주의국가라고 할 수 있으며 그러한 반민주주의의 질서를 옹호하는 정부를 그대로 바라보기만 하고 내버려 둘 수가 있겠습니까.

Ⅳ. 우리의 나아갈 길

지금 우리의 상류층은 많은 사람들이 미국에 연줄을 가지고 있으며 그 가운데 상당수는 미국으로 도망갈 준비를 해 두었다고 합니다. IMF 구제금융체제를 맞이하여 온 국민이 금(金)을 모을 때도 외화밀반출사건은 그치지 않았고, 일부의 기업인은 경치 좋은 외국 땅에 호화로운 별장을 마련해 두고 있었다고 하며, 회사는 부도 직전이라고 연일 신문에 오르내리던 어느 재벌의 회장은 외국에 출장하여 특급호텔 한 층을 모조리 빌리는 것도 모자라 헬리콥터까지 동원하여 골프치러 간다고 난리를 피웠으니 그런 사람들에게서 어떻게 애국심을 발견할 수 있겠느냐고 일본인은 묻고 있습니다.

우리 나라의 재벌(기업인)은 아무리 외국의 차관과 자본을 도입하였다고 하더라도 국민이 저축하여 조성한 국내자본의 혜택을 받지 않은 경우는 없습니다. 따라서 그들이 아무리 정당한 방법으로 기술을 개발하고 경영을 합리화하여 대재벌의 꿈을 성취하였다고 하더라도 국가와 사회에 갚아야 할 빚은 너무나 큰 것입니다.

따라서 국가 경제에 영향을 미칠 만큼 중대한 경영상의 과오를 저질렀을 때에는 국가사회와 국민에게 진심으로 속죄하고 응분의 책임을 져야 하는 것은 당연한 일입니다. 만일 이러한 책임을 스스로 지겠다는 자각도 없고 용기도 없고 양심도 없다면 그것은 국가사회의 용서할 수 없는 반역이라는 것을 모르는 사람은 없을 것입니다. 어떠한 변명이나 책임회피도 절대로 용납될 수가 없습니다.

온 국민은 책임을 질 줄 알고 남에게 용서를 빌고 사과할 줄 알아야 하며 겸양의 미덕을 갖추고 성실하고 질서를 지킬 줄 알아야 합니다. 일본인 사업가가 지적한 우리의 단점은 너무나 다양하기 때문에 일일이 열거할 수가 없습니다. 그러나 그가 지적한 그 많은 구체적 사례의 핵심은 모두 공직자의 비리를 척결할 것, 질서를 지킬 것, 가정교육을 제대로 할 것, 장기적 안목으로 국가와 사회와 가정을 이끌어 나갈 것 등으로 요약될 수 있습니다.

8. 《한국, 한국인 비판》의 재음미

275

《한국, 한국인 비판》을 한 마디로 요약한다면 윤리의 회복이라고도 생각합니다. 저자는 여러 가지 실례(實例)를 38항목으로 나누어 서술하였지만 그것은 모두 윤리의 회복과 관계되지 않는 것이 없기 때문입니다.

우리는 1994년에 무너진 성수대교와 1995년에 무너진 삼풍백화점을 분명히 기억해야 합니다. 성수대교는 예상했던 교통량의 초과로 무너졌다고 하며 삼풍백화점은 잦은 설계변경과 추가건축으로 무너졌다고 말하지만 한창 건설 중에 있는 대교가 무너지는 이유에 대해서는 그저 말문이 막히고 맙니다. 공무원의 윤리와 경제인의 윤리와 기술자의 윤리와 근로자의 윤리와 시민의 윤리가 모두 무너졌기 때문입니다.

이케하라는 그가 지적하고 비판한 한국인의 단점만 고쳐진다면 한국이야말로 선진국의 대열에 끼일 수 있다고 말하였습니다. 그리고 거리질서(교통법규)를 잘 지키고 못 지키는 것이 곧 우리 나라가 선진국으로 약진하느냐 아니면 후진국으로 남느냐 하는 관건이 된다는 것을 지적하였습니다. 거리의 질서는 법이고 윤리이고 양심이고 인격이기 때문입니다.

제발 질서를 지키고 선진국의 국민이 되자고 눈물로 호소합니다.

IV. 우리의 나아갈 길
•

9. '지존파'의 교훈

　지금부터 5년 전에 '지존파'라는 범죄조직이 경찰에 체포되어 그 범죄행위가 폭로되므로써 온 세상이 깜짝 놀란 일이 있었습니다. 그들은 적어도 다섯 사람 이상의 죄없는 사람을 죽였고 그 살해방법도 범죄백과사전을 연상시킬 만큼 치밀하고 다양하게 이루어졌다고 합니다.

　피해자들 중에는 S사장 부부가 포함되어 있었는데 S사장은 공업고등학교를 졸업한 후 성실하고 억척스럽게 일하여 부모의 도움을 받지 않고 자수성가하여 두 개의 공장을 운영하게 되었고, 평소에도 항상 검소하게 지냈으며 회사의 직원들에게도 소탈하고 친근하여 존경을 받았다고 합니다.

　그러나 S사장의 죽음은 그의 고급 승용차와 관계가 깊은 것으로 알려졌습니다. 그의 승용차는 당시 한국에서 생산되는 승용차로서는 값이 비싸고 이름대로 장엄하고 위대하고 고귀하고 권세가 당당하게 보이는 차이기 때문에 웬만한 사람은 좀처럼 타기 어려운 형편이었습니다. 피해자가 몰고 다녔던 그 차는 사업의 확장에 따라 우연하게 얻어진 것일 뿐이었는데 범인들의 눈에는 그가 단순한 돈 많은 사람으로 보였고 범죄의 대상이 되었던 것입니다.

지존파의 구성원들은 중학교나 고등학교를 중퇴한 사람들이었으며, 가정이 평온하지 못하거나 궁핍한 환경에 적응하지 못하고 뛰쳐나온 1960년대 이후에 출생한 젊은이들이었습니다. 그들은 몇가지 소설을 읽고 영화도 보았는데 어느 소설은 범죄세계에 빠져 든 주인공이 암흑가에서 활약하면서 전설적인 명성을 얻고 최후를 맺는 과정이 묘사되어 있고 매우 잔인한 범죄수법이 담겨져 있다고 합니다.

범인들은 작품을 읽고 영화를 보면서 그 비인도성과 반사회성을 비판적으로 받아들이지 못하고 거의 그대로 모방하게 된 것으로 보입니다. 그들은 '가진 자'들을 증오하였다고 합니다. 돈 많은 사람들을 보면 분노와 적개심이 끓어 오르고 욕설만 나왔다고 합니다.

도대체 돈 많은 사람들은 어떤 종자들이기에 백화점이나 까페에서 한 번에 육칠백 만원씩이나 돈을 쓸 수 있는지 알 수가 없었다고 합니다. 그리고 아무런 땀도 흘리지 않고 부모로부터 거액의 유흥비를 타다가 고급 승용차를 몰고 돌아다니며 제멋대로 즐기는 이른 바 '야타족'이니 '오렌지족'이니 하는 특수층 아이들을 증오하였다고 합니다. 그들은 까페에서 돈을 벌기 위하여 갖은 비굴한 생활을 감수하는 아가씨들이 불쌍하고 측은하게 보였고 그들을 동정하게 되었으며 만일 돈을 벌게 되면 그 아가씨들을 모두 까페에서 구출해 주고 싶었다고 합니다.

그들은 언젠가 폭력혐의로 억울하게 구속된 일이 있어서 4년 동안이나 일하여 번 돈 1천 5백만원을 변호사수임료 등으로 탕진하였는데, 다른 사람들은 자기들보다 더한 짓을 하고도 쉽게 풀려나는 것을 보고 이 때부터 '가진 자'들에 대한 증오심이 타올랐다고 합니다. 그들이 말하는 가진 자들은, 자기네들처럼 가지지 못한 자들의 적이라고 생각한 것입니다.

그들은 다 같은 행동을 하고서도 돈이 없으면 죄인이 되고 돈이 있으면 지은 죄도 없어진다고 주장하였습니다. 유식한 말로 무전유죄 유전무죄라는 것이고, 돈 없는 것이 죄라는 것입니다. 그들의 주장은 법의 집행이 공평하지 않다는 것이었습니다.

그들은 주장하였습니다. 자기들이 가난한 것은 사회(국가)의 책임이라고. 다시 말하면 자기들이 가난한 까닭은 자기들이 게을러서도 아니요, 낭비해서도 아니요, 다만 사회가 그릇되었기 때문에 부모가 가난하고, 부모가 가난하기 때문에 가정이 파탄하고, 가정이 파탄하기 때문에 공부할 수 없게 되고, 공부할 수 없기 때문에 돈도 못 벌고 출세도 못한다는 것이었습니다.

사회는 돈 있는 사람에게만 유리하고 돈 없는 사람에게는 지극히 불리하다는 것입니다. 그들은 다시 태어나도 똑같은 짓을 저지르겠다고 하였으며 심지어는 어머니를 제 손으로 죽이지 못한 것이 한이라고도 하였습니다. 그들은 사회를 원망하던 나머지 부모마저도 원망하고 분풀이와 복수의 주먹을 쥐었던 것입니다.

그들은 치솟는 불만에 사로잡혀 있었습니다. 그들의 불만은 증오로 발전하였고 증오는 복수하고 싶고 죽이고 싶은 것이었습니다. 그래서 그들은 외쳤습니다. 압구정동 '야타족'을 모두 죽이지 못한 것이 한이라고.

그들은 열심히 땀흘려서 돈 버는 사람을 증오하는 것이 아니라 땀방울 하나도 흘리지 않고 흥청거리는 특수층을 증오하였습니다. 부정과 부패와 사기와 횡령과 모리와 투기와 횡재로 돈을 벌어서 사치와 향락을 일삼는 사람들을 증오하였습니다. 그들은 돈 잘 쓰는 사람과 야타족을 없애고 러브호텔을 쓸어버리려 하였다고 합니다. 그들은 건전한 사회를 좀먹는 공직자의 부정부패와 각종 범죄

9. '지존파'의 교훈
•

와 사치와 향락과 문란한 성도덕을 모두 쓸어버리고, 성실히 땀흘려 일하면 누구나 다같이 잘 살 수 있는 사회를 만들고 싶었던 것입니다.

사회의 각계 각층에서는 말하였습니다. 그들이 저지른 범죄행위는 그 원인이 결코 그들에게만 있는 것이 아니고 우리 사회 자체에도 있는 것이라고. 그들의 범죄행위에는 경악하면서도 범죄의 동기에 대하여는 많은 동정심을 나타내고, 그들이 주장하는 사회적 모순과 부조리를 시인하였던 것입니다. 사회는 범죄의 온상이었고 범죄자들은 자기들의 범죄를 싹트게 한 범죄의 온상을 향하여 선전(宣戰)을 포고하고 전투를 개시하였다는 것입니다.

오늘날 지식인들은 모두 가치관의 붕괴를 말합니다. 가치관이 붕괴되었다기보다는 기형적이고 파행적인 가치관이 만연하였습니다. 경제적 성공만을 중시하는 물질만능풍조와 인명경시풍조가 범죄행위를 부추긴다고 합니다. 물질만능이란 말은, 돈만 가지면 무엇이든지 할 수 있다는 말입니다. 돈만 가지면 먹고 마시고 즐기고, 대학도 가고, 취직도 하고, 승진도 하고, 자격증도 따고, 미스코리아도 되고, 국회의원도 되고, 거의 모든 욕망을 충족시킬 수 있다는 것입니다. 인명경시는 사람의 생명이라는 것이 별 것이 아니라 돈으로 좌우되는 것이고, 남이야 아무리 억울하고 불쌍하게 목숨을 잃어도 자기와는 아무런 상관도 없다는 생각입니다. 대기업의 사업장에서 근로자들이 병들고 다치고 죽어도 그저 그뿐이요, 어린이나 노인들이 난폭한 차량에 깔려 죽어도 그저 그뿐이요, 선량한 시민이 죄없이 강도에게 살해되어도 그저 그 뿐이라는 것입니다.

'지존파'는 '가진 자'들을 증오하였습니다. 그것은 우리 주변의 '가진 자'들이 정당한 방법으로 '가진 자'가 되었다고 인정할 수 없기 때문이요, 또한 지나치게 이질적인 행동을 보였기 때문입니다. 이른바 '가진 자'들의 대부분은 고위공직자나 지도층에 속하는 사람들인데 국가와 사회에 봉사하면서 박봉(薄俸)으로 살아야 하는 그들이 가족을 호구하고 자녀의 많은 교육비를 부담히면서 어떻게 재물을 축적할 수 있었는지 모를 일입니다.

거기에는 반드시 부정한 방법이 개재되었으리라는 추측이 따를 수밖에 없지 않습니까? 재벌들의 성공도 마찬가지입니다. 정경유착으로 금융특혜를 받거나 세금을 포탈하거나 중소기업을 도산시키거나 근로자를 착취하거나 여러 가지 정당하지 못한 방법이 동원되었으리라는 추측이 일어나기 때문입니다. 지존파가 '가진 자'를 증오하는 것은 '가진 자'의 치부(致富)가 아니라 부도덕인 것입니다.

일제의 치하에서 피폐할 대로 피폐하고 6·25 전쟁을 겪으면서 모든 국민과 함께 공직자가 가난하게 사는 것은 당연함에도 불구하고 국민과의 이질감을 자아낼 만큼 납득할 수 없는 재산을 축적하였다는 사실은 참으로 부끄러운 일입니다. 그럼에도 불구하고 지금 치부한 공직자들이 자기의 치부를 부끄러워 하기는커녕 오히려 뽐내고 거들먹거리는 모습이 '지존파'의 눈에는 거슬릴 수밖에 없었을 것입니다.

범죄의 커다란 원인이 사회적 모순에 있고 그 책임이 국가와 사회에 있다는 것은 명백한 일입니다. 따라서 경제적으로나 사회적으로나 문화적으로나 소외계층이 생기지 않도록 효율적인 정책이 강구되어야 합니다. 특히 의무교육을 위한 과감한 정책과 장학금제도를 보편화하여 어느 청소년이든지 충분한 교양교육과 직업교육을 받을 수 있도록 해야 하며, 명실이 부합하는 경제적 정의가 실현될 수 있는 최선의 정책이 시행되어야 합니다.

거듭하여 강조하거니와 '지존파'의 범죄는 그들만의 책임이 아니고 국가사회의 책임이 큽니다. 그 중에서도 정치의 책임이 무겁습니다. 정치는 모든 것을 좌우하는 가장 중추적인 국가사회의 기능입니다. 따라서 정치가 바로 서지 않으면 경제고 사회고 문화고 교

9. '지존파'의 교훈
·

육이고 모두가 바로 설 수가 없습니다. 그러나 정치의 책임을 추궁하기에 앞서 한 사람 한 사람의 정치인을 포함하는 모든 국민이 진정으로 국가사회를 걱정하고 반성하고 새로워지지 않으면 안 됩니다.

우리는 참회의 눈물을 흘리고 '지존파'의 교훈을 겸허하게 받아들여야 합니다. 지존파의 범죄는 용납될 수 없지만 그들은 우리에게 커다란 교훈을 던졌습니다. 우리는 그들이 주는 교훈을 따가운 채찍으로 삼아야 하겠습니다.

Ⅳ.우리의 나아갈 길
·

10. '미친 개' 속담의 교훈

　우리 나라에는 '미친 개'를 소재로 한 속담이 여러 개 있습니다. 우선 '미친 개 다리 틀리듯 한다'는 것이 생각납니다. 미친 개는 집에서 정상적으로 사육되는 개와는 달리 제대로 먹이를 먹지 못하여 비쩍 마르게 되고 다리가 뒤틀립니다. 다리가 뒤틀리면 정상적으로 걷기도 어렵고 뛰거나 달리기도 어렵게 됩니다. 따라서 사람이 무슨 일을 하다가 잘 안 되고 여러 가지 장애가 생기면 일이 '꼬인다'고 말하고 그것은 마치 미친 개의 다리가 뒤틀리듯 한다고 합니다.

　우리 나라의 많은 기업가들은 창업할 때부터 여러 가지 난관에 부딪히고 겨우 사업을 지탱하다 보면 점점 어려운 일이 생기고 드디어는 부도업체가 되어 도산기에 이르기도 합니다. 이런 현상은 '미친 개 다리 틀리듯 한다'는 속담을 생각나게 합니다. 외환위기가 오고 경제위기가 오고 국가위기가 오는 모든 형편이 또한 같습니다. 광견병의 바이러스가 미친 개의 다리를 뒤틀리게 하듯이 부정부패와 양심의 마비가 국가와 사회의 모든 기능과 질서를 뒤틀리게 합니다.

'미친 개가 주인을 안다더냐'는 속담도 있습니다. 미친 개는 광견병의 원인이 되는 바이러스에 감염되어 제 정신을 잃었기 때문에 주인도 몰라 보고 도둑도 몰라 봅니다. 주인이나 도둑을 분별할 능력이 없는 것입니다. 주인집에서 도둑을 지키며 편안히 지내지 않고 아무 데나 떠돌 뿐만 아니라 주인이 찾아와서 집으로 데려가려 하여도 따라가지 않고 오히려 대어들어 물기도 합니다. 자기에게 은혜를 베푸는 주인을 몰라보고 공격하는 것입니다.

개는 주인에게 충직한 동물로 널리 알려져 있으며 지능이 매우 우수하여 훈련만 시키면 경찰견, 군견, 맹인견, 수렵견 등으로 활용되며, 주인의 목숨을 구하였다는 설화도 전하고 있습니다. 그러나 미친 개는 그 영리한 지능이 모두 파괴되고 교란되어 성미만 사납고 다른 개나 사람을 물기만 잘 합니다.

그런데 미친 개가 저지르는 짓을 똑같이 저지르는 사람이 있으니 걱정입니다. 사람도 미친 개에게 물리면 10~20%가 이른 바 공수병(광견병)에 걸려서 사나워지고 나중에는 전신마비로 죽는다고 하지만 미친 개에게 물리지도 않고 마치 광견병 환자처럼 행동하는 것입니다. 말하자면 부모나 형제자매도 몰라보고 오직 제 욕심만 차리고 이웃이나 사회나 국가에 대한 의무나 도리를 모르는 사람들이 그런 사람들입니다.

사람은 누구나 자신의 처지에 따라 지켜야 할 도리가 있고, 경우에 따라서는 특별히 자기에게만 주어진 특수한 도리가 있습니다. 자식에게는 자식의 도리가 있고 부모에게는 부모의 도리가 있는 것처럼 공직자나 사회적 지도층에 속하는 사람도 각각 나름대로의 도리와 사명과 책임이 있습니다. 그럼에도 불구하고 부모나 형제자매나 사회나 국가에 대한 자기의 도리를 다하지 않는 사람은 미친 개가 주인이나 도둑을 몰라보는 것이나 다름이 없습니다.

Ⅳ.우리의 나아갈 길
·
284

옛날부터 난신적자(亂臣賊子)라는 말이 전해 오고 있습니다. 나라를 혼란하게 하는 신하와 부모를 거역하는 자식을 가리키는 말이고, 난신적자는 아무나 보는 대로 죽여도 무방하다는 것이 사회적인 통념이었습니다. 그러나 근대 법치주의가 지배하는 오늘날에 와서는 아무리 국가에 해독을 끼치고 부모에게 패륜행위를 저질러도 사사로운 처벌행위나 보복행위는 용납되지 않습니다. 중국의 전국시대(戰國時代)에는 세쇠도미(世衰道微)하여 난신적자가 횡행하였다고 하는데 오늘날 국가의 이익을 침해하고 부모에게 거역하는 자들은 현대판 난신적자라고 할 수 있습니다. 그들은 마치 주인을 몰라 보는 미친 개와 다름이 없기 때문입니다. '미친 개 천연한 체한다'는 속담도 있습니다. 평소에는 국익을 해치고 사회를 혼란케 하며 가정의 화목을 파괴하고 부모에게 거역하는 자들이 언제 그런 불법(위법)하고 부도덕한 짓을 저질렀느냐는 듯 당당한 모습을 보이는 것입니다.

미친 개가 미친 짓을 저지르는 것은 질병으로 말미암은 증세이므로 그것을 도덕적으로 비난할 수는 없습니다. 도덕이라는 규범은 관습이나 법률과 마찬가지로 인간사회의 가치척도이지 동물사회의 가치척도가 아닌 까닭입니다. 그러나 사람의 행위는 인간사회의 가치척도(규범의식)에 따라 비판을 받게 마련입니다.

따라서 사람은 자신의 행위가 비난을 받을 만한 행위인지 아닌지를 충분히 인식하고 있어서 만일 비난을 받을 만한 행위라고 판단되면 그것을 무슨 수단으로든지 은폐하려 합니다. 그러므로 자신의 행위가 탄로되지 않도록 철저히 경계하고 은폐하다가 만일 탄로되는 수가 있으면 갖은 수단을 동원하여 증거를 인멸하고 거짓으로 증언하고 자신의 범죄를 시인하려 하지 않으며, 아무리 감추어도 감출 수 없는 경우에는 최소한도로 축소화하고 심지어는 도주하기도 합니다. 그 뿐만 아니라 자신의 범죄사건이 종결되고 나면 자기

10.'미친 개' 속담의 교훈
•
285

는 '억울하게 누명을 썼다'고 변명하고 얼굴에는 철판을 깔고 나타납니다. 미친 개가 천연한 체하는 것입니다. 미친 개라고 항상 미친 짓을 저지르는 것은 아니기 때문입니다.

우리가 국가위기니 경제위기니 외환위기를 맞게 된 것은 우리의 정치, 경제, 사회, 문화, 교육, 언론 등과 같은 모든 분야가 '미친 개, 다리 뒤틀리듯 한 것'이며, 이러한 결과에 이르게 된 원인은 주인을 알지 못하는 미친 개의 짓을 그대로 본받은 일부 지도층의 파렴치한 행위입니다. 대의정치제도(代議政治制度)에 따라 국민의 주권을 위임받아 대리로 일하는 정치인들이 국가의 주인 되는 국민의 의사를 거역하고 사리사욕이나 당리당략에 따라 행동하기 때문이고, 국민의 공복(公僕)이라는 공직자들이 공복(심부름꾼)으로서의 윤리의식과 사명을 망각하고 미친 개처럼 국민을 함부로 물어 뜯었기 때문이며, 일부의 국민은 미친 개(?)의 바이러스에 감염되어 미친 개처럼 사치와 향락과 외화낭비에 정신을 잃었기 때문입니다. 이른바 상류사회에 속하는 지도층의 무분별한 행위는 온 국민에게 파급되어 사회를 병들게 하고 민족의 정기(正氣)를 좀먹는 것입니다.

우리는 집에서 기르려고 시장에서 강아지나 개를 사 오기도 하고 이웃으로부터 얻어 오기도 합니다. 그러나 반드시 미쳤는지 아닌지를 잘 보아서 만일 미쳤다고 생각되면 절대로 사 오거나 얻어오지 않습니다. 도망치거나 주인을 해치거나 하여 가정에 이롭지 못하고 심지어는 커다란 불행을 자초하기 때문입니다. 마찬가지로 공직을 맡아서 일하는 사람을 뽑는데 마치 미친 개나 다름없는 사람을 지지하여 선출해 놓으면 사회와 국가가 어지러워지고 모든 것이 미친 개 다리 뒤틀리듯 꼬여 들어가고 맙니다.

그러나 우리는 안타깝게도 미친 개 같은 사람에게 현혹된 일이 적지 않았습니다. 정부에서 공직자를 임용할 때나 국민들이 투표하여 공직자를 선출할 때도 마찬가지였습니다. 임용만 되고 당선만

Ⅳ. 우리의 나아갈 길

되면 미친 개처럼 주인(국민)을 몰라보고 주인을 깔보고 주인을 속이고 주인을 뜯어 먹는 자들을 너무나 많이 보았던 것입니다.

미친 개처럼 주인을 몰라보는 공직자와 지도층이 이 땅에서 완전히 사라지기를 간절히 바라고 기원합니다. 이제 국민은 그들에게 현혹될 수도 없고 그들을 용납할 수도 없습니다.

11. 오늘의 반성과 내일의 약진

　지금까지 우리는 어떠한 형편에 놓여 있으며, 제각기 어떤 역할을 수행해야 하는지, 그리고 우리가 고쳐야 할 점은 무엇인지, 우리 민족은 역사적으로 어떤 성품을 지니고 있으며, 어떠한 문화유산을 계승하여 왔는지 살펴 보았으며, 또한 최근세에 이르러 우리의 선각자들은 민족의 쇠퇴를 극복하기 위하여 무엇을 어떻게 하자고 주장하였는지도 살펴 보았고 지금 우리의 자화상은 어떤 모습인지도 살펴 보았습니다.

　이제 이 글을 맺을 단계에 이르러 지금까지 서술한 내용을 살펴 보건대 민족적으로 비관적인 측면이 매우 많다는 것을 발견하게 되었습니다. 다시 말하면 밝은 면보다는 어두운 면을 많이 밝혔다는 뜻입니다.

　우리 민족의 저력을 보면 매우 낙관적이고 희망적이어서 밝은 면이 많음에도 불구하고 굳이 어두운 면을 많이 밝히게 된 까닭은 무엇이겠습니까? 그것은 말할 것도 없이 우리는 지금 국가적, 민족적 위기를 맞이하여 온 국민이 불안과 고통을 감수하면서 우리의 내면을 깊이 반성하고 위기를 극복하기에 심혈을 기울여야 하는 순간이기 때문입니다.

지금까지 우리는 IMF 긴급구제금융체제 밑에서 말할 수 없는 불안과 고통을 겪어 왔으며 이러한 불안과 고통은 아직도 상당한 기간을 두고 계속될 수밖에 없는 처지에 있습니다. 우리는 1년 남짓한 기간에 겨우 외환 위기만을 극복한 형편이고 경제적, 정신적 위기는 아직도 극복하기 힘겨운 과정에 놓여 있습니다.

따라서 지금부터 우리가 무엇을 어떻게 깨우치고 결단하고 실천하느냐에 따라 위기의 극복이 순조로이 진행되느냐 않느냐가 좌우되는 것입니다. 다시 말하면 우리의 현실은 잠시도 한눈을 팔 수 없고 잠시도 발걸음을 멈출 수 없는 긴장된 순간에 있습니다. 이런 긴장된 순간에서 우리는 어찌 잠시인들 낙관이 허용될 수 있으며, 따가운 회초리를 들어 우리를 채찍질하지 않을 수 있겠습니까.

나는 이따금 우리 민족에 대하여 매우 비관적이고, 냉엄하고, 가혹하게 비판하는 사람들을 보아 왔습니다. 그들 가운데는 국내에서 공부한 사람들도 있지만 해외의 선진국에서 공부한 사람들이 많습니다. 그들은 우리의 현실을 선진국의 수준에 비교하여 평가하고 우리의 현실은 너무나 비합리적이고 「몬도가네」(개판)가 많다는 것입니다. 오래간만에 고국을 찾게 되어 국제공항에 들어오는 순간부터 불합리하고 불쾌한 일들이 눈에 띄고, 도무지 이해할 수 없는 일들이 너무나 많이 일어나기 때문에 하루 속히 떠나야겠다는 생각과 함께 다시는 찾아오지 않겠다는 생각 뿐이라는 것입니다.

바가지요금부터 시작하여 거리의 무질서, 정치인들의 추태, 공무원들의 부정부패, 지도층의 거드름, 상인들의 불공정거래, 부정식품의 유통, 환경오염, 쓰레기의 무단투기…… 등 모든 것이 너무나 실망을 안겨 준다는 것입니다. 돈만 있으면 안 될 것도 되고 돈이 없

11.오늘의 반성과 내일의 약진
·

으면 될 것도 안 되는 현실을 체험하면서 애국심은 산산히 흩어지고 만다는 것입니다.

해외생활을 많이 경험하지 않은 나로서는 우리 사회를 혹평하는 사람을 이해하기 어려웠습니다. 그들은 우리의 민족성을 믿을 수 없다고 생각하고 정말 '할 수 없는 민족'이라는 것입니다. 도리가 없다는 것입니다. 고질병 환자라는 것입니다. 죽기 전에는 고치지 못한다는 것입니다. 한강의 교량이 무너지고, 백화점이 무너지고, 국회의원들이 깡패들처럼 소리소리 지르며 싸움이나 벌이고, 종교인들이 유혈극을 벌이고, 자식이 아비를 죽이고, 아비가 자식을 죽이고, 고아를 수출하고, 노인을 버리고, 어린 자식을 버리고, 이웃돕기 성금이나 수해 복구비를 횡령하고…… 이런 꼴을 보는 순간 그들은 기가 막혀 말이 안 나온다는 것입니다.

세상에 자기 나라 자기 민족을 헐뜯기 좋아하는 사람이 어디 있겠습니까? 만일 그런 사람이 있다면 정신병자이겠지요. 그러나 우리의 주변에는 그런 사람이 너무나 많습니다. 왜 그럴까요? 그것은 나라와 겨레를 사랑하기 때문입니다. 사랑하기 때문에 그들은 기대도 하고 희망도 걸었던 것입니다. 사람은 누구나 자기의 기대와 희망을 깨뜨리는 사람을 증오하지 않을 수 없습니다. 세계 어느 나라에 견주더라도 뒤떨어지지 않는 수준이기를 바라고 믿었다가 그것이 헛된 망상이었음을 깨달았을 때 허탈감과 함께 증오를 느낄 수밖에 없는 것입니다. 이 때문에 나는 그들을 이해하고 싶습니다. 그들이 보는 우리의 어두운 현실은 사실이고 진실입니다.

그러나 여기엔 또 한 가지 분명한 사실이 있습니다. 그들이 부닥친 어두움의 건너편에는 찬란한 밝음이 있다는 사실입니다. 그들은 밝음보다는 어두움을 보았고, 그 어두움을 증오한 것입니다. 어두움은 절대로 있어서는 안 되는 것이며 우리가 결코 바라는 것이 아니기 때문입니다. 어두움은 모든 불선(不善)의 상징이기 때문입니다.

IV. 우리의 나아갈 길

순진무구한 마음에 사리사욕이 깃들면 일을 바르게 해낼 수가 없습니다. 불신은 그것이 아무리 작을지라도 우리가 행해서는 안 됩니다. 그래서 우리는 불선을 경계하는 것입니다. 우리를 헐뜯는 사람들은 모두 나라와 겨레를 헐뜯는 것이 아니라 불선을 헐뜯는 것입니다. 그들의 헐뜯음은 반성이요, 교훈이요, 사랑입니다. 사랑하기 때문에 분노하는 것입니다. 사랑하지 않으면 기대도 희망도 없고 증오도 분노도 없는 것입니다. 심리학자들이 말하는 애증상발(愛憎相發)의 이치입니다.

그러나 증오나 분노는 건설적이어야 합니다. 그것을 통하여 나라와 겨레를 깨우치고 발전하게 해야 합니다. 그렇지 않으면 증오를 위한 증오요, 분노를 위한 분노입니다. 그것은 비천한 감정에 지나지 않는 것입니다. 비천한 감정은 애국애족의 커다란 걸림돌이 되고 파괴자가 될 뿐입니다.

조국 광복 이후 우리는 동족상잔의 전쟁을 겪었고 온 국토가 초토화(焦土化)한 상태에서 헐벗고 굶주리다가 군사혁명이라는 대사건을 겪었습니다. 그리고 제2경제운동이니 새마을운동이니 새마음운동을 추진하면서 경제발전에 심혈을 기울였고 그 결과는 '한강의 기적'을 이루게 되었으며, 온 세계의 개발도상국의 모델이 되었습니다.

경제가 발전하기 위하여는 자원, 자본, 노동, 기술이 필요하다고 하는데 우리에는 노동력 밖에 없었기 때문에 외국으로부터 자원과 자본과 기술을 도입하였습니다. 그리고 정부에서는 여러 가지로 특혜를 주어 가며 기업을 육성하고 경제를 발전시키려고 노력하였지만 효과는 빈약하였습니다. 경제발전의 요소로 꼽히던 자원, 자본, 노동, 기술은 필요한 것이기는 하였어도 충분한 것은 아니었습니다. 기업인의 정신과 소비자(국민)의 정신이 문제였습니다. 이것은 경제 외적인 경제이었기 때문에 '제2경제'라고 명명되었고 제2경제는 곧 새마을정신이요, 새마음정신이었습니다.

우리는 지금 유사이래 처음으로 국민의 주권행사를 통하여 평화적인 정권교체를 이루었고 '국민의 정부'시대를 맞이하였습니다. 그러나 경제의 파탄을 수습하는 데 매우 힘겨운 처지에 있습니다. 경제의 파탄은 고질적이고 구조적인 원인에 말미암았던 것입니다. 지금 정부에서는 '제2의 건국'을 표방하고 새로운 도약을 시도하게 되었고 그것은 구조조정과 개혁과 개방과 서정쇄신으로 나타났습니다. 쏟아져 나온 실업자는 거리를 방황하게 되었지만 외환위기는 거의 수습되고 기업은 새로운 모습으로 탈바꿈하여 새로운 경쟁력을 갖추어가고 있습니다.

우리 나라에는 일찍이 중국의 송(宋)나라에서 발달한 정자(程子), 주자(朱子)의 성리학(性理學)이 들어와서 크게 발전하였는데 이 학문을 도학(道學)이라고 불러 왔습니다. 도학이라는 말은 송대의 유학(성리학)을 포괄적으로 가리키는 동시에 그 학문의 본질적인 성격을 나타내고 있습니다.

유학은 예로부터 윤리, 도덕, 정치, 교육과 같은 현실적인 생활에 많이 응용되어 왔기 때문에 세속성을 벗어나지 못한 비속한 학문으로 평가되는 수도 있었습니다. 그러나 도학은 정신세계(형이상의 세계)와 물질세계(형이하의 세계)를 불가분의 관계로 보고 이기심성론(理氣心性論)을 전개하였습니다.

이이(李珥)는 도학의 개념을 규정하여 '격물(格物) 치지(致知)로 선(善)을 밝히고 성의(誠意) 정심(正心)으로 몸을 닦아 자신에게는 천덕(天德)이 되고, 정사(政事)에서는 왕도(王道)가 되는 것'이며 도학자는 도(道)를 행하여 백성들로 하여금 태평의 즐거움을 누리게 하고, 만세에 가르침을 내려주어 배우는 이로 하여금 큰 잠에서 깨어나게 하는 것이라고 하였습니다. 이것은 간단히 말하여 행도(行道)와 수교(垂敎)라고 할 수 있습니다. 모두 국민(백성)을 위하여

Ⅳ. 우리의 나아갈 길

봉사하는 일입니다. 사람은 적어도 행도와 수교 가운데서 한 가지만은 실천해야 하는데 전자는 주로 벼슬을 통하여 하는 일이고 후자는 주로 벼슬하지 않을 때 하는 일입니다. 따라서 벼슬하는 목적은 국민의 복리(福利)를 증진하는 것이요, 가르치는 목적은 국민을 깨우쳐 주는 것입니다.

조광조(趙光祖)는 행도를 실천하다가 목숨을 잃었으나 도학의 태두로 숭앙을 받고 있습니다.

이황(李滉)은 수교를 실천하여 성리학의 태두로 존경되며 이이는 행도와 수교를 겸하여 실천한 셈입니다. 우리 나라의 유학은 중국 유학의 핵심을 이루는 도학을 꽃피운 것이고 이러한 도학의 정신은 면면히 이어져 오면서 국가와 사회의 발전에 공헌해 왔습니다 (이동준《유교의 인도주의와 한국사상》도서출판 한울 1997 참조).

요컨대 도학정신은 애국애민의 정신이요, 봉사정신이요, 희생정신입니다. 그러기에 나라와 백성을 떠나 도학은 없고 사람을 떠나 도학은 없습니다. 조선시대나 지금이나 사이비정치인이 판치고 사이비지도층이 판치는 것은 도학정신을 외면하거나 망각하거나 거역하기 때문입니다. 애국애민을 모르고 봉사와 희생을 모르는 행위는 도학의 반역일 수밖에 없습니다. 따라서 이러한 도학정신은 애국애민과 봉사와 희생을 실천하는 동서고금의 모든 학문을 수용하는 포용력을 갖지 않을 수 없고 우리의 일상생활에 실용되는 실학(實學)일 수밖에 없습니다. 도학정신은 우리의 선현과 선각이 보여준 본보기이며 소중한 민족의 저력입니다.

우리는 지금 새로운 도약의 발판에서 힘차게 뛰어오르고 있습니다. 지금 우리가 겪고 있는 시련은 하늘이 내려준 소중한 교훈인 동시에 매서운 채찍이며 새로운 도약의 발판이요 원동력이기도 합니다.

우리는 지금 마음을 새롭게 다짐하는 동시에 모든 악습과 악행을 떨쳐 버리고 새롭게 다짐하고 힘차게 뛰어오르지 않으면 안 됩니다. 우리는 능히 새로워질 수 있고, 뛰어오를 수 있습니다. 우리는 불위(不爲)와 불능(不能)을 분별할 줄 알아야 합니다. 지구를 겨드랑이에 끼고 우주를 날아다니는 일은 불능이지만 나라와 겨레를 사랑하는 일을 포기하는 일은 자포자기요 불위임에 틀림이 없습니다. 불위는 할 수 있는 일을 하지 않는 것입니다. 불위를 일삼는 민족은 결코 번영하지 못하고 사람다운 삶을 꾸려 나갈 수가 없고 급기야는 멸망을 면할 수 없게 됩니다.

나라를 사랑하는 국민 여러분! 새로운 마음으로 나라를 사랑하며 새로운 마음으로 전진합시다. 오늘의 반성은 내일의 약진입니다.

Ⅳ.우리의 나아갈 길

12. 우리의 나아갈 길

  지난 1998년 8월 15일, 광복 53주년 기념일이자 대한민국정부 수립 50주년을 맞이하는 대통령의 경축사는 우리의 새로운 결의와 각오를 다짐하였습니다. 그것은 국가의 나아갈 방향을 새로이 정립하고 나라의 기강을 바로 세우며 민족의 재도약을 이룩하기 위하여 국민 모두가 동참하는 「제 2의 건국」을 제창한 것입니다. 「제 2의 건국」은 우리가 역사의 주인으로서 국난에 처한 나라를 구하고 그 운명을 새롭게 개척하려는 시대적 결단이자 선택이며, 또한 산업화와 민주화의 저력을 바탕으로 민주주의와 시장경제를 완성하기 위한 국정의 총체적 개혁이자 국민적 운동이라고 밝혔습니다.

  「경축사」는 우리의 정치, 경제, 사회 등 모든 분야에서 방만한 몸집을 줄이고 거품을 빼며 효율을 높이는 구조조정 작업에 박차를 가해야 하며, 오랫동안 관치(官治)경제에 눌려 있던 미완의 시장경제를 경쟁력 있는 체제로 완성해야 하며, 한편 교육혁명·정보혁명·첨단기술혁명·벤처기업혁명과 문화산업을 이끌어 갈 고급능력을 갖춘 인재를 양성해야 한다고 강조하였습니다.

　이와 같은 「제 2의 건국」 운동은 민주주의와 시장경제의 병행발전을 통하여 나라의 기초를 다시 세우기 위하여, 국민이 국정수행의 주체가 되기 위하여, 정경유착이나 관치금융이나 부정부패를 일소하여 저비용 고효율과 투명성이 보장된 경제체제를 만들기 위하여, 정보산업·지식산업·문화산업·관광산업 등 21세기형 산업의 지식기반을 일으키기 위하여, 노사간(勞使間)의 공생공영을 추구하는 노사문화의 창출을 위하여, 안보와 협력을 병행하여 추구하는 남북의 평화공존시대의 개방을 위하여, 세계화시대에 적응할 수 있는 민족의 개방된 자세를 정립하기 위하여 절실히 요구된다는 것입니다.

　위와 같은 「제 2의 건국」 운동은 실질개혁의 원칙, 국민주체의 원칙, 솔선수범의 원칙이라는 3대 원칙과, 자유의 원리, 정의의 원리, 효율의 원리라는 3대 원리에 입각하여 추진되는 것이며, 구체적인 모든 국정의 과제는 위와 같은 원칙과 원리에서 추호도 벗어날 수 없습니다. 따라서 정부나 지방자치단체나 민간단체나 개개인의 「제 2의 건국」 운동은 모두 같은 원리와 원칙에 따라 전개되고 추진되어야 함은 다시 말할 나위가 없습니다.

　돌이켜 보건대 우리는 민주주의와 시장경제의 병행이라는 것은 매우 어려운 것처럼 생각하는 경향이 있었습니다. 그것은 민주주의나 시장경제가 모두 자유라는 절대가치에 따라 그 성공이 좌우되는 것처럼 생각하였기 때문입니다. 우리는 실제로 정부의 아무런 통제력이 미치지 않는 완전히 자유로운 시장경제는 자본주의의 말폐가 지배하게 되어 진정한 의미의 시장경제의 원리가 실현되기 어렵게 되므로 불가피하게 정부의 통제력이 요구되고, 정부의 통제력이 미치게 되면 진정한 민주주의의 원리가 실현되기 어렵다는 소박한 논리를 외면할 수 없었기 때문입니다. 이러한 소박한 논리는 드디어

Ⅳ. 우리의 나아갈 길
·

경제발전(시장질서의 확립)을 위하여는 부득이 민주주의의 부분적 또는 잠정적 유보를 감수할 수밖에 없다는 것이있습니다. 이것은 흔히 개발도상국에서 나타났던 현상이었고 이른 바 '개발독재'라는 말로도 표현되었던 것입니다.

따라서 우리가 개발도상국에서 경험한 시행착오를 반성하고 국제적, 세계적 경제의 질서와 국내의 경제질서를 조화하여 민주주의와 시장경제를 조화롭게 병행하여 발전시킨다는 것은 새로운 도약이 아닐 수 없습니다. 이러한 새로운 경제질서는 시장경제의 자율성을 높이는 구조개혁과 정부규제의 과감한 축소와 기업·금융·노동·공공 부문의 구조조정과 수출증대·외국인 투자확대·중소기업과 벤처기업의 활성화와 농어민정책의 강화 등을 필요로 하게 됩니다.

「제 2의 건국」운동에서 강조하고 적극적으로 추진하는 사업은 종래에 우리가 실현하려고 하였어도 실제로는 크게 효과를 거두지 못하였던 국가적 사회적 국민적 과제를 새로운 각오로 과감하고 효율적이며 합리적으로 실천하는 일입니다. 따라서 부정부패를 비롯한 국가 사회의 모든 불의와 부조리와 비효율과 허식과 허례를 모두 완전히 척결하고 21세기의 새로운 국제질서에 적응하므로써 국가발전의 새로운 도약을 추진하는 것입니다. 따라서 우리가 과거에는 전혀 생각하지도 못하였던 별건사(別件事)가 아니고 대한민국정부수립 이후 모든 국민이 소망하던 숙원사업을 추진하는 일입니다.

그 동안 대한민국 50년의 역사를 통하여 4·19 혁명과 5·16혁명을 거쳐 정권의 교체가 실현된 일은 있었지만 평화적이고 근대 민주주의의 절차에 따라 정상적이고 합법적인 정권 교체가 이루어진 것은 1998년「국민의 정부」의 출범이 그 효시를 이루었습니다. 이른 바 온건 보수적 성향을 띤 중산층에 속하는 국민들 가운데서도 많은 사람이 야당 후보자를 대통령으로 지지하지 않을 수 없도록

12.우리의 나아갈 길
•

여당의 정치 권력은 권위를 잃었고 심지어는 1950년의 한국전쟁 이후 최대의 국가위기를 초래하였던 것입니다.

우리는 이제 무엇을 어떻게 해야 국가위기를 극복하고 새롭게 도약할 수 있는지를 모두 절실히 깨닫게 되었습니다. 우리가 깨닫게 된 철학은 추상적인 데 머무르지 않고 매우 구체적인 데까지 샅샅이 미치고 있습니다. 다만 안타까운 것은 우리가 우리의 철학을 깨닫는 과정에서 너무나 커다란 대가(代價)를 지불하였다는 것입니다. 조금만 정신을 차렸으면 그토록 엄청난 실직자와 노숙자를 배출하지 않았어도 좋았을 터이니 말입니다.

그러나 우리의 희생적 대가는 아직도 그치지 않고 있습니다. 경제적 회생(回生)이 지금 엿보이지 않는 것은 아니지만 부정, 부패, 부조리, 저효율(거품), 사치, 낭비, 향락, 안일무사, 불로소득과 같은 정신적 타락이 완전히 치유되지 않고는 언제 다시 회생하던 경제가 시들어 말라버리고 심지어는 모라토리엄체제로 빠져 들지도 알 수 없는 형편입니다. 지금 몰지각한 사람들은 외환(外換)위기가 웬만큼 극복되어 가는 현상을 보고 마치 IMF의 긴급구제금융체제를 거의 벗어나는 것처럼 착각하는 수가 있는 것은 참으로 안타까운 일입니다.

영국처럼 경제 기반이 튼튼하고 국민정신이 건전한 나라에서도 10년이나 걸렸다는 구제금융체제를 우리는 겨우 1년 만에 극복한 것처럼 착각하는 사람들이 너무나 많다는 것이 참으로 걱정스런 일입니다. 외환의 위기를 겨우 모면하기 시작하고, 모라토리엄을 겨우 모면하는 현실에서 우리는 무엇을 어떻게 해야 할는지 모르는 사람이 있다면 그것은 참으로 국가적, 사회적, 민족적 비극이 아닐 수 없습니다. 우리가 국가 위기를 극복하고 21세기의 국제적 개방사회에서 살아남을 수 있느냐, 아니면 멸망하고 마느냐 하는 것은 국민 한 사람 한 사람이 무엇을 생각하고 무엇을 실천하느냐에 달린 것

Ⅳ. 우리의 나아갈 길

입니다.

우리는 태어나면서부터 어느 정당이나 단체의 이념이나 강령에 예속된 노예가 아닙니다. 국가와 사회와 민족의 발전을 위하여 공헌되는 이념이나 강령을 지지할 따름이지 기왕에 소속된 정당이나 단체의 이념이나 강령에 맹종하는 광신자나 꼭두각시가 아닙니다. 누가, 언제, 어디서 무엇을 주장하든지 그것이 진리라고만 인정되면 받아들이고 협조하고 실천하는 것이 합리적이고 이성적인 판단이며 행위인 것입니다.

진정한 민주주의는 여기서 완성될 수 있습니다. 다시 말하면 본말과 경중과 선후와 완급을 분명히 가리어 그대로 실천하는 것이 현대의 지성이며, 소의(小義)를 버리고 대의(大義)를 실천하는 것입니다. 소의는 지연과 학연과 혈연과 파벌의 이익에 사로잡히기 쉬우므로 이를 극복하고 초월하는 대의가 요구되는 것입니다.

거듭하여 강조하거니와 우리는 신문을 보거나 TV를 신청하거나 친구를 만나 차를 마실 때나 마치 나라 일을 남의 일처럼 등한히 생각하거나, 나만 잘 지내면 그만이라고 생각하거나, 아니면 비분강개하여 언성을 높이고 떠드는 것으로 만족해서는 안 됩니다. 우선 나부터 반성하고, 실천할 수 있는 일이 무엇인지 냉철히 판단하여 행동으로 옮겨야 합니다. 뿐만 아니라 정치, 경제, 사회, 문화, 교육, 예술, 국방, 언론…… 등 어느 분야에서든지 시정해야 할 것은 과감히 당국에 건의하고 나아가서는 사직당국에 고발하여 어떠한 사회악도 용납되지 않는 정의사회를 건설하는 데 몸과 마음을 바쳐야 합니다.

특히 한 사람 한 사람의 힘은 미약하고 분산되어 커다란 역량을 발휘하기 어려우므로 사회의 공익단체나 봉사단체에 참여하여 회비도 납부하고 직접 또는 간접적으로 협조하는 것이 바람직합니다. 참여하지는 않고 뒤에서 말만 하는 것은 불평불만에 지나지 않고

12. 우리의 나아갈 길

건설적인 효과가 없다는 것을 분명히 깨달아야 합니다. 문제를 해결하기 위한 합리적인 행동은 하지 않고 불평불만만 하는 것이 우리 국민의 커다란 병폐라고 생각되어 특별히 강조하는 것입니다.

또 한 가지 강조할 것은 우리는 국제화의 단계를 넘어서 세계화의 시대에 살고 있으며 세계화의 시대는 분명한 개방화의 시대라는 점입니다. 따라서 우리의 모든 생활은 국제화와 세계화의 범위에서 이루어지는 것입니다. 어떤 사람은 어느 하나의 지방에 살면서 국내 여행도 빈번하지 않을 뿐만 아니라 더구나 해외여행은 전혀 하지 않기 때문에 국제화나 세계화와는 아무런 관계가 없는 것처럼 생각하지만 그가 먹고 입고 사용하고 생각하는 모든 분야의 내용을 잘 분석하고 고찰해 보면 거의 모두가 국제적・세계적 관계 속에 있다는 것을 곧 깨닫게 될 것입니다.

우리는 항상 직접적으로 또는 간접적으로 세계의 풍물을 보며 들으며 외국으로부터 수입한 원료나 자재나 기술이나 문화나 자연의 영향권 안에서 생활할 수밖에 없습니다. 아무리 눈을 감고 귀를 막고 모든 관계를 끊으려 하여도 절대로 불가능한 시점에 도달하고 말았습니다. 그러기에 세계인과 의사를 소통하고 주고 받으며 돕고 즐기며 함께 살 수밖에 없는 운명에 있는 것입니다.

따라서 우리의 친구는 이미 이웃이나 겨레를 넘어서 인류가 되었고 우리의 능력도 세계의 수준에서 평가되지 않으면 안 될 처지에 있습니다. 세계적인 친목행사나 회의와 경기와 무역과 원조와 협조가 모두 세계적인 무대에서 이루어지고 있습니다. 이러한 세계화의 무대에서는 세계에서 인정되는 능력을 갖추어야만 합니다.

이를테면 말하는 능력을 가지고 보더라도 국내에서만 의사를 소통하는 것으로는 부족하고 세계적 수준에 이르러야만 세계무대에서 더불어 살아나가는 능력이 발휘되는 것이며, 학문이나 예술이나 기술도 세계적으로 인정되는 수준에 이르지 못하면 곤란한 것입니다.

Ⅳ.우리의 나아갈 길
・

다시 말하면 우리의 모든 능력은 세계적인 것이어야 하고 우리의 경쟁능력은 세계적인 경쟁능력이라야만 국가와 사회와 민족의 생존이 안정될 수 있습니다.

어떤 사람들은 우리 나라(한민족)의 미래를 운명적으로 낙관하는 수가 있습니다. 마치 어떤 '예언서'를 근거로 말하는 것 같기도 하고 실제로 미래를 꿰뚫어 볼 수 있는 형안을 가지고 말하는 것 같기도 한데, 그러한 낙관론은 우리 민족의 긍정적 자아개념(self conception)을 조장하기도 하고 절망을 극복하는 데 도움이 되기도 하겠지만 근거없는 믿음(unfounded belief)을 조장하여 현실과는 동떨어진 환상을 불러 일으키기도 한다는 점을 간과할 수가 없습니다. 우리는 실증성이 없는 허탄한 낙관보다는 허리띠를 졸라매고 땀을 흘리며 고민하고 일하지 않으면 결코 어떤 행운이나 희망이나 낙관도 기대할 수 없다는 확고한 신념을 지녀야 합니다.

허황된 낙관은 우리의 운명을 몰락으로 이끌기 쉽고 이를 악물고 주먹을 움켜 쥐는 새로운 결단만이 우리의 운명을 중흥으로 이끈다는 것을 깊이 깊이 깨달아야 합니다. 씨를 뿌리지 않으면 수확이 없다(Ohne Saat, keine Ernte)는 평범한 진리가 독일인을 존경받는 세계의 인재로 키워 온 사실은 우리의 소중한 타산지석(他山之石)입니다.

우리는 잠시도 한눈을 팔 시간이 없습니다. 우리는 벌써 늦었습니다. 너무나 많은 희생을 지불하였습니다. 그러나 아직 희망은 있습니다. 민족의 저력이 무진장으로 축적되어 있기 때문입니다. 우리는 얼마든지 민족의 저력을 발판으로 도약할 수가 있습니다. 우리의 도약은 반성을 전제로 합니다. 반성 없는 도약은 시행착오로 그칠 수 있기 때문입니다.

나는 지금까지 우리 민족의 반성과 약진을 살피기 위하여 붓을 들었습니다. 이제 결론은 내려지고 말았습니다. 오늘의 반성은 내일의 약진을 약속한다는 것입니다. 반성은 방법을 알려주고 방법은 성취를 가져옵니다.

나라를 사랑하는 국민 여러분에게 이 글을 바칩니다. 기도하는 마음으로 간절히 호소합니다. 날로날로 반성하고 날로날로 새로워지고 날로날로 약진합시다.

국가위기의 극복이나 통일한국의 미래나 모두 오늘의 반성과 내일의 약진이라는 명제로 포괄된다고 믿습니다. 불사조와 같은 민족의 저력으로 전진하고 약진합시다.

길을 알면 앞서 가야 합니다. 아무리 가까운 길이라도 가지 않으면 이르지 못합니다. 반성은 우리에게 길을 알려 주었고 약진의 용기를 주었습니다.

약진 ! 약진! 약진합시다. 국민 여러분!

지교헌(일명 지대용)

충북 청원군에서 출생
성균관대 대학원 석사 및 박사과정 졸업 (철학박사)
청주대, 충북대, 성균관대 강사 역임
청주교육대, 한국정신문화연구원 한국학대학원 교수 역임
중화민국 중앙연구원 방문연구교수 역임
교육부 교육과정심의위원 및 교과서심의위원 역임
민주평화통일자문회의 자문위원 역임
한국철학회, 한국국민윤리학회 회원
한국문인협회 및 수필문학추천작가회 회원
성남문화원 향토문화연구소 연구위원

주요 논저

『동양의 자연법사상과 법실증주의』『조선조 향약 연구』(공저)
『한민족의 정신사적 기초』
『한국사상가의 새로운 발견』(공저)
『동양철학과 한국사상』『한국의 효사상』
『중국 선진정치윤리사상의 현대적 조명』(공저)
『삶 그리고 죽음』(공저)『신라화랑 연구』(공저)
『덕성함양의 전통적 방법론』(공저), 기타 논문 다수
『질경이와 마디풀』(수필집 1)『마음의 거울』(수필집 2)
『장강은 흐른다』(수필집 3), 기타 수필 다수

주소 : 경기도 성남시 분당구 이매동 133 아름마을 424-902
　　　　우편번호 463-065, 전화 0342) 703-1147

저자와의
협약으로
인지생략

한국인, 일어서는 한국인   값 8,000원

1999년 5월 15일 인쇄
1999년 5월 20일 발행

저 자 / 지 교 헌
발행인 / 김 재 엽
발행처 / **한누리미디어**

등록 제16-467호(1993. 11. 4)
서울·중구 을지로 2가 148-73 신화빌딩 401호
전화 / (02) 2268-4514, Fax / (02) 2268-4524

ⓒ 1999 지교헌 Printed in KOREA

*잘못된 책은 바꿔드립니다.   ISBN 89-7969-132-7   03190